一看就懂的

全图解

李智朋◎著

升级版

北京理工大学出版社
BEIJING INSTITUTE OF TECHNOLOGY PRESS

图书在版编目（CIP）数据

一看就懂的管理学全图解：升级版 / 李智朋著 . —北京：北京理工
大学出版社，2015.10（2019.6 重印）

ISBN 978-7-5682-1235-9

Ⅰ . ①一… Ⅱ . ①李… Ⅲ . ①管理学 – 通俗读物 Ⅳ . ① C93–49

中国版本图书馆 CIP 数据核字（2015）第 214793 号

出版发行 / 北京理工大学出版社有限责任公司
社　　址 / 北京市海淀区中关村南大街 5 号
邮　　编 / 100081
电　　话 / （010）68914775（总编室）
　　　　　　（010）82562903（教材售后服务热线）
　　　　　　（010）68948351（其他图书服务热线）
网　　址 / http://www.bitpress.com.cn
经　　销 / 全国各地新华书店
印　　刷 / 北京市雅迪彩色印刷有限公司
开　　本 / 880 毫米 ×1230 毫米　1/32
印　　张 / 10　　　　　　　　　　　　　　　　责任编辑 / 施胜娟
字　　数 / 280 千字　　　　　　　　　　　　　文案编辑 / 施胜娟
版　　次 / 2015 年 10 月第 1 版　2019 年 6 月第 2 次印刷　责任校对 / 孟祥敬
定　　价 / 31.80 元　　　　　　　　　　　　　责任印制 / 李志强

目录

第1篇 管理学概论

第2篇 管理思潮的发展

第3篇 组织环境

第4篇 规 划

第7篇 激励

第8篇 控制

第9篇 其他重要的管理理论

使用说明书

这是一本专门为管理学初学者编写的管理学图书。本书总共9个篇章，以期管理学初学者能够由浅及深、循序渐进地轻松掌握管理学的相关知识。

为了便于理解，节省读者的宝贵时间，本书特意将复杂的知识简单化。在内容上，尽量将专业的管理学知识通俗化；在页面设计上，完

书名

7

需求观点的激励理论②：三种需要理论

不同于赫茨伯格的"双因素理论"，麦克利兰认为，组织成员在职场上的积极表现，主要是受到三个因素的制约："成就需要""权力需要"和"亲和需要"，即"三种需要理论"。

三种需要理论概述

"三种需要理论"是由美国著名心理学家、哈佛大学教授戴维·麦克利兰，通过对人的需求和动机进行研究，于1961年提出的。

Easy-going

成就需要、权力需要与亲和需要的强弱造就了独一无二的个体。比如，单亲家庭的孩子由于从小缺少完整的关爱，亲和需要比较强烈，而富裕家庭的孩子从小习惯了呼风唤雨，权力需要比较强烈。

麦克利兰经过20多年的研究认为，人类的许多需要都不是生理性的，而是社会性的。也就是说，人类对成就、权力和亲和的需求不是先天的，而是后天形成的，来源于不同的生活环境、工作经历和培养教育等，不可能仅从单个人的角度归纳出共同的、与生俱来的三……

小故事

士为"赞赏"者死

韩国某大型公司的一个清洁工，本来是一个最被人忽视、最被人看不起的角色，但就是这样一个人，却在一天晚上公司保险箱被窃时，与小偷进行了殊死搏斗。事后，人们为他庆功并问他的动机，答案却出人意料。他说：当公司的总经理从他身旁经过时，总会不经意地赞美他"你扫的地真干净"。

大标题

每个篇章都有几个大标题，大标题揭示该篇要学习的知识。每个大标题为初学者揭示了一个知识要点。

前言 引文

对将要学习的知识要点给予简明精要的说明，并对其重要性及其影响因素做说明。

Easy-going

一针见血地指出需要注意的事项，提供一些经验诀窍或相关建议。

小故事

每篇都有几个与大标题相关的事件或管理小故事，增加初学者的学习兴趣。

全采用简单明了的学习界面，配以图解辅助解释复杂的概念。另外，本书还配有大量与管理学知识相关且趣味性十足的小故事，可以让您学习兴趣倍增。总之，拥有此书，您将轻松掌握所有管理学知识。

颜色区别

为方便学习者随时随地迅速地查阅相关知识，本书不同的篇章采用不同的颜色予以标示。

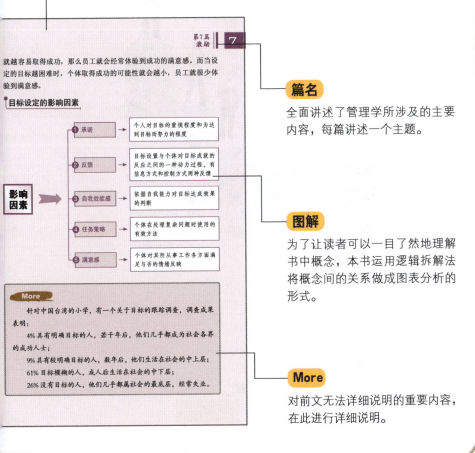

篇名

全面讲述了管理学所涉及的主要内容，每篇讲述一个主题。

图解

为了让读者可以一目了然地理解书中概念，本书运用逻辑拆解法将概念间的关系做成图表分析的形式。

More

对前文无法详细说明的重要内容，在此进行详细说明。

第 1 篇

管理学概论

现代管理学之父彼得·德鲁克说过:"在人类历史上,还很少有什么事比管理的出现和发展更为迅猛,对人类具有更为重大和更为激烈的影响。"不管你是政府领导、企业经理,还是家庭主妇,如能运用管理的智慧,定会为个人加分、为生活加值。

本章教你:

▶ 生活中存在哪些管理的智慧?

▶ 管理学是什么?

▶ 管理的智慧适用于所有的组织吗?

▶ "管理矩阵"是什么?

▶ 管理者可分为几个层级?

▶ 管理者充当了哪些角色?

▶ 管理者必须具备哪些技能?

为什么要学管理学?

提到管理学，大家肯定都不陌生。你可能会觉得自己既不是公司的老板，又不是政府领导，管理学离自己很遥远，根本就没有必要学习。这种想法是错误的，其实管理学就在我们身边。

管理学的应用范围

管理学的应用范围极其广泛，几乎涉及社会生活的各个领域。不管是个人、团体还是企业，都离不开管理学。

管理学应用于个人，称为"自我管理"。比如，小虹安排好起床、洗漱、吃饭的时间，以至于上学不会迟到；王华为了获得更多的薪酬，坚持每天加班 2 个小时以上；张倩计划在一个月之内从 75 千克减到 65

小故事

有七个人曾经住在一起，每天分一大桶粥。要命的是，粥每天都是不够吃的。一开始，他们抓阄决定谁来分粥，每天轮一个。于是乎每周下来，他们只有一天是饱的，也就是自己分粥的那一天。后来，他们开始推选出一个道德高尚的人出来分粥。强权就会产生腐败，大家开始挖空心思去讨好他、贿赂他，搞得整个小团体乌烟瘴气。再后来，大家开始组成三人的分粥委员会及四人的评选委员会，互相攻击扯皮，结果粥吃到嘴里全是凉的。

最后想出来一个方法：轮流分粥，但分粥的人要等其他人都挑完后拿剩下的最后一碗。为了不让自己吃到最少的，每人都尽量分得平均，就算不均，也只能认了。从此以后，大家快快乐乐、和和气气，日子越过越好。

千克，每天跑步 5 千米。

管理学应用于群体，称为"社群管理"。比如，某高校举办全校运动会，为了体现公平的原则，校领导没有按运动项目，而是按年级分配参赛运动员，分为大一年级组、大二年级组、大三年级组和大四年级组，年级组之间不进行比赛。

管理学应用于企业，称为"企业管理"。企业管理比自我管理、社群管理更有难度、更为复杂。比如，某一汽车制造公司推行"引进来、淘出去"的"浪淘沙"管理制度。公司实行员工末位淘汰制，同时通过不断的招聘，使很多新人应聘上岗，以补充缺口。采用这种"一进一出"的人事管理模式，剩下的全是精英，公司效益自然会越来越佳。而一家缺乏管理的企业，各部门钩心斗角，员工像一盘散沙，势必会阻碍企业的发展。若企业施以合理的管理方法，整合公司资源、协调内部关系、凝聚员工力量，就能够获取更强大的市场力量。

管理学的应用范围

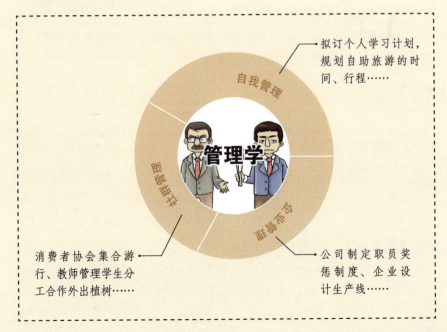

管理是什么?

管理是一门科学，更是一门艺术。管理不仅运用科学方法，如数理模型来预测市场走势、控管活动流程，也探讨了组织成员之间人际互动等话题。

管理的含义

管理是指集结群体的力量，有效地整合各种资源，进而创造更大的价值，达到共同的目标。

管理注重效率和效果，效率是指组织运作过程中，资源的使用率；效果是指组织运作结果中，目标的达成率。管理之父彼得·德鲁克说："效率是指将事情做对，效果则为做对的事，以此分清两者之观点。"

当今市场竞争如此激烈，对组织管理者而言，注重效率（将事情做对）和注重效果（做对的事情）两者缺一不可。效率高，但效果差，表示企业的获利不乐观，无法获取高额利润；效果好，但效率差，表示企业无法适应市场竞争的压力，发展潜力堪忧。

小故事

在南美洲的草原上，发生过这样一件令人惊心动魄的事。一片临河的草丛突然起火，丘陵上无数的蚂蚁被逼得似乎除了葬身火海，已别无选择。只见蚂蚁们迅速聚拢，抱成一团，滚作一个黑色的"蚁球"冲进火海。烈火将外层的蚂蚁烧得"噼啪"作响，然而，"蚁球"越滚越快，终于穿过火海，冲进小河。河水把"蚁球"卷向岸边，使大多数蚂蚁绝处逢生。这个故事告诉我们：团结就是力量，只有群策群力、以竟事功，才能化险为夷、战胜困难。

▶ 管理的三大基本概念

1. 集结群体的力量

有效地协调、整合团体中每个单一的力量，才能发挥最大综效，达到"1+1＞2"的效果。比如，将时钟的每一个零部件有序地组合，安置在适当的岗位，才能达到准确计时的目的。如果只是把每个零部件简单地叠加，那它就是一块破铜烂铁。

2. 协调、整合每股力量

协调、整合每股力量就是要强调效率，付出最小的代价，获得最大的效益，注重的是做事的方式和完成的速度，正所谓"事半功倍"。

Easy-going

将管理理解为工具或技术，是一种比较普遍的观点。在这种观念的指导下，管理实际上成为一种按章办事的行为、一种程序化的作业。这样的管理虽然有一定的效果，但是太过于单一，缺乏灵活性。

3. 达成共同目标

达成共同目标即团队运作的成果，也就是效果。如苹果公司推出新品手机 iPhone 系列，得到市场的肯定，销售业绩大幅度提升。

管理的三大基本概念

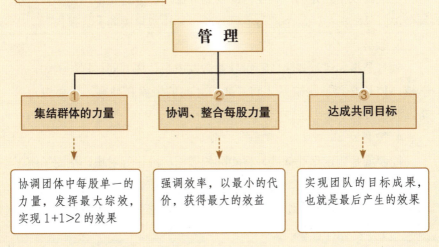

管理

①集结群体的力量

②协调、整合每股力量

③达成共同目标

协调团体中每股单一的力量，发挥最大综效，实现 1+1＞2 的效果

强调效率，以最小的代价，获得最大的效益

实现团队的目标成果，也就是最后产生的效果

管理矩阵

管理矩阵就是将管理功能应用于企业机能，来提高企业运作效率和绩效的一种管理方式。管理功能包括四个方面：规划、组织、领导和控制，企业机能包含五个方面：生产管理、行销管理、人力资源管理、研究发展管理和财务管理。

❯ 管理矩阵中的管理功能

1. 规划

规划是指为组织拟定目标，以达到目标的策略。比如，国家每五年就会制订国民经济和社会发展的五年规划，主要是对全国重大建设项目、生产力分布和国民经济重要比例关系等做出规划，为国民经济发展远景规定目标和方向。

2. 组织

组织是通过合理配置任务、人力及其他资源，以使规划的目标能够顺利完成。以企业为例，企业内部要划分部门，并选定部门领导人，给每个部门分配任务，每个部门各尽其职，工作成果须向上级报告。

3. 领导

领导是指如何管理团队，指导并激发成员达成共同目标。例如，在学校，校长必须解决院系之间、部门之间的矛盾和冲突，还要拟定策略，激励教职工努力工作。

4. 控制

控制就是制定作业标准，将实际绩效与标准进行对比，从而了解工作执行进度及工作成效，进而采取必要的改进措施。如果在控制阶段发现组织制定的策略脱离组织实际，管理者就要重新制订组织规划，进入到下一个管理循环过程。

管理功能循环关系图

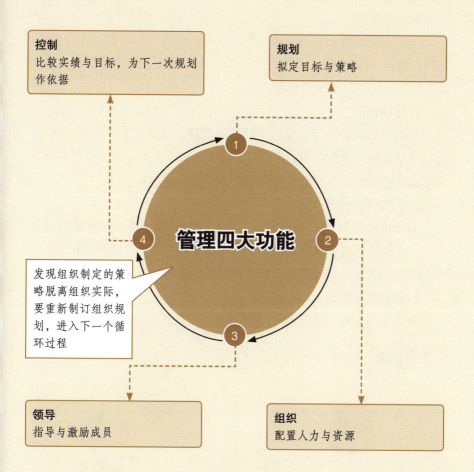

控制
比较实绩与目标，为下一次规划作依据

规划
拟定目标与策略

管理四大功能

发现组织制定的策略脱离组织实际，要重新制订组织规划，进入下一个循环过程

领导
指导与激励成员

组织
配置人力与资源

More

　　法国著名工程师亨利·费尧总结了自己近三十五年的管理经验，于1915年撰写了《一般管理与工业管理》一书，首次把管理分为规划、组织、命令、强调、控制五大功能。

> ## 管理矩阵中的企业机能

1. 生产管理

生产管理即企业制造产品的管理过程，包括厂房位置、货物存储、原料采购、工作时间等。例如，长城汽车公司为了提升产品质量，转向采购精制优良钢材作为原材料。

2. 行销管理

行销管理就是产品制成后至顾客消费前中间阶段的一切管理活动，包括产品定位、产品宣传、产品促销等。如朵唯公司针对女性消费群体对手机的特殊要求，推出了朵唯女性手机。

3. 人力资源管理

人力资源管理指有效地协调、整合内部的人力资源，使成员适才适用，做到人与事最完美地结合，包括招聘新人、员工薪酬、职位升迁等。比如，联想科技公司对招聘的新人会进行集中培训。

4. 研究发展管理

研究发展管理主要是指企业的开发和研究等活动，包括产品开发、

企业机能

财务
管理

生产
管理

五大
企业机能

研究发展
管理

行销
管理

人力资源
管理

技术研究等，如诺基亚与微软合作，研究开发 WP7 手机。

5. 财务管理

财务管理指企业对一切涉及财务活动的管理，包括资产评估、资本流通管理、投资风险管理等。如随着人们对 3D 电影的需求越来越大，世界各地的电影公司纷纷在 3D 电影行业投入大量资金。

Easy-going

世界上没有庸才，只有放错位置的人才。一粒种子放在石头上会被晒干而枯萎，种到地里则会生根开花结果，有的还会长成参天大树。

管理矩阵

管理者实行任一企业机能时，应该全面开展管理四大功能；管理任一功能的实施，都须应用于五个企业机能，每个环节紧紧相扣，从而形成了管理矩阵。

企业机能 管理功能	生产管理	行销管理	人力资源管理	研究发展管理	财务管理
规划	√	√	√	√	√
组织	√	√	√	√	√
领导	√	√	√	√	√
控制	√	√	√	√	√

More

资讯管理

资讯管理，泛指对企业一切有关资讯、信息的管理活动，如 ERP（企业资源规划系统）、CRM（顾客关系管理系统）、SCM（供应链管理系统）等。随着信息科技的迅猛发展，很多专家学者都主张将资讯管理划入企业机能管理之中。

管理者的层级

管理者的层级，即通常所说的管理层，就像我们经常玩的 QQ 军棋游戏，就蕴涵着管理层，司令＞军长＞师长＞旅长＞团长＞营长＞连长＞排长＞工兵，而且每层级的管理者往往不止一位。

❯管理者的三个层级

基层管理者： 又称第一线管理者，主要职责是传达上级指示，具体分配工作任务，直接对一线作业人员负责，如工厂里的班长。

中层管理者： 具有承上启下的作用，对上要执行上司设定的目标；对下则要把上级远大的目标化为具体的任务，如一家企业各个部门的部门经理。

高层管理者： 管理层的最高级，对内要负责组织内部的运作，对外要关注竞争环境，提高对外竞争力，如企业董事长、学校校长、医院院长等。

┃ 小故事

汉武帝为了更好地管理众多郡，设置 13 部刺史，将各郡分置于各部监察之下。东汉为镇压黄巾起义，不得不加重地方权力，改"部"为"州"，改刺史为州牧，全面掌管一州的行政、军事、民事大权，开启了州郡县三级地方行政体制时代。由于战争频繁，军事成为地方事务中的重要内容，这一时期的州郡长官多由武官兼任，地方官员身兼军政两职的现象也非常普遍，中央对地方的控制力减弱。魏晋南北朝时期为了限制地方势力的膨胀，防止"内轻外重"，不断分州析郡，至南北朝已有 220 州、999 郡。

管理者层级

高层
管理者

为组织设定远景和长期目标，决定着组织的存亡。经常留意市场动态，及时调整组织目标（如总经理）。

将高层管理者拟定的目标发展为具体可行的方案，下达给基层管理者（如部门经理）。

中层管理者

基层管理者

负责指挥一线作业员工。执行中层管理者下达的具体指令（如工厂的班长）。

More

管理者与作业人员

管理者是进行统筹分配、指挥监督他人从事工作的人员；作业人员是直接从事第一线工作的人。

管理者的角色

管理者浑身充斥着神秘感，他们除了接听电话、召开会议、交际应酬、应邀致词等，似乎无所事事，他们到底扮演着什么样的角色呢？

❯ 管理者的三大角色

管理者角色可分为人际角色、信息角色和决策角色三大类。

1. 人际角色

人际角色主要是管理者组织内部成员与资源，代表组织与外界互动。管理者扮演的三种人际角色为：

挂名首脑角色：执行决定与社交的例行性工作，如管理者签署文件、接待访客。

领导者角色：负责组织内部成员和部门的管理活动，如管理者雇用、培训职员，激励引导员工。

联络者角色：开拓并维持与外界的人际网络，如管理者参加外部的

📑 小故事

一个人去买鹦鹉，看到一只鹦鹉前标着：此鹦鹉会2门语言，售价200元。 另一只鹦鹉前则标道：此鹦鹉会4门语言，售价400元。 该买哪只呢？ 2只都毛色光鲜，非常灵活可爱。这人转啊转，拿不定主意。 结果突然发现一只老掉了牙的鹦鹉，毛色暗淡散乱，标价800元。这人赶紧将老板叫来：这只鹦鹉是不是会说8门语言？店主说：不。 这人奇怪了：那为什么又老又丑，又没有能力，会值这个数呢？ 店主回答：因为另外两只鹦鹉叫这只鹦鹉老板。

各种会议、参加各种公共活动。

2. 信息角色

管理者收集、消化和传播信息。管理者扮演的三种信息角色为：

监控者角色：通过主动收集信息，全面了解组织与产业环境，如管理者召开内部会议，了解企业发展状况。

传播者角色：将收集到的信息分享给组织成员，如管理者与员工分享外出考察的心得。

发言人角色：将组织的内部信息传达给外界，如 CEO 向董事会和股东报告财务状况。

3. 决策角色

管理者针对出现的问题，提出可行性的解决方案。管理者扮演的两种决策角色为：

创业家：为组织创造更佳机遇，制定改善方案，以求进步，如管理者定期评估修订现状，以制订新的计划。

危机处理者：当企业面临危机时，管理者提出方案，解决危机，如遇到职工罢工，管理者应紧急调度人员。

管理者的角色

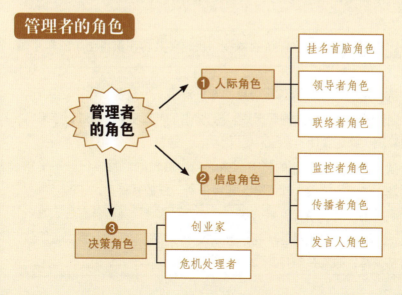

管理者的技能

身兼人际、信息、决策三大角色的管理者，要想有出色的管理表现、有效地推动组织活动，就必须掌握管理者的三大技能：技术性技能、人际性技能和概念性技能。

❯ 管理者的三大技能

1. 技术性技能

技术性技能指完成某项工作所需具备的专业技能，往往以长期工作经验累积或师徒传承所得，如生产线的班长须掌握产品生产进度、原材料的供应状况等。

▌小故事

明月和芙蓉都是韩国乐坊里的舞者，两人参加新一任行首大人的选拔赛。

比赛中，明月凭借娴熟的舞技，超越了芙蓉，获得全场的掌声，赢得了比舞。

带头给明月鼓掌的正是明月的竞争对手——芙蓉。也正是芙蓉，在早期就发现了明月的舞蹈天赋，极力向行首大人推荐明月，结果自己在舞蹈上输给了明月。

按照常规，新一任的行首大人，应由胜出的明月担任。出乎意料的是，现任行首大人却任命芙蓉担任新一任的行首大人。

明月的专长在跳舞，是一名非常杰出的舞者；芙蓉具有任人唯贤的公正心态，具备管理者技能，行首大人才把新一任的行首大人职位传给了芙蓉，而不是明月。

2. 人际性技能

人际性技能指在组织中与他人建立信任与协调的合作人际关系的能力，此技能的养成主要是靠与他人的沟通互动，如人事部经理协调成员之间的薪酬纠纷。

3. 概念性技能

概念性技能指具有前瞻性，洞察先机、思考分析的能力，在三大技能中最难以养成，这种能力主要是凭借产业知识的积累和广泛整合各种信息培养而成，如公司董事长为公司制订下一年度的发展规划。

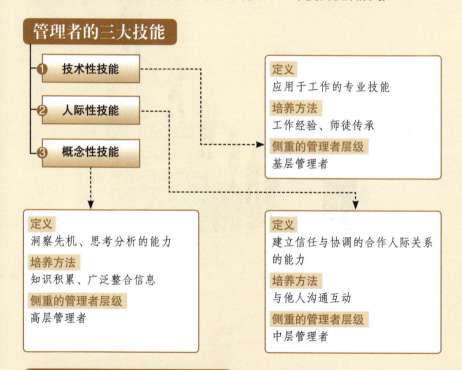

管理者的三大技能

❶ 技术性技能

❷ 人际性技能

❸ 概念性技能

定义
应用于工作的专业技能

培养方法
工作经验、师徒传承

侧重的管理者层级
基层管理者

定义
洞察先机、思考分析的能力

培养方法
知识积累、广泛整合信息

侧重的管理者层级
高层管理者

定义
建立信任与协调的合作人际关系的能力

培养方法
与他人沟通互动

侧重的管理者层级
中层管理者

▶ 各层级管理者所侧重的能力

对于基层管理者来说，培养技术性技能非常重要，这样才能更直接、更有效地指导生产。而中层管理者处于中层位置，是基层管理者与高层管理者沟通的桥梁，所以人际性技能对他们来说至关重要。概念性技能要求更广更远的视野，所以是高层管理者处理复杂问题的必备能力。

第2篇

管理思潮的发展

自18世纪工业革命以来，管理学异军突起，随着时代更迭，管理学理论也不断推陈出新，正所谓"芳林新叶催陈叶，流水前波让后波"。

本章教你：
- ▶ 管理思潮发展历史。
- ▶ 管理学理论的派别。
- ▶ 每个派别的代表人物。
- ▶ 每个派别的主要观点。

管理思潮的发展历史

从 18 世纪工业革命发展至今，先后诞生了各种管理理论和学派，其中比较典型的有古典学派、行为学派、量化学派与新兴学派。

❯工业革命促成管理思潮的出现

18 世纪，英国爆发了工业革命，大机器生产的工业化逐渐取代了传统的人力与畜力。企业资本的快速积累、规模的日益扩大，已经超出了传统管理者的管控范围，于是人们纷纷研究管理思想与管理技术，有效地促进了管理理论的出现与发展。

❯管理思潮的发展历史

18 世纪工业革命之后，企业快速扩张，人们纷纷想方设法提高劳工的生产力，20 世纪强调效率的"古典学派"应运而生。古典学派分为"科学管理"和"行政管理"两个分支，主张用科学方法和严格的行政纪律，将员工视为机器，从而提高生产力，在当时有利地化解了劳动力短缺的问题。

但是这种视人为机器、缺乏人性的主张渐渐受到人们的批判，20 世纪 30 年代衍生出了"行为学派"。行为学派主张从人性出发，在了解员工心理和需求的基础上，采取激励措施鼓励员工，提高生产力，其中最出名的就是"霍桑实验"和后续出现的"人际关系观点"。"霍桑实验"主张从员工心理出发，提高其工作意愿；"人际关系观点"则主张从员工需求出发，设计管理方式。

第二次世界大战期间，英美两国的军人用统计与计量的方法解决了很多棘手的军事问题。战后，这种管理方式应用于民间企业，诞生了"量化学派"，此学派分为"管理科学观点"和"作业管理观点"，主张用统计分析、数量模型和电脑模拟等方式来解决管理问题。

20世纪60年代中期，全球经济增长迅猛，科技发展迅速，外在环境的变化，促生了"新兴学派"。新兴学派分为"系统观点"和"权变观点"。"系统观点"把组织视为一个系统进行管理活动，"权变观点"是不同组织针对不同的环境，适时适宜地进行管理活动。

管理思潮的发展历史

20世纪初

时代背景：工业革命促使企业扩张，劳动力短缺

管理学派：古典学派

管理思想：重视效率，运用科学方法和严格的行政法规刺激生产力的提高

分支学派及主张："科学管理"，用科学方式找出工作的最佳方法；"行政管理"，制定组织最佳行政纪律

20世纪30年代

时代背景：古典学派缺乏人性的主张引起人们的批评

管理学派：行为学派

管理思想：从员工心理、需求出发，提高员工生产积极性

分支学派及主张："霍桑实验"，从员工心理出发提高员工工作意愿；"人际关系观点"，从员工需求出发设计管理方式

20世纪60年代

时代背景：全球经济增长迅猛，科技发展快速，外部环境日新月异

管理学派：新兴学派

管理思想：强调组织与外部环境保持密切的互动关系

分支学派及主张："系统观念"，将组织视为一个系统进行管理；"权变观点"，不同组织面对不同环境，要适时适宜进行管理

第二次世界大战期间

时代背景：英美军方采用统计、计量的数理方法解决军事问题，战后沿用于民间企业

管理学派：量化学派

管理思想：用统计分析、数量模型和电脑模拟等方法解决管理问题

分支学派及主张："管理科学"，采用量化、统计的方式，找出解决问题的最佳模型；"作业管理"，把抽象的指标化为具体的任务

古典学派①：科学管理观点

科学管理，以美国管理学家F·W·泰勒为代表，主张运用科学方法提升企业的生产效率。20世纪初产生，在西方一直延续到20世纪40年代。泰勒把科学管理概括为四大原则：动作科学化、选择科学化、工作科学化和发挥分工效率。

▶泰勒的科学管理四大原则

1. 动作科学化

过去，工人一贯沿袭传统的工作经验开展工作，并不去检讨工作方式是不是符合实际工作。而泰勒主张认真分析研究每一个工作细节，整合出一套省时省力的连贯性标准流程，从而获取执行工作的最佳方法。

2. 选择科学化

过去，管理者任意选择工人，没有确定的标准，无法选出合适的员工。泰勒主张先根据工作需要，确定选人的标准，再依此标准挑选工人，辅以教育培训，使其符合工作的要求。

More

泰勒，美国工程师和管理学家，倡导科学管理的先驱者，世称"科学管理之父"。泰勒开创的科学管理运动，运用时间—动作研究方法对工作进行科学研究，设计出合理的工作程序，提出了工人在体力上应与工作相匹配的劳动定额管理等，这些理论被后人称为"泰勒制"科学管理思想。其著名论著有《计件工资制》（1895）、《工厂管理》（1903）、《科学管理原理》（1911）。

3. 工作科学化

以前的管理者只在乎工作的完成情况，不重视与员工建立和谐的工作关系。泰勒认为，管理者应该号召员工真诚合作，保证所有工作按科学原则进行，并对表现杰出的员工，提供奖金以资鼓励。

4. 发挥分工效率

过去的工人既进行工作，又对工作成败负有责任，而管理者几乎不承担任何责任。泰勒提出，管理者与员工应平均分担工作与责任，工作由工人执行，但管理者必须和工人一同承担责任，彼此各司其职，提高工作效率。

科学管理与传统管理的对比图

动作科学化	选择科学化	工作科学化	发挥分工效率
分析研究当前的工作细节，整合出最省时省力的连贯性标准流程	根据工作需要确定选择标准，并依此标准挑选工人，辅以教育培训	管理者与员工真诚合作，保证工作按科学原则进行，并奖励杰出员工	管理者与工人分担工作与责任，彼此分工，各司其职

科学管理

科学管理与传统管理对比

传统管理

凭借经验法则	任意选择人才	未发展科学方法	分工不清
工人沿袭传统的经验开展工作，不肯检讨工作方式是否符合实际	管理者任意挑选工人，没有确定的选择标准	管理者只注重工作完成情况，不强调工人执行工作的方式方法	工人承担大部分的工作责任，管理者几乎不承担任何责任

其他管理学家的贡献

1. 动作研究的先驱——吉尔布雷斯夫妇

美国管理学家吉尔布雷斯夫妇改进了泰勒的方法，将泰勒的"工作研究"发展为"运动研究"。这对夫妇通过对动作的分解研究，把所有细微的动作分类为 17 种基本动作：伸手、移动、握取、装配、使用、拆卸、放手、检查、寻找、选择、规划、定位、预定位、握持、休息、延迟及故意延迟。吉尔布雷斯夫妇把这 17 种基本动作定义为"动素"，而动素是不可再分的。如拿工具这一动作可以分解成 17 个基本动素：寻找、选择、抓取、移动、定位、装备、使用、拆卸、检验、预对、放手、运空、延迟 (不可避免)、故延 (可避免)、休息、计划、夹持等，通过计算了解每一个动作所花费的时间，消除其中不必要的动作，从而节省时间、提高效率。

吉尔布雷斯夫妇为了记录各种生产程序和流程模式，制定了生产程序图和流程图。这两种图至今都还被广泛应用。例如，医院的现场预约挂号流程图。

医院预约挂号流程图

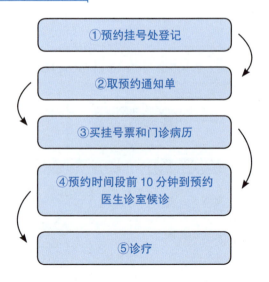

①预约挂号处登记

②取预约通知单

③买挂号票和门诊病历

④预约时间段前 10 分钟到预约
医生诊室候诊

⑤诊疗

2. 甘特图的发明者——亨利·劳伦斯·甘特

美国管理学家亨利·劳伦斯·甘特对科学管理同样做出了重大贡献，其中最为人们熟知的成就就是 1917 年提出的"甘特图"。

甘特图又叫横道图、条状图，是生产计划进程图。甘特图将任务分成许多工作项目，横轴代表时间，纵轴代表各工作项目，用长条的形式代表每个工作项目的起止时间，以此来规划每个工作项目的预计时程，从而控制工作进度。

通过甘特图，可以直接且清楚地了解实际进度与预期进度的差距，从而采取有效的管理措施，保证工作如期顺利完成。

甘特图绘制步骤

以小学生王华周六上午的安排为例，绘制甘特图。

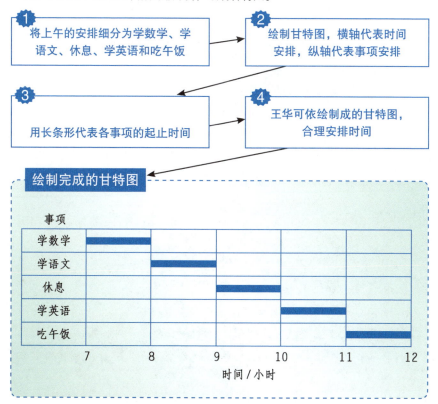

❶ 将上午的安排细分为学数学、学语文、休息、学英语和吃午饭

❷ 绘制甘特图，横轴代表时间安排，纵轴代表事项安排

❸ 用长条形代表各事项的起止时间

❹ 王华可依绘制成的甘特图，合理安排时间

绘制完成的甘特图

事项

	7	8	9	10	11	12
学数学						
学语文						
休息						
学英语						
吃午饭						

时间 / 小时

古典学派②：行政管理观点

不同于科学管理注重员工的工作技能，行政管理观点注重组织整体的运用效率，这套管理理论说明了有效的管理工作需要具备的要素和条件，其中以费尧的"一般管理理论"和韦伯的"科层体制理论"为代表。

❯兴起的原因

科学管理的理论和做法，虽然对企业的生产制造提供了很大的帮助，但是对于非制造产业及高层管理行为，却收效甚微。因此，行政管理理论就获得了发展空间，此理论以组织为出发点，进行全面性、整体性的思考，说明了良好的管理工作应具备的要素和条件。

❯费尧的"一般管理理论"

亨利·费尧 1841 年出生于法国，他是法国一家大型矿业公司的高级经理人，费尧在实际的管理工作中，将亲身体验的管理之道，总结归纳成为人们所熟知的"十四项管理原则"，内容如下：

分工原则：正所谓"术业有专攻"，管理者根据每个人的不同专业

❘ 小故事

出 门

古时候，有两个兄弟各自带着一只行李箱出远门。一路上，重重的行李箱将兄弟俩都压得喘不过气来。他们只好左手累了换右手，右手累了又换左手。忽然，大哥停了下来，在路边买了一根扁担，将两个行李箱一左一右挂在扁担上。他挑起两个箱子上路，反倒觉得轻松了很多。

技能进行合理分工，使员工在合适的岗位上发挥所长，从而提高组织的整体效益。

权责原则：管理者既有下达命令、指挥下属的权力，同时也要承担相应的责任，以防止权责不分或责任、负担不合理现象的出现，影响组织效益。

纪律原则：管理者应制定一套合法明确且符合实际的规章制度，用来规范组织内成员的行为，同时管理者也要严格遵守。

指挥统一原则：组织内的每一位员工只需服从一个主管的领导与指挥，这样可以避免因多个主管在领导问题上产生分歧，致使下属无所适从。

目标一致原则：组织结构的设置以目标为中心，凡是具有相同目标的各种作业项目，都进行集中分配，统一执行一套规划，由一位主管领导指挥。

集体利益高于个人利益原则：在组织活动中，当集体利益与个体利益发生冲突时，要优先考虑集体利益，个人利益要让位且要服从于集体利益。

薪酬公平原则：对员工薪资及奖金的发放，要体现公平公正的原则，这样可以调和劳资双方的关系，避免因待遇不公发生不必要的冲突。

集权原则：根据组织决策的特殊性、组织规模的大小及外部环境的变化，适时调整成员参与决策的集权程度，重大的决策由少数几位高层管理者制定，而那些例行性的决策则由中层或基层管理者制定。

阶层链原则：从高层管理者到一线作业员工的组织层级中，命令与信息必须逐层传达，也可以在上级的同意下，进行跨层级传递。

秩序原则：为了提高组织工作效率、合理运用组织资源，管理者要将人、事、物进行合理分配，令其适得其所，发挥最大效益。

公平原则：管理者要充分尊重员工，对所有员工一视同仁，不能因个人原因对员工存有偏见。

任期稳定原则：组织内部成员不稳定、人员流动率高，对新员工的培训费时费力，不利于组织的健康发展，管理者应避免不必要的人员流动，稳定员工职位任期。

积极进取原则：管理者应鼓励组织成员积极进取，提供环境，让员工充分发挥自己的创造力，激发员工的工作热情。

团队精神原则：管理者要营造和谐融洽的组织氛围，加强成员之间的团结互助，提倡团队精神。

费尧的一般管理理论也是有局限性的，主要在于他的管理原则缺乏弹性，以至于有时实际管理工作者无法完全遵守。

十四项管理原则

1 分工原则

概念内容　"术业有专攻"，管理者根据不同人的不同专业技能进行合理分工，使员工在合适的岗位上发挥所长

现实举例　企业根据员工不同的专业技能，将员工合理地分配到生产、行销、人力、研发、财务等不同的领域

2 权责原则

概念内容　管理者既有下达命令、指挥下属的权力，同时也要承担相应的责任

现实举例　在企业中，全体工人选举出的工人协会代表，有权决定企业员工的利益方向，同时也有责任倾听企业员工的心声，为员工着想

3 纪律原则

概念内容　管理者应制定组织的规章制度，管理者和员工应共同严格遵守

现实举例　为了避免企业员工无故旷工、迟到，公司制定了一套严格的惩罚条例，管理者和员工都要遵守

4 指挥统一原则

概念内容　组织内的每一位员工只需服从一个主管的领导与指挥

现实举例　财务部门的员工，只听从财务部门管理者的指挥，行销部门的员工，只听从行销部门管理者的指挥

5 目标一致原则

概念内容 组织结构的设置以目标为中心，凡是具有相同目标的各种作业项目，都进行集中分配，统一执行一套规划，由一位主管领导指挥

现实举例 为了实现提高顾客满意度这一共同目标，公司成立品质管理协会，成员包括生产部、行销部、研发部等部门的职员

6 集体利益高于个人利益原则

概念内容 当集体利益与个人利益发生冲突时，要优先考虑集体利益，个人利益要让位且要服从于集体利益

现实举例 公司管理者外出洽谈合作事宜，应以公司利益最大化为原则，不应考虑个人人际关系和私人利益

7 薪酬公平原则

概念内容 对员工薪资及奖金的发放，要体现公平公正的原则

现实举例 依据员工的工作情况提供合理的报酬，如按件计薪或按时计薪

8 集权原则

概念内容 根据组织决策的特殊性、组织规模的大小及外部环境的变化，适时调整成员参与决策的集权程度

现实举例 重大的决策由少数几位高层管理者制定，而那些例行性的决策则由中层或基层管理者制定

9 阶层链原则

概念内容 在组织的管理层级中，命令与信息必须逐层传达，也可以在上级的同意下，进行跨层级传递

现实举例 总经理在会议上的决策，经各部门管理者传达给下属员工；下属员工的工作情况，经由部门管理者向总经理传达

10 秩序原则

概念内容 管理者要将人、事、物进行合理分配，令其适得其所，发挥最大效益

现实举例 管理者应根据员工的职业发展要求和能力，安排适当的岗位，使其发挥所长

11 公平原则

概念内容　管理者要充分尊重员工，对所有员工一视同仁
现实举例　公司要公平公正对待每一位员工，不能对员工存有偏见和歧视

12 任期稳定原则

概念内容　管理者应避免不必要的人员流动，稳定员工职位任期
现实举例　公司与员工签订 5 年用工任期合同，规定员工工作任期，避免人员
　　　　　不必要的流动

13 积极进取原则

概念内容　管理者应鼓励组织成员积极进取，勇于创新，激发员工的工作热情
现实举例　企业允许员工利用业余的工作时间从事自己感兴趣的活动，以鼓励
　　　　　创新

14 团队精神原则

概念内容　管理者要营造和谐融洽的组织氛围，加强成员之间的团结互助，提
　　　　　倡团队精神
现实举例　企业管理者设置员工意见箱，加强员工与管理者之间、员工之间的
　　　　　沟通与交流，增强企业的团队合作

＞韦伯的"科层体制理论"

　　韦伯生于 1864 年，是德国一位著名的社会学家。他通过研究当时普鲁士政府部门的管理运用情况，提出了"科层体制理论"，又称理性官僚制或官僚制，是一种依据角色权责、劳务分工和规范管理，构建的具有高度一致性和稳定性的层级组织，是一种严重、严格、正式的管理方式，具体内容包括以下六个方面：

　　组织高度分工：在科层体制理论下，组织对每一位员工的权力与责任都进行了详细具体的明确规定，每位成员都依规定行使各自的职权，使组织内部高度分工，从而提高工作效率。

权力层级体系：职位分级，组织内的每位成员都受上级管理者的领导监督，同时将命令传达给所属下级人员，加强管理者对部属的控制。

正式的法律与规范：组织内部管理者制定严格的规定、纪律，每位组织成员，不分职位高低、权力大小，毫无例外地严格遵守，规范成员的行为。

正式选择：成员因具备各专业技术资格而被组织选中，并以绩效为基础，对选中的成员做升迁的考量。

秉公不徇私：在科层体制理论下，所有成员不分社会地位与人际关系，组织内部排除私人感情，成员间的关系只是工作关系，对所有员工皆一视同仁，一切秉公办理。

雇用承诺：员工通过教育培训，考核合格后，方可加入组织并予以重任，而且除非员工犯错，可依规定免职外，组织管理者不得任意无故终止与员工的雇用关系。

科层体制理论也有不足之处。科层体制理论过度强调对组织规章制度的严格遵守，工作成为一种例行公事，而且无法回应快速变化的外部环境，缺乏弹性。

韦伯"科层体制理论"

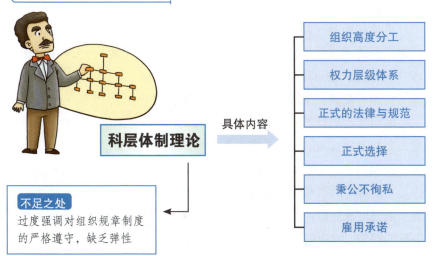

科层体制理论　　具体内容

不足之处
过度强调对组织规章制度的严格遵守，缺乏弹性

组织高度分工

权力层级体系

正式的法律与规范

正式选择

秉公不徇私

雇用承诺

行为学派①：霍桑实验

古典学派以机械化的方式，对组织和员工的工作进行管理，而行为学派从人性角度出发，重视员工个人的需求与心理，鼓励员工，增强员工的工作意愿，从而提高组织生产力。其中，最著名的研究就是由梅奥主持的"霍桑实验"。

❯霍桑实验的研究背景

古典学派的管理理论在提高劳动生产率方面虽然取得了显著的成绩，但是这种缺乏人性的、把工人只是看成组织中的一个零件的管理方式，却激起了工人，特别是工会的反抗，使得欧美等国的统治阶级感到：单纯用科学管理等传统的管理理论和方法已不能有效地控制工人，不能达到提高生产率和利润的目的，因此必须有新的企业管理理论来缓和矛盾，促进生产率的提高。在这种情况下，行为科学理论应运而生。

❯霍桑实验的研究

霍桑实验是一项以科学管理的逻辑为基础的实验。研究的是由于受到额外的关注而引起绩效或努力上升的情况。实验从 1924 年开始到 1932 年结束，前后经过了四个阶段。

1. 第一阶段："照明实验"即车间照明实验

照明实验的目的是弄明白照明的强度对生产效率所产生的影响。研究人员把参加实验的人员分成两个小组，一组为实验组，另一组为控制组，控制组在固定的照明条件下工作，实验组在不同的照明条件下工作。当实验组的照明强度增大时，两组的工作产出同时增加，当实验组的照明强度减弱时，两组的工作产出同样持续增加。因此，从实验结果中我们得知，照明强度不是影响企业生产率的决定性因素。

2. 第二阶段:"福利实验"即继电器装配工作室的实验

这次实验是在电话继电器装配实验室进行的,实验开始,研究小组增加员工休息次数,延长休息时间,并改善薪资比率,实行 5 日工作体制,适时供应茶点等,接着又取消这些待遇,恢复原来的工作条件。研究结果发现,不管工作条件怎么变化,生产效率仍在逐步提高。

3. 第三阶段:"访谈实验"即大规模的访谈计划

基于以上两个阶段的实验结果,研究小组开始把研究焦点转向员工的心理因素。梅奥等人制订了一个征询职工意见的访谈计划,在 1928

霍桑实验

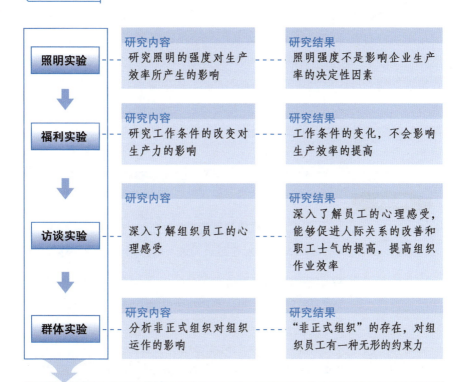

	研究内容	研究结果
照明实验	研究照明的强度对生产效率所产生的影响	照明强度不是影响企业生产率的决定性因素
福利实验	研究工作条件的改变对生产力的影响	工作条件的变化,不会影响生产效率的提高
访谈实验	深入了解组织员工的心理感受	深入了解员工的心理感受,能够促进人际关系的改善和职工士气的提高,提高组织作业效率
群体实验	分析非正式组织对组织运作的影响	"非正式组织"的存在,对组织员工有一种无形的约束力

研究结论 组织员工不仅是单纯追求经济收入的"经济人",还是有社会方面和心理方面需求的"社会人"

年9月到1930年5月不到2年的时间内，研究人员对工厂中2万名左右的职工进行了访谈。经过深入了解，梅奥认为，管理人员，特别是基层的管理人员，要成为能够倾听并理解工人的访谈者，能够重视人的因素，在与工人相处时更为热情、更为关心他们，这样能够促进人际关系的改善和职工士气的提高，从而提高组织作业效率。

4.第四阶段："群体实验"即继电器绕线组工作室的实验

经过观察，研究小组发现，组织当中存在有"非正式组织"，也就是我们通常所说的"小团体"。"小团体"内有一种默契：往往不到下班，员工就已经歇手，如果有人还要断续工作，旁边的人会暗示他停止工作。"非正式组织"对员工有较强的约束力，这种约束力甚至超过经济上的刺激。

组织内存在"非正式组织"，并不一定是件坏事，因为有时候单靠组织正式的规章制度并不能很好地解决问题，管理者也需要依靠"非正式组织"的无形约束力来管理员工。因此，作为管理者，应以正确的心态对待"非正式组织"的出现，并时时关注、刻刻留意、巧妙运用，使其成为管理者管理组织的助力。

More

霍桑实验简介

19世纪20年代，美国爆发了经济危机，众多企业纷纷倒闭，失业人数不断攀升。为了保持企业顺畅发展，美国西方电器公司邀请哈佛大学教授乔治·埃尔顿·梅奥在伊利诺州芝加哥的霍桑工厂进行了一系列的研究，称为"霍桑实验"。霍桑实验前后共进行过两个回合：第一个回合是从1924年11月—1927年5月，在美国国家科学委员会赞助下进行的；第二个回合是1927—1932年，由梅奥主持进行。

通过霍桑实验，梅奥发现，生产效率不仅受物理因素、生理因素的影响，还受到社会环境、社会心理的影响。梅奥认为，职工不仅是单纯追求经济收入的"经济人"，还是有社会方面和心理方面需求的"社会人"，因此，为了提高工作效率，管理者除科学管理外，也要注重员工的社会需求和心理的影响。

霍桑实验揭示出了社会和心理因素对组织员工行为举止的影响，开创了行为学派。霍桑实验在当时是一种全新的理论，是管理理论发展史上的一个重大的转折点。实验的研究结果让管理者认识到社会情境对企业员工生产效率的影响力，而且为领导理论与激励理论的研究打下了基础。

霍桑实验与科学管理理论的比较

生产效率
在了解员工心理需求的基础上，从人性的角度出发，激励员工开展工作

奖励方式
采用关心员工、面对面交谈等非经济方式激励员工，提高生产率

组织约束力
组织内存在的"非正式组织"，形成无形的约束力，规范成员行为

霍桑实验 ← 霍桑实验与科学管理理论的比较 → 科学管理

生产效率
把整套生产动作切割为细部动作，将员工当作机械，采用量化的方式执行每个动作

奖励方式
按件计酬的薪资体系和领班分享红利的经济奖励方式

组织约束力
依靠严格的组织规章制度，管理组织成员

行为学派②：人际关系观点

霍桑实验的研究成果证实，组织内成员之间的人际互动关系，对员工的生产力有积极的影响，所以管理者要关心员工，让员工具有满足感，这样才能产生最佳的绩效。这种现状催生出了以马斯洛的需求层次理论和麦克雷格的 X 理论—Y 理论为代表的人际关系观点。

❯马斯洛需求层次理论在管理学中的应用

马斯洛需求层次理论，亦称"基本需求层次理论"，是行为科学的理论之一，由美国心理学家亚伯拉罕·马斯洛于 1943 年在论文《人类激励理论》中提出。

Easy-going

马斯洛，美国著名心理学家，第三代心理学的开创者。他的智商高达 194，被世人称为"伟大的先知"。

马斯洛认为 ，人类的需要是分层次的，由低到高共分 5 级，依次为生理需求、安全需求、社会需求、尊重需求和自我实现需求。若将马斯洛需求层次理论应用于管理学，把员工的需求同样分成 5 类，依次由较低层次到较高层次排列。

生理需求： 是人类为了生存而有的最基本的需求，即衣、食、住、行等。如公司员工对公司食宿条件、薪资奖金的需求。

安全需求： 在生理需求得到满足后，人类对自身生命安全、财产安全及未来保障的需求。如公司员工对工作不会危及自身的生命财产安全，企业不会无故解雇员工的需求。

社会需求： 指人类对友谊、爱情、归属感等各方面的需求。如在企业内部，员工对互相帮助、团结友爱的和谐工作环境的需求。

尊重需求：指人类对自我的尊重和受别人尊重的需求，包括自信、名誉、社会地位等方面。如在企业中，员工的工作成果受到上级领导的肯定，被赋予更高的职位和权力。

自我实现需求：这是最高一级的需求，指人类对达到人生终极目标、实现最终梦想的需求，如企业提供各种条件，激发员工创造性、开发员工潜力。

马斯洛需求层次理论在管理学中的应用

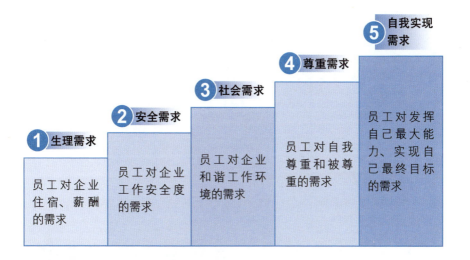

1 生理需求
员工对企业住宿、薪酬的需求

2 安全需求
员工对企业工作安全度的需求

3 社会需求
员工对企业和谐工作环境的需求

4 尊重需求
员工对自我尊重和被尊重的需求

5 自我实现需求
员工对发挥自己最大能力、实现自己最终目标的需求

▶麦克雷格的 X 理论—Y 理论

美国管理理论的奠基人麦克雷格于 1957 年 11 月在美国的《管理评论》杂志上发表了《企业的人性方面》一文，提出了著名的"X 理论—Y 理论"，即"性恶论—性善论"，内容如下：

X 理论：即"性恶论"，认为人的本性是坏的，一般人都有好逸恶劳、逃避工作的特性，在工资能够保证自己生存条件的前提下，企业员工往往借机偷懒取巧，工作积极性不高。作为管理者，必须借助强制、监督、指挥和处罚等措施进行监控，鞭策员工全身心地投入到工作当中。

Y 理论：即"性善论"，认为人的本性是好的，一般人并不懒惰，人们往往都热衷于发挥自己才能的创造性，自动自发地参与具有挑战性的工作，以追求成就感，并且乐于承担责任。

该理论提示管理者，要创造一个能满足员工多方面需要的环境，使他们的智慧、能力得以充分发挥，从而更好地实现组织和个人目标。

X理论与Y理论的对比

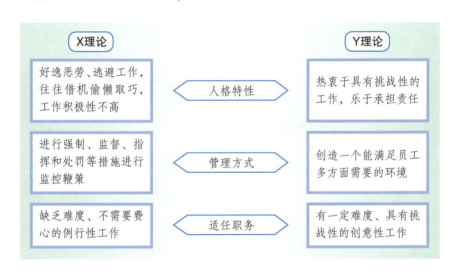

More

美国加州大学管理学院教授威廉·大内对日本的管理经验进行了充分的研究分析，于 20 世纪 80 年代提出了 Z 理论。Z 理论认为，企业应实行终生雇用制，鼓励员工参与企业的管理工作，实行集体负责制，对员工进行全面的培训与考察，不以"一时一事"对员工妄下结论等。

量化学派：管理科学观点与作业管理观点

第二次世界大战期间，英美军方采用统计、计量的数理方法解决复杂的军事问题，战后这种方法沿用于民间企业，逐渐发展成为通过运用统计与电脑模拟等客观方法解决企业管理问题的量化学派，此学派又分为管理科学观点和作业管理观点。

❯ 量化学派的起源

量化学派，是组织用统计分析、数量模型和电脑模拟等方法来解决管理问题的理论，它起源于第二次世界大战应用的战术。比如，大家熟知的著名战役"大不列颠空战"，英国就是利用量化的统计分析方法，对作战资源进行有效的分配，这次空战英军以损失995架飞机的代价，击落德机1818架，以少胜多。德国没能取得英国的制空权，以进攻英国为目标的"海狮登陆计划"就此破产。战后，这种管理方法应用于民间企业，产生了量化学派。

❯ 量化学派的管理科学观点

管理科学观点，是指使用精密的数理统计、计量及先进的电脑模拟运算等科学管理方式，找到解决管理问题的最佳方案，从而提高企业的生产效率。比如，中国邮政局在运送邮件时，使用管理科学理论的计量方法，计算出邮件运送的时间与区间，从而确保邮件保时保质送到收件人手中。美国福特汽车公司，利用电脑来模拟汽车相撞对司机及车体造成的伤害程度，就可以了解到相关数据，而不是真正使用汽车相撞。

虽然管理科学理论为企业解决了很多复杂的管理问题，但其注重数理逻辑的客观分析，建构数学模型费时费力，电脑模拟成本又过于高昂，因此管理科学理论并不适用于规模比较小的组织团体。

❯作业管理观点

基于管理科学观点以上的种种缺陷，作业管理观点便应运而生。作业管理观点同样用逻辑分析来解决管理问题，但不需要精密、冗长的计量，只需运用简单的统计技术，就可找出解决问题的最佳方法，直接应用于管理问题。在一定程度上，作业管理可视为应用性的管理科学。

让我们举一个应用作业管理的简单例子：

小红打算开一家花店，朋友给她推荐了北京、成都、昆明三个城市，小红需要在这三个城市中选出最佳者，便应用作业管理的方法确定开店的城市。

小红根据三个城市在运作成本、天气状况、原材料距离、市场距离四个方面进行比较分析，列出了评估表。

小红运用作业管理理论，经过分析比较认为，昆明温度、湿度适宜，日照长，霜期短，此地盛产各类鲜花，且昆明为著名的旅游城市，市场需求量很大，再加上运作成本低廉，所以小红最终选定了昆明这座"春城"作为开花店的最佳地点。

More

电脑模拟撞车

汽车形状极为复杂，需要把车体区分成无数的小格子，一一地输入电脑，电脑在模拟撞击时要计算大约 5 万个小格子。电脑只要撞击后 0.1 秒的数据，并且把这个瞬间切割成 10 万个微小的步骤来处理。也就是说，电脑模拟是采用百分之一秒当中每一个点的变形资料，然后再把这些资料相乘，也就是 5 万点乘以 3，再乘以 100 万，得出来的结果就是 1 500 亿个数据，这样庞大的计算量也只有超级电脑才能够应付得了，而更高级的车种可能要模拟 10 万个小格子，它的计量又要再加一倍。

量化学派

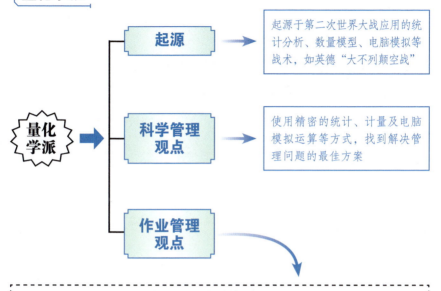

量化学派

起源 → 起源于第二次世界大战应用的统计分析、数量模型、电脑模拟等战术,如英德"大不列颠空战"

科学管理观点 → 使用精密的统计、计量及电脑模拟运算等方式,找到解决管理问题的最佳方案

作业管理观点

作业管理操作简单,只需三个步骤

❶ 考虑需要衡量的具体因素

❸ 根据分析结果,进行最后评估,做出最终选择

❷ 依据实际情况,分析比较各因素,如开花店

	北京	成都	昆明
运作成本	高昂	中等	低廉
天气状况	阴晴不定	阴雨天多	日照长、晴天多
原材料距离	距主要鲜花产地远	距主要鲜花产地远	鲜花产地,有"春城"之称
市场距离	本身就是市场	离市场距离近	旅游名城,游客众多,市场大

新兴学派①：系统观点

系统观点，是第二次世界大战以后，由弗理蒙特·卡斯特等美国管理学家在一般系统理论的基础上建立起来的。深究前面谈过的古典学派、行为学派与量化学派，我们发现，这三种理论并不相矛盾，而是互相补充、互相辅助。但是随着全球经济迅猛增长、科技快速发展，外部环境日新月异，注重与外界环境保持联系、强调组织整体性的新兴学派应运而生，此学派分为系统观点和权变观点两个分支。

❯系统观点的概述

系统是指同类事物按一定的关系，有条有理组成的整体，如人作为一个整体系统，是由消化系统、神经系统、呼吸系统、循环系统、运动系统、内分泌系统、泌尿系统和生殖系统八大子系统组成。人不但要保持自身内部这八大系统的畅通、健康、有序运作，同时还要与日新月异的外部环境保持密切良好的互动，这样才能生存发展。

系统观点，就是把组织视为一个整体系统，这个整体系统是由很多子系统集结而成的，如组织内的各种设备资源、各部门、各位成员。然而对于整个外部大环境而言，组织又是这个大环境中的一个子系统，各种组织集结在一起，组成了大环境这样一个总系统。

所有的系统都分为封闭和开放两种类型，所谓封闭系统，就是不受外部环境影响也不与外部环境发生相互作用的系统，封闭系统独立于外界环境，不参与外部变化的互动，其结果是最终走向灭亡。所谓开放系统，就是组织作为整体，积极投身于不断变化的外界环境，不断地获取外部资源，经过内部的整合，生产出符合需求的成果，并将成果投放于外部环境，外部环境再把组织成果的使用信息回馈给组织系统。

系统观点

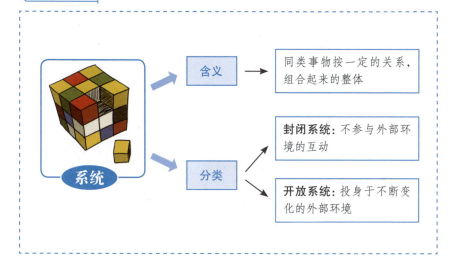

开放系统的四要素

组织作为一个整体，要想成为一个开放的系统，就要具备以下四个要素：

投入：是指组织生产物品和劳务的过程中所使用的物品或劳务等生产要素，如制造企业对原材料、设备的投入；服务业对人力、资金的投入等。

生产：是指组织利用生产工具，将投入变为产出的活动和过程，是人类创造社会财富的过程，这种社会财富包括物质财富、精神财富和人自身的生育。如汽车公司将原材料生产成汽车成品的一系列流水线加工过程。

产出：是指创造的各种符合社会需求的物品或劳务，可以用于消费或用于进一步的生产。如生产出并投放于市场的商品、服务等。

回馈：是指外部环境把生产出的产品或服务的使用情况回应给生产组织，帮助生产组织生产更符合市场需求的产品或服务，从而提高顾客的满意度，增强组织的市场竞争力。例如，诺基亚公司根据客户回馈的市场信息，与微软合作，开发 Win7 智能机，满足消费者对高端智能手机的市场需求。

组织开放系统四要素循环图

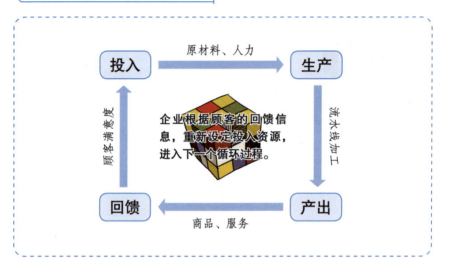

木桶原理

我们可以将一个组织系统看成是一个木桶，系统中的每一个要素就是构成木桶的木板。一只木桶想要盛满水，每块木板必须都一样平齐，且无破损。如果这只木桶的木板中有一块不够高度，这只桶就无法盛满水。这就是说，一个木桶无论有多高，它的盛水的高度，并不取决于最长的那块木板，而是取决于最短的那块木板。

如果系统中某一个要素出了问题，那么这个系统就不能"盛满水"。因此，组织管理者要平衡好系统中的每一个要素，才能保证整个系统的有效运行。

新兴学派②：权变观点

> 新兴学派主张组织作为一个系统，要根据不断变化的内部、外部环境适时地采取合理有效的管理方法，这种因时制宜的管理方法就是新兴学派主张的"权变观点"，其代表人物为伯恩斯与斯托克。

▶权变观点

父母会针对孩子在不同的成长发展阶段采取相应的教育管理方式，组织的权变观点也是如此。世界上没有一种管理方式适用于所有的组织，也没有一种管理方式永远适用，组织的管理者同样需要针对不断变化的内部、外部环境，采用相应的管理方法，才能提高组织的运用效益。

1961年，学者汤姆·伯恩斯（Burns）和G·M·斯托克（G.M.Stalker）合作出版了《创新的管理》一书，书中详细阐述了组织内外部环境的变化对组织的影响，两人在书中首次将组织的内外部环境分为两类：安定的环境和创新的环境，他们认为安定的环境适合采用古典学派机械式的管理方式，创新的环境适合采用行为学派有机式的管理方式。

1. 安定的环境

安定的环境是指组织面临的内外部环境变化不大，比较稳定，如供应商的原材料供应量充足稳定；相关法律法规实行多年，比较成熟稳定；顾客的市场消费需求短期内不会改变等。在这种环境下，组织管理者适宜采取古典学派机械式的管理方式，以严格的规章制度加强管理，强调运用程序，以提高员工的工作效率。

2. 创新的环境

创新的环境是指组织面临的内外部环境经常变化，很不稳定，如供应商的原材料供应量很不稳定，总是出现断货的情况；相关的法律法规朝令夕改；顾客多元化、偏好不定等。在这种环境下，组织管理者适宜采取行为学派有机式的管理方式，加强与员工之间的沟通合作，鼓励员工个性思考、发展创新，有弹性地管理员工的生产，以提高员工的生产效率。

组织的内外环境分类

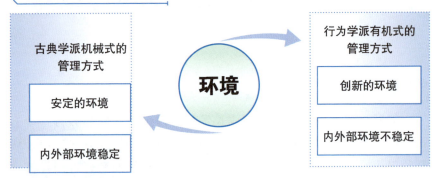

四种权变变数

作为组织管理者，要根据下面这四种权变变数，思考分析，采取最佳的管理方式。

1.组织规模

如果组织规模较小，管理者就可以很轻易地了解掌握员工的工作状况、信息，而且组织内管理层级少，管理者与员工之间可以实现面对面的口头沟通方式，省去了复杂的规章制度，员工自由度高，因此适于采取行为学派的有机式管理方式；如果组织规模较大，人员众多，管理层级复杂，高层管理者与员工交流、沟通困难，在这种情况下，组织管理者就应制定一套统一的运用标准，用来处理组织内出现的各种问题，采取古典学派的机械式管理，来提高工作效率。

2.技术的例行性

技术的例行性指实行固定作业步骤的技术，如联想集团生产车间内的员工，皆遵循一套例行的标准作业流程进行生产活动。因此，组织管理者宜采用古典学派机械式的管理方式，才能提高组织运行效率。

但是对于那些非例行性技术的组织，如广告公司，会针对不同客户的差异化需求，提出不同的广告创意。这种因服务对象的不同需求而采取不同解决对策的情况，应采取行为学派有机式的管理方式为佳。

3. 环境的不确定性

组织的运作效率受政治、经济、科技及社会文化等方面的影响，当组织处于安定的环境时，管理者应采取古典学派机械式的管理方式，强调组织的监督、控制与管理；当组织面临创新的环境时，管理者应采取行为学派有机式的管理方式，充分调动组织成员的积极性，快速回应环境的变化，从而提高组织生产力。

4. 个体差异

组织内的全部员工可分为两类：一类是具有 X 理论特质的员工；另一类是具有 Y 特质的员工。针对员工的理论特质不同，管理者采取的管理方式也应有所不同。比如，对于具有 X 特质的员工，最好采用古典学派机械式的管理方式，通过对员工鞭策性的监督与控制，敦促其提高生产率；而对于具有 Y 特质的员工，最好采用行为学派有机式的管理方式，充分给予员工自主发展创新的空间，使其积极投身参与组织决策，这样可以有效地激发员工的工作热情，提高生产力。

权变观点四大变数

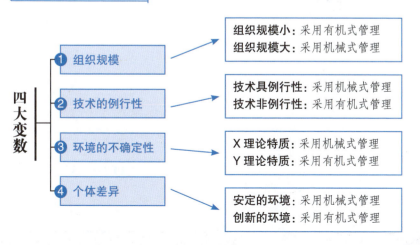

第**3**篇

组织环境

组织是一个开放的系统，组织的内部环境和外部环境，无时无刻不在进行着广泛的信息交流，就像人的两只手，缺一不可。良好的企业文化和伦理，才能创造良好的内部环境，而且只有企业负起应有的社会责任，才能与外部环境保持和谐的关系。

本章教你：
▶ 什么是组织环境？
▶ 内部环境的含义。
▶ 外部环境的含义。
▶ 五力分析的含义及其运用。
▶ SWOT分析的含义及其运用。
▶ 如何构造良好的企业文化？
▶ 企业伦理的内涵及其推行。
▶ 企业怎样负起社会责任？

组织环境

环境对于组织的生存与发展具有决定性的作用，组织环境分为内部环境和外部环境两类，管理者的任务之一就是同时关注组织的这两大类环境，实施有效管理，从而确保组织长盛不衰。

❯ 组织环境的分类

组织环境分为内部环境和外部环境。

内部环境是指隶属于组织管辖范围内的具体工作环境，包括物理环境、心理环境和文化环境。物理环境包括工作地点的空气、光线和照明、声音、色彩等，它对于员工组织环境的工作安全、工作心理和行为以及工作效率都有极大的影响。心理环境包括组织内部和睦融洽的人际关系、人事关系、组织成员的责任心、归属感、合作精神和奉献精

组织环境的分类

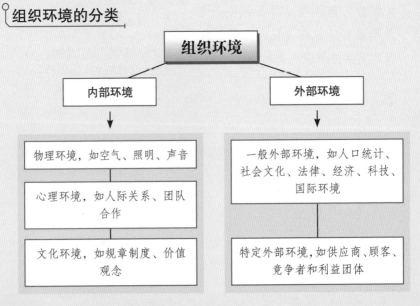

神等，心理环境制约着组织成员的士气和合作程度的高低，影响了组织成员的积极性和创造性的发挥。文化环境包括组织的操作规程和工作流程、规章制度、价值观念、组织信念等，一个良好的组织文化是组织生存和发展的基础和动力。

外部环境是指组织所处的社会环境，这种环境组织不但无法控制，更要与其保持密切互动，包括一般外部环境和特定外部环境。一般外部环境包括人口统计、社会文化、法律、经济、科技、国际环境等，一般外部环境对组织的影响是间接的、长远的。特定外部环境包括供应商、顾客、竞争者和利益团体等，特定外部环境对企业组织的影响是直接的、迅速的。

小故事

一只小蜗牛问妈妈："妈妈，为什么我们生下来就要背负这个又硬又重的壳呢？"

蜗牛妈妈说："因为我们的身体没有骨骼的支撑，只能爬，又爬不快。这个壳可以保护我们。"

小蜗牛又问："毛毛虫也没有骨头，也爬不快，为什么它不用背又硬又重的壳呢？"

蜗牛妈妈笑了笑，回答："因为毛毛虫能变成蝴蝶，天空会保护它。"

小蜗牛想了想，又问："可是，蚯蚓也没有骨头，爬得也不快，也不会变成蝴蝶。为什么它也不用背又硬又重的壳呢？"

蜗牛妈妈摸了摸小蜗牛的脑袋，说："因为蚯蚓会钻土，大地会保护它。"

这时，小蜗牛哭了起来："为什么我们这么可怜呀？天空不保护我们，大地也不保护我们。"

蜗牛妈妈搂着小蜗牛说："我们有壳呀！我们不靠天、不靠地，我们靠自己！"

内部环境

//

俗话说得好，"修身，齐家，治国，平天下"，组织经营也是如此。"先安内才能攘外"，作为组织管理者，只有先做好组织内部的管理，确保组织内部运行良好，才能应对外在环境中残酷的竞争与挑战。

❯组织内部环境

组织内部环境是指隶属于组织管辖范围内的具体工作环境。影响管理活动的组织内部环境包括：物理环境、心理环境、文化环境。

物理环境：是组织内部环境的基础。物理环境要素包括工作地点的空气、光线和照明、声音（噪声和杂音）、色彩等，它对于员工组织环境的工作安全、工作心理和行为以及工作效率都有极大的影响。物理环境因素对组织设计提出了人本化的要求，防止物理环境中的消极性和破坏性因素，创造一种适应员工生理和心理需求的工作环境，是实施有序而高效管理的基本保证。

心理环境：指的是组织内部的精神环境，心理环境包括组织内部和睦融洽的人际关系、人事关系、组织成员的责任心、归属感、合作精神和奉献精神等。它对组织管理有着直接的影响。心理环境制约着组织成员的士气和合作程度的高低，影响了组织成员的积极性和创造性的发挥，进而决定了组织管理的效率和管理目标的达成。

文化环境：组织文化环境至少有两个层面的内容：一是组织的制度文化，包括组织的工艺操作规程和工作流程、规章制度、考核奖励制度以及健全的组织结构等；二是组织的精神文化，包括组织的价值观念、组织信念、经营管理哲学以及组织的精神风貌等。一个良好的组织文化是组织生存和发展的基础和动力。

组织内部环境分类

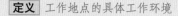

定义 工作地点的具体工作环境

实例 工作地点的空气、光线和照明、声音、色彩

作用 影响员工组织环境的工作安全、工作心理和行为以及工作效率等

文化环境

组织内部环境分类

物理环境

定义 1.组织的制度文化；2.组织的精神文化

实例 1.工作流程、规章制度、考核奖励制度；2.价值观念、组织信念、经营管理哲学和组织的精神风貌

作用 良好的组织文化是组织生存和发展的基础和动力

心理环境

定义 组织内部的精神环境

实例 人际关系、人事关系、责任心、归属感、合作精神和奉献精神

作用 制约组织成员的士气和合作程度的高低，影响组织成员的积极性和创造性的发挥

More

有的大陆专家学者认为，组织内部环境包括治理结构、机构设置及权责分配、内部审计、人力资源政策、企业文化等，据此他们将组织内部环境分为董事会、监事会、组织结构、授权和分配责任的方法、审计委员会及内部审计、人力资源和实务、员工及企业文化八类。还有很多中国台湾的专家教授把组织内部环境划分为股东、董事会和员工三种利益关系人。

外部环境①：一般外部环境

管理者不仅要组织好企业内部的运作，还要应对企业外部环境中残酷的竞争与挑战。管理者须留意人口统计环境的变化、消费者价值观的改变、新法律法规条款的推行、经济形势的走向、科学技术的研发及国际形势的演变等，积极快速地应对组织外部环境的竞争与挑战。

一般外部环境的含义

一般外部环境，是指能影响企业经营成败，但又在企业外部而非企业所能完全控制的外部因素，也称"宏观环境"，包括人口统计环境、社会文化环境、法律环境、经济环境、科技环境、国际环境六大要素。一般外部环境对组织的影响是间接的、长远的。分析外部环境的目的，是为组织战略定位与战略选择提供真实有效的信息。

需要注意的是，组织一般外部环境的变化往往比较缓慢，在短时间内不易被管理者察觉。基于此，作为组织管理者，要定期对一般外部环境的六大要素进行检视，这样才能洞察先机。例如，中国人口老龄化现象的出现，不是一朝一夕的事，而是经过几十年的社会发展才逐步形成的。组织管理者只有时时关注、刻刻留心，才能充分掌握人口老龄化的信息，从而做出快速回应，采取适当的管理措施。

一般外部环境六要素

组织的一般外部环境六要素，对组织目标、经营策略的制定有重大的影响。

人口统计环境：指一个地区的社会人口的数量、分布、年龄、性别、职业、收入、教育、婚姻等条件。组织生产出的产品和服务，最终的消费主体是人，所以定期检视特定地区的社会人口环境的变化，是管理者经营组织的必要条件。例如，很多世界大企业、大公司，都积极努力地开发中国市场，因为中国拥有 13 亿多人口，人口数量巨大，消费群体众多，是世界上的一个消费大户。又如，现在中国人口老龄化的现象逐渐显现，"银发族"市场正在崛起，企业管理者应洞察先机，适时开发符合老人需求的产品和服务，以提高企业效益。

社会文化环境：是指一个地区人们的生活方式、社会价值观、意识形态、工作习惯、消费观念、社会风俗等。社会文化环境对人们的行为举止有着很强的约束力，也会在很大程度上影响消费者的消费需求。例如，当今社会，女性的地位及经济实力都在提高，女性逐渐成为消费主体，这就促使很多企业、公司开展针对女性的产品和服务。

法律环境：是指一个国家或地区出台的法律法规和法律健全的程度。作为组织管理者，必须在法律允许的范围内，组织开展工作，否则就会受到法律的制裁。如为了保证中国市场经济的有序健康发展，国家立法机关出台了一系列的与经济有关的法律法规，如《中华人民共和国反垄断法》《中华人民共和国消费者权益保护法》《中华人民共和国合同法》《中华人民共和国公司法》《中华人民共和国公平交易法》等。

经济环境：是指组织面临的社会经济条件及经济运行状况，是制约组织生存和发展的重要因素。组织经济环境包括社会经济制度、经济发展水平、消费水平、消费结构、通货膨胀率、失业率等。比如，物价上涨过快，工资上涨过慢，这时，人们对价格的敏感度高，会节衣缩食，

小故事

世界人民在享受地球村带来的方便的同时，也为此付出了沉重的代价。如 1997 年泰国的汇率危机，很快波及整个东南亚地区以及韩国和日本，从而形成严重的地区性金融危机。随后又波及俄罗斯和拉美地区，形成了事实上的全球性金融动荡，成为危机传染效应的最典型例证。

企业管理者应该提供给消费者物美价廉的低端产品和服务；相反，工资上涨过快，物价上涨过慢，人们经济富裕，价格敏感度较低，企业管理者应该提供给消费者高附加值的高端产品和服务。

科技环境：是指组织所处的社会环境中科学技术及与之直接相关的各种社会现象的发展状况，包括生产技术的突破、新产品的研发、设备工具的更新等。科技环境的改善，对于降低成本、提高生产效率、增加利润有很大的帮助。例如，在工业革命的大背景下，很多企业纷纷引进大型机器进行生产作业，取代了纯粹的手工劳动，大大提高了企业的生产效率。

国际环境：是指国际上产生的各种影响本国企业经营的机遇或挑战。随着通信、交通的快速发展，地域之间的疆界越来越模糊、联系越来越密切，地球村逐渐形成。例如，美国道·琼斯工业指数、标准普尔指数、纳斯达克综合指数三大股市的下跌，对全球金融市场都造成了不同程度的负面影响。又如，随着中国的崛起，在世界上掀起了学习汉文化的热潮，最典型的例子就是孔子学院在其他国家的成功建立。

一般外部环境六要素

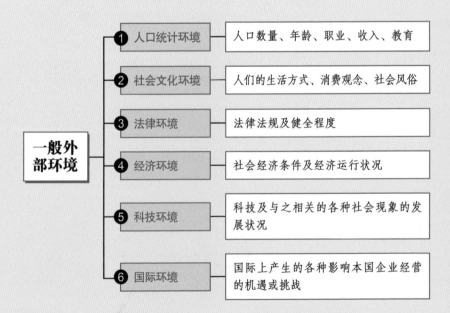

一般外部环境

① 人口统计环境 —— 人口数量、年龄、职业、收入、教育

② 社会文化环境 —— 人们的生活方式、消费观念、社会风俗

③ 法律环境 —— 法律法规及健全程度

④ 经济环境 —— 社会经济条件及经济运行状况

⑤ 科技环境 —— 科技及与之相关的各种社会现象的发展状况

⑥ 国际环境 —— 国际上产生的各种影响本国企业经营的机遇或挑战

外部环境②：特定外部环境

组织的特定外部环境由顾客、供应商、竞争者和利益团体构成，直接影响着组织的经营运作。作为组织管理者，要保证供应商供货的数量和质量，及时满足顾客对产品和服务的需求，并保证不侵犯一定团体组织的利益，这样才能增强自身的竞争力，在激烈的市场竞争中突出重围。

▶特定外部环境的含义

特定外部环境是指对组织运作绩效有直接且迅速影响效果的外部环境，主要包括供应商、顾客、竞争者和利益团体等。因为特定外部环境对组织的运作有直接的影响，因此又称为"直接环境"。又因为特定外部环境涉及使用产品和服务的消费者、提供原材料的供应商、同行业的竞争者以及与组织有利害关系的利益团体，通过对特定外部环境的分析，可以了解到在相同产业环境中组织所共同面临的处境，因此特定外部环境又被称为"产业环境"或"市场环境"。

Easy-going

在完全垄断的条件下，新的企业要想进入某一行业十分困难，存在许多进入障碍，主要有四种：一是现有企业控制了产品原料的来源；二是现有企业拥有专利权；三是现有企业规模经济性显著；四是政府特许。

▶特定外部环境四要素

顾客：是指到商店或服务行业前来购买产品或服务的对象。俗话说"顾客就是上帝""顾客是企业的衣食父母"，顾客对企业产品或服务的满意度、忠诚度，直接影响着企业的效益，甚至决定着企业的生死存

小故事

> 国外一家森林公园曾养殖了几百只梅花鹿，尽管环境幽静、水草丰美，又没有天敌，而几年以后，鹿群非但没有发展，反而病的病，死的死，竟然出现了负增长。后来人们买回几只狼放置在公园里，在狼的追赶捕食下，鹿群只得紧张地奔跑以逃命。这样一来，除了那些老弱病残者被狼捕食外，其他鹿的体质日益增强，数量也迅速地增长着。
>
> 竞争对手就是追赶梅花鹿的狼，时刻让梅花鹿清楚狼的位置和同伴的位置。跑在前面的梅花鹿可以得到更好的食物，跑在最后的梅花鹿就成了狼的食物。按照市场规则，给予"头鹿"奖励，让"末鹿"被市场淘汰。

亡，因此，作为企业管理者，既要留住老顾客，又要开发新顾客，提供符合顾客消费需求的产品或服务。比如，奇瑞公司为了满足消费者爱护环境、减少尾气排放的需求，推出了经济实惠的小排量汽车。

供应商：是指为企业生产提供所需的原材料或零部件的组织。高质量的原料才能生产出高质量的产品，供应商供货的数量和质量，直接影响着企业的经营效益。比如，对双汇集团而言，猪肉价格上涨，会提高企业的生产成本，减少利润，从而降低企业的竞争力。当供应商绩效不佳时，可能会导致原材料供应短缺，或拖延交货时间，使企业蒙受损失。因此，作为管理者，要同时与多数供应商保持密切的往来关系，避免供应商哄抬价格或供应商供应短缺情况的出现。

竞争者：一般是指那些与本企业提供的产品或服务相似，并且所服务的目标顾客也相似的其他企业。对于特定的某一行业来说，竞争者的多寡，是受进入行业障碍的高低决定的，主要的进入障碍包括对资本的要求高，规模经济、专利和许可证条件，缺少场地、原料或分销商，信誉条件等。当行业进入障碍低时，就会导致企业数量众多，竞争者便多，行业竞争就会很激烈和残酷；同样，当行业进入障碍高时，就会导

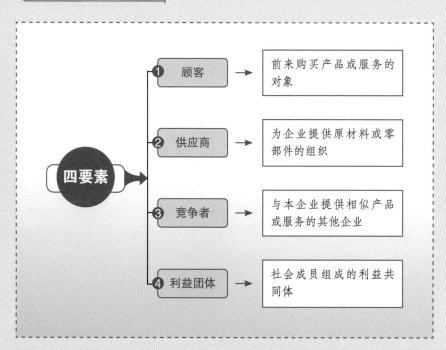ff

致企业数量相对较少，竞争者自然就少，甚至可能会出现垄断。如铁路行业，需要投入大量的财力和人力，还要有政府的保障，极高的进入障碍几乎将全部的企业拒之门外，中国铁路成为了独当一面的"铁老大"。

利益团体：指在社会生活中，一些有某种共同利益的社会成员，为了实现共同目标而组织起来的正式或非正式的社会组织。利益团体分为经济性利益团体和公共性利益团体，前者是为了保障自身成员的利益，后者是为了保障公共利益。如商会、工会、学生会、环保组织、妇女权益保护组织等。如果企业的管理活动与利益团体的主张相冲突时，就会遭受到利益团体的反对和抗争，有碍于企业的发展；相反，如果企业的管理活动与利益团体的主张一致时，就会得到利益团体的支持和拥护，有助于企业的发展。因此，企业管理者要选择与社会利益团体站在一条战线上，正面回应群众对企业的期望。

特定外部环境四要素

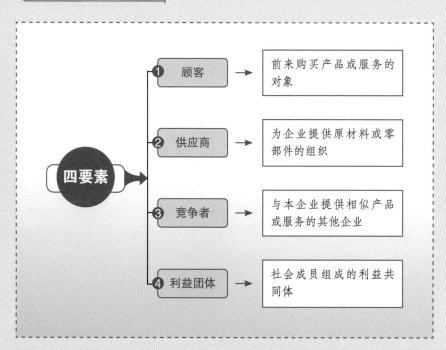

了解产业环境的分析——五力分析

著名的管理大师迈克尔·波特（Michael Porter）于20世纪80年代初提出"五力分析模型"，对企业战略制定产生全球性的深远影响。五力分别是：供应商的议价能力、购买者的议价能力、潜在竞争者进入的能力、替代品的替代能力、行业内竞争者现在的竞争能力。通过对企业五力的分析，可以全面了解产业现状，从而确定自身定位，提出未来的发展方向。

▶ 五力分析

1. 供应商的议价能力

供应商的议价能力是指供应商通过提高价格或降低质量及服务等手段，来获得尽可能多的产业利润，导致产业链下游的企业成本提高。供应商在供货方面占有主动的优势，可以提高原材料的价格，即供应商的议价能力强；相反，供应商的议价能力弱。因此，具有强议价能力的供应商，可谓是企业的一大威胁。供应商在以下情况具有较强的议价能

More

迈克尔·波特出生于1947年，他是哈佛商学院的大学教授（大学教授是哈佛大学的最高荣誉），也是该校历史上第四位获得此项殊荣的人。迈克尔·波特在世界管理思想界可谓是"活着的传奇"，他是当今全球第一战略权威，是商业管理界公认的"竞争战略之父"，在2005年世界管理思想家50强排行榜上，他位居第一。

力，对企业造成的威胁较大：

（1）供应商提供的产品具有一定的特色，其替代性很小，再加上如果是公司所需的关键性原材料，公司就不可能去其他处购买，只能被动接受供应商提出的供货条件。

（2）购买商很多，而供应商有限，公司并不是供应商的主要顾客，也就是说，公司的购买活动不会影响供应商的经济效益，即使供应商不与该公司开展合作关系，也无大碍。

（3）购买商转换供应商的成本过于高昂，使得公司难以更换供应商。比如，转换供应商会让公司付出大量违约金，同时转换原材料供应商，也会危及公司产品的质量。

（4）供应商能够方便地实行前向联合或一体化，而购买商难以进行后向联合或一体化，也就

Easy-going

当企业退出某一产业时，不得不放弃一部分设备，这些设备的价值就不能全部收回或完全不能收回，这部分不能收回的费用叫作埋没费用。埋没费用越大，退出越难，损失也越大。

是通常我们所说的"店大欺客"。如提供石油的供应商会联合起来，组织一个利益团体，增强自己的实力，实行自主制定价格，提供产品。

（5）供应商很有可能上升为公司的竞争者，也就是说，供应商有利用自己的原材料，生产足以和购买商竞争的产品的能力，可能会成为公司潜在的竞争者。

2. 购买者的议价能力

购买者的议价能力是指购买者要求企业降低产品价格或是要求企业提供较高的产品或服务质量的能力，同该产业内的企业讨价还价，使得产业内的企业相互竞争，导致产业利润下降。如果购买者在购买活动中占有主动优势，可以要求企业降低商品价格、提高产品或服务质量，即购买者的议价能力强；相反，购买者的议价能力就弱。因此，具有强议价能力的购买者，同样是企业的一大威胁。购买者在以下情况具有较强的议价能力，对企业造成的威胁较大：

（1）购买者的数量较少、规模大，相对供应商的数量较多，购买者可以自由多项选择供应商，从而占主动优势，向供应商提条件。

（2）购买者的购买数量较大，占据了供应商销售量的很大比例，此时购买者可利用巨大的购买量向供应商协商供货价格折扣。

（3）购买者所购买的基本上是一种标准化产品，其替代性大，同时向多个供应商购买产品在经济上也完全可行。

（4）购买者是供应商的最大顾客，是供应商的主要经济获利来源。

（5）购买者有能力实现后向一体化，而供应商不可能前向一体化，也就是通常我们所说的"客大欺主"，如钢材的购买者会联合起来，壮大自己的实力，按照自主定制的价格，购买商品。

（6）购买者具有自主生产原材料的能力，可以降低对供应商的依赖程度，甚至可以不用购买供应商提供的原材料。

3. 既有企业的竞争程度

既有企业的竞争是指在同行业内的各企业相互竞争，以争夺市场占有率，现有企业之间的竞争常常表现在价格、广告、产品介绍、售后服务等方面，其竞争强度与许多因素有关。在同一行业中，如果部分企业降低产品价格、提高产品或服务的质量、引入特色产品，就会导致企业间展开激烈的市场竞争。既有企业的竞争程度越高，对企业的生存威胁就越大。判断既有企业的竞争程度，大致包括以下几项：

（1）竞争者的数量。如果同一行业之中，企业数量众多，企业之间为了争夺市场占有率，会展开残酷、激烈的市场竞争，企业的淘汰率也会相当高。

（2）产品的差异性。在同一行业中，如果既有企业提供的众多产品各自的特色性不强，产品的差异性不大，作为购买者，无论购买哪家企业的产品都可以满足自己的消费需求，没有对某一产品品牌形成忠诚的依赖，顾客可能随时更换消费意向，在这种情况下，企业之间可能会开展"价格大战"，甚至有的企业会以低于成本的价格出售产品，行业竞争就会很激烈。

（3）退出障碍。退出障碍具体包括：资产的专用性、退出的固定费

具体案例分析

供应商的议价能力 	福特、丰田、通用、本田、现代等世界各大汽车公司纷纷在中国建造生产基地，对于提供汽车原材料的在华供应商来说，购买者（汽车制造商）数量的大幅度增加，使供应商在协商供货价格方面占有优势，供应商议价能力强
购买者的议价能力	在中国，消费者购买的汽车基本上是标准化生产，同时向多个卖主购买产品在经济上是完全可行的，购买者有能力实现后向一体化，卖主无能力实现前向一体化，购买者的议价能力强
既有企业的竞争程度	中国汽车企业经过自身的艰苦努力和国家相关政策的支持，以奇瑞为代表的自主品牌的竞争优势全面提升，世界各大汽车公司在中国建厂售车，会面临很大的竞争压力
潜在进入者的威胁 	对于后进入中国汽车市场的世界知名汽车公司来说，进入该领域的障碍还是比较低的，这就使很多跨国汽车公司步入中国市场，与现有企业在原材料和市场份额方面展开激烈竞争。许多汽车公司降低产品价格，同时，对原材料的争夺使生产成本大幅度提高，从而导致企业获利下降
替代品的威胁 	通用汽车公司为了减少汽车二氧化碳的排放量，开发了新型涡轮柴油机和氢能源技术，利用此项技术生产的汽车价格低、质量好，且消费者转换成本低，使其他汽车制造商生产的汽车可能遭受被替代的威胁，它们纷纷效仿，以免被市场淘汰

用、战略上的相互牵制、情绪上的难以接受、政府和社会的各种限制等。如果退出障碍高，即企业退出市场竞争要比继续参与竞争代价更高，那么企业就会选择即使利润不佳仍会在行业之中继续竞争。

4. 潜在进入者的威胁

潜在进入者是指有可能进入某一行业，有能力同这一行业的企业之间展开竞争的企业。潜在进入者在给行业带来新生产能力、新资源的同时，将希望在已被现有企业瓜分完毕的市场中赢得一席之地，这就有可能会与现有企业发生原材料与市场份额的竞争，最终导致行业中现有企业盈利水平降低，严重的话还有可能危及这些企业的生存。潜在进入者威胁的大小，由该行业进入障碍的高低决定，进入障碍高，潜在竞争者很难进入，威胁就小；相反，威胁就大。形成进入障碍的因素包括以下几点：

（1）规模经济，是指企业生产的产品或者劳务绝对数量增加时，其单位成本相对下降，即当企业生产规模大到可以降低单位成本时，便具有成本上的优势。如果某一行业内，既有企业具有规模经济的优势，对于新进入的企业来说，就会面临成本上的巨大压力，成为其进入该行业的障碍。

（2）品牌忠诚度，是指购买者对企业产品品牌的喜好，企业可以采取有效的经营措施，利用良好的产品质量、优越的售后服务、富有创意的广告等方式，吸引顾客，让顾客产生对该品牌的忠诚度。这往往会影响购买者的好恶和取舍，甚至还会引起购买者对其产品和服务的信赖、支持以及对其他产品或者服务的拒绝或者情绪抵制。

（3）顾客的转换成本，是指当顾客购买新进入者的产品或服务时，需要花费额外的时间与金钱。比如，中国电脑用户一般都采用微软公司开发的 Windows 系统，要是转换成苹果公司开发的操作系统，用户还要花费大量的时间去学习适应，因此很多中国用户不愿意进行这样的转换。

（4）政府政策，就是政府会出于对产业布局、经济发展规划、环境保护和安全等方面的考虑，对有些行业的进入会进行限制，如政府为了保护当地环境，防止工业给当地的水和空气造成污染，禁止化学企业和钢铁企业的进入。

5. 替代品的威胁

替代品是指那些与本企业产品具有相同功能或类似功能的产品，如可口可乐和百事可乐，两者皆是饮料，可互为替代。影响替代品威胁程度的因素有以下两点。

（1）替代品的价格与效用。如果两种商品可互为替代，其中一种商品的价位过高，而效用相对较低时，会降低购买者的消费欲望，转而购买价位比较低、效用相对较高的商品。比如，如果可口可乐的价位高于百事可乐，消费者就会购买百事可乐，可口可乐的市场就会被百事可乐所挤占。

（2）消费者对替代产品的喜好。正所谓"仁者见仁，智者见智"，咖啡和茶两者是可以互为替代的，但是在中国，人们普遍有喝茶的爱好，茶给人们带来的感受和体验是不可替代的，即使茶的价格高于咖啡，人们也往往购买茶。

产业环境五力分析

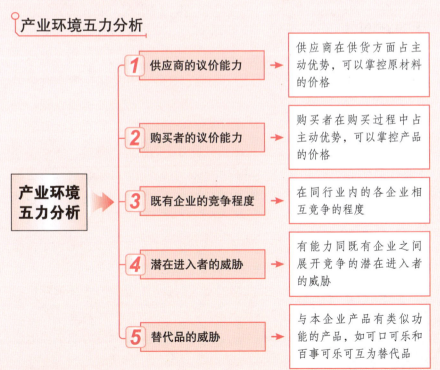

产业环境五力分析

1 供应商的议价能力 → 供应商在供货方面占主动优势，可以掌控原材料的价格

2 购买者的议价能力 → 购买者在购买过程中占主动优势，可以掌控产品的价格

3 既有企业的竞争程度 → 在同行业内的各企业相互竞争的程度

4 潜在进入者的威胁 → 有能力同既有企业之间展开竞争的潜在进入者的威胁

5 替代品的威胁 → 与本企业产品有类似功能的产品，如可口可乐和百事可乐可互为替代品

诊断内外环境的分析——SWOT 分析

企业要增强自己的实力，迎接残酷的挑战，在激烈的市场竞争中突出重围，就要"知己知彼"，发现自己的优点和缺点，同时弄清外部存在的机会、威胁。诊断内外环境的 SWOT 分析法，可以让管理者对企业了如指掌。

❯SWOT 分析法的内容

SWOT 分析法是由海因茨·韦里克 20 世纪 80 年代初首次提出的。SWOT 分析法包括四项基本内容：企业的优势（Strength）、劣势（Weakness）、机会（Opportunity）和威胁（Threats）。优劣势分析主要着眼于企业自身的实力及其与竞争对手的比较，而机会和威胁分析则着眼于外部环境的变化。

Easy-going

运用 SWOT 分析，要考虑各种内外环境因素，得出一系列未来发展对策，从中进行选择。

优势（S）是指一个企业超越其竞争对手的能力。例如，企业 A 和企业 B 都有能力向同一顾客群体提供产品或服务时，如果企业 A 有更高的赢利率或赢利潜力，那么，我们就认为企业 A 比企业 B 更具有竞争优势。

劣势（W）是指企业缺少或处于劣势的条件。如同上面的例子，相对于企业 A 来说，企业 B 在竞争中处于劣势。

机会（O）是指影响企业战略的重大因素，它是来自于外部环境的改变，存在于未被满足的市场需求。

威胁（T）是指在外部环境中，那些对企业的赢利能力和市场地位构成威胁的因素。

SWOT分析法的案例

下面我们以中国电信为例，进行SWOT分析：

中国电信的SWOT分析案例

1.中国电信建成了以光缆为主、卫星和微波为辅的高速率、大容量的基础传输网、接入网、交换网、数据通信网和智能网等，同时DWDM传输网、宽带接入网相继建设 2.中国电信培养和储备了一大批了解本地市场、熟悉通信设备的电信管理和技术能力的专业人才	1.中国电信缺乏应对复杂多变环境的企业运作战略策划人才，而且湮没在日常经营性事务中，不能统观大局 2.中国电信现有的基础设施不能为用户提供特色服务，只是能满足普遍服务人群的需要
1.中国加入WTO，劳动力市场结构的调整和转移带来社会人员的大量流动，拉动了巨大的通信需求，话务市场被进一步激活 2.中国加入WTO，电信市场逐步对外开放，加快了企业的国际化进程	1.入世后，国外电信运营商实现全球服务化的速度加快，中国电信市场的ICP、E-mail、数据库、传真、视频会议等增值业务受到较大冲击 2.国内外许多公司采用高薪、高福利等政策吸引中国电信人才，造成中国电信人才严重流失

> 经过SWOT分析，可以看出，中国电信要加大基础设施建设，培养高科技人才，推进国际化进程，从容应对不断变化的企业内外部环境，弥补劣势，迎接挑战。

More

　　海因茨·韦里克，美国旧金山大学国际管理和行为科学教授，SWOT分析法的创始人。他既是上海中欧国际工商学院、北京大学的访问学者，也是这两所大学的兼职教授。他的著作《管理学》，多年来在中国受到了无数企业管理者的青睐。

企业文化

每一个民族都有各自特色的民族文化，每一家企业也有各自特色的企业文化，建立良好的企业文化，可以有效地引导员工自发地专注于企业的共同目标，并为之努力奋斗。

❯什么是企业文化

企业文化有广义和狭义之分：

广义的企业文化是指企业内部全体成员的意志、特性、习惯和科学文化水平等因素相互作用的结果。

狭义的企业文化则是指组织在长期的实践活动中所形成的，为组织成员普遍认可和遵循的，具有本组织特色的价值观念、团体意识、工作作风、行为规范和思维方式的总和。

比如说，第三产业的企业文化是注重对顾客的服务，因此企业在招聘新员工时，往往会选择那些具有亲和力、有服务热情特质的员工。广告公司特别强调员工的创新意识，管理者会尽可能提供最佳的条件，使企业员工充分发挥其想象空间，激发员工的创新思维。

❯企业文化的形成、传承和发展

因为企业是企业家一手创办起来的，所以在企业成立之初，也就是企业发展的早期，企业创办者的价值观念、行动理念、习惯特性等会影射到企业文化中，成为企业文化的雏形，形成了最初的企业文化。

伴随着企业的发展壮大，扩大企业的组织规模势在必行，企业创办人就会建立一套完整的管理层级，分摊工作任务。同时为了更好地加强对企业的管理，企业创办人会根据自己的意识和价值观制定一套行之有效的组织管理办法，如制度规章、奖惩标准、升迁制度、选才原则等。

依据企业的选才原则，管理者需要对前来应聘的人员进行初步筛选，再由高层管理者进行下一步的复试面谈，从中挑选出符合企业文化的新员工。那些被选中的新员工，对他们进行企业文化的教育培训，如此，将企业文化传承下去。

虽然企业文化可以凭借新员工的聘用而传承、延续，但是不断变化的组织内外部环境，如政府法律法规的修订、国际经济环境的变化、科学技术的进步以及顾客消费需求的改变等，促使管理者不得不调整、更新企业文化，以适应时代发展的潮流。

企业管理者会转型企业文化，设立全新的规章制度，如重新制定制

小故事

企业文化小故事

井里的青蛙向往大海，请大鳖带它去看海，大鳖欣然同意。青蛙见到一望无际的大海，惊讶不已，急不可待地扑进大海之中，却被一个巨浪打回海滩，摔得晕头转向。大鳖见状，就让青蛙趴在自己的背上，背着它游。青蛙逐渐适应了海水，能自己游一会儿了。过了一阵子，青蛙有些渴了，但它喝不了又苦又咸的海水；它又有些饿了，却怎么也找不到一只可以吃的虫子。青蛙对大鳖说："大海的确很好，但以我的身体条件，不能适应这里的生活。看来，我要回到我的井里，那儿才是我的乐土。"

在这个大兴"以人为本"的企业文化发展过程中，企业中的每个员工都处在不同的位置上，都有自己的职责，每个员工又都有自己的特点。领导要根据员工不同的职责和特点为他们安排事务，为他们提供能够充分发挥他们潜力的空间，从而调动员工的积极性、创造性、能动性。这样，员工们工作起来也能发挥自己的最大作用，为企业创造出最大的利润价值。每个人都有他的优点，好的领导要能发挥出每个人的优势。

度规章、奖惩标准、升迁制度、选才原则等，来塑造新的企业文化，或者是招聘新人，让新人参与企业的决策，为企业带来全新的创意和想法，给企业文化注入新鲜的血液。

● 企业文化循环流程图

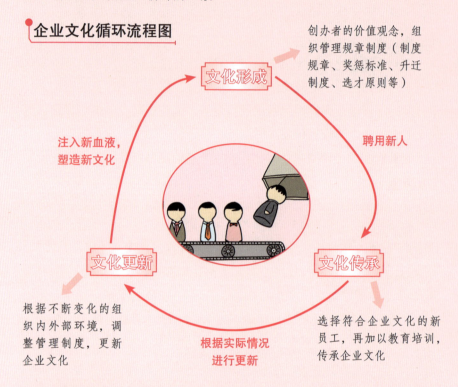

创办者的价值观念，组织管理规章制度（制度规章、奖惩标准、升迁制度、选才原则等）

文化形成

注入新血液，塑造新文化

聘用新人

文化更新

文化传承

根据不断变化的组织内外部环境，调整管理制度，更新企业文化

根据实际情况进行更新

选择符合企业文化的新员工，再加以教育培训，传承企业文化

企业伦理

正所谓 "君子爱财，取之有道"，企业在最大限度地追求经济利益的同时，更要分辨自身经营活动的 "是" 与 "非"。因此，管理者必须提倡企业伦理，引导员工的言行步入正轨，避免其误入歧途。

▶企业伦理的含义

企业伦理是指企业在处理企业内部员工之间，处理企业与社会、顾客之间关系的行为规范的总和。

企业伦理的内容依据主题可以分为对内和对外两部分。

内部企业伦理是指规范企业内部成员言行的伦理守则，包括公平公正的薪资制度、人性化的管理措施、优越的福利条件、公开透明的财政开支等。

外部企业伦理是指规范企业对外部供应商、消费者、竞争者、利益

▌小故事

一位著名企业家在作报告，一位听众问道："你在事业上取得了巨大的成功，请问，对你来说，最重要的是什么？"

企业家没有直接回答，他拿起粉笔在黑板上画了一个圈，只是并没有画圆满，留下一个缺口。他反问道："这是什么？"

"零""圈""未完成的事业""成功"，台下的听众七嘴八舌地答道。

他对这些回答未置可否："其实，这只是一个未画完整的句号。你们问我为什么会取得辉煌的业绩，道理很简单：我不会把事情做得很圆满，就像画个句号，一定要留个缺口，让我的下属去填满它。"

团体和社会大众言行的伦理守则，包括严格遵守合同、提供优越的售后服务、响应社会大众和利益团体的号召、积极参与民间慈善活动等。

企业伦理观念是 20 世纪 70 年代由美国学者提出的，最近几年日本学者也开始研究企业伦理的问题。而我国对企业伦理的认识与研究尚处于起步阶段，对企业伦理的内涵缺乏了解。有人可能会认为，企业是把最大限度地获取经济利益作为主要目标，企业伦理则是让企业的言行符合道德规范，企业的经营目标与企业伦理没有必然联系，甚至是水火不容的，因此认为企业的经营目标和企业伦理是相矛盾冲突的。其实这只不过是表面现象，以追求利润为唯一目标是落后于新时代的思维方式。在当今时代，如果企业只追求利润而不考虑企业伦理，那么企业的经营活动会为社会所不容，必定会被时代所淘汰。也就是说，如果企业在经营活动中没有必要的伦理观进行指导，经营本身也就不能成功。

❯ 企业伦理的推行

企业可以从以下三个方面入手，推动企业伦理的建立与实施：

制定伦理准则与奖惩方法：指管理者根据企业的规章制度，制定一套合乎伦理道德的行为准则和奖惩方法。包括企业管理者指导员工如何与供应商、顾客和利益团体开展合作交流，如何应对来自竞争者方面的挑战，明文禁止收受回扣、贿赂等腐败现象的出现；同时，通过实施

● 企业伦理结构图

企业伦理	制定伦理准则 →	根据企业的规章制度，制定一套合乎伦理道德的行为准则和奖惩方法
君子爱财，取之有道	高层主管的领导 →	高层主管以身作则，协助推动，自我鞭策
	员工的选择 →	保证新进员工的价值观与企业文化有很密切的契合度

奖惩方法，奖励工作积极者，惩罚工作消极者，从而提高企业经济效益。

高层主管以身作则，协助推动： 就是企业高层管理者要对企业伦理表现出积极的支持态度和坚决执行的魄力，同时以身作则，自我鞭策，为下级企业成员树立模范和榜样，推动企业伦理在公司的执行。

Easy-going

> 在生活中常说"一个有道德的人"，而不会说"有伦理的人"，同样说"伦理学"，而不会说"道德学"。道德更多地用于人，更含主观、主体、个体的意味；而伦理则更具有客观、客体、社会、团体的意味。

慎选新进人员： 为了挑选出符合企业文化的新进员工，避免新进员工的伦理道德与企业文化相去甚远，后期加以矫正又比较困难，因此，企业管理者在招聘新员工时，要保证新进员工的价值观与企业文化有很密切的契合度，即使企业员工每年淘旧换新，依然能保证伦理风气和谐融洽。

More

1994年，美国、日本和欧洲的企业界领袖在瑞士通过了《CAUX圆桌会议企业商务原则》，为企业经营提供了商业伦理的基本准则。CAUX圆桌会议认为：企业的经营活动应基于以"共生"和"人的尊严"，这种伦理观念得到了所有企业的普遍尊重和严格遵守。"共生"是指为了全人类的利益和幸福而共同生活、共同劳作，使相互合作、共存共荣与正当、公平的竞争两者并存；"人的尊严"则是指把个人的神圣不可侵犯的真正价值作为终极目标，而不是简单地作为达到自己的目的或获得过半票数的而采取不正当的手段，即实现真正的"人性化"。

企业社会责任

企业社会责任，是企业外部伦理的一个延伸，作为企业管理者，只有将社会责任视为己任，关怀民生、服务社会，才能塑造良好的企业形象。

❯企业社会责任的含义

企业社会责任（简称 CSR）是指企业在创造利润的同时，还要承担对员工、消费者、利益团体和环境的责任。企业的社会责任要求企业必须超越把利润作为唯一目标的传统理念，强调对人的价值的关注，强调对消费者、对环境、对社会的贡献。

Easy-going

"王老吉"集团汶川地震1亿元的巨额捐款，让这个中国凉茶品牌"一夜成名"。由此可见，社会责任对企业的重要性。

企业在整个社会大环境中，并不是孤立存在的，而是作为一个子系统，与社会其他子系统保持着密切的联系与互动。作为企业管理者，应该领导企业承担起应尽的社会责任。

企业承担社会责任与追求利益最大化并不相冲突，而是有着密切的互动关系。企业在勇于承担社会责任的同时，往往会提升自己的知名度，在群众心中塑造良好的企业形象，获得了社会的支持，促使消费者购买本企业生产的产品或服务，提高企业效益；同时，企业只有保持良好的经济效益，才能有能力承担起更大的社会责任，为社会造福，如现在很多企业打着慈善的名义进行品牌的宣传。

❯企业社会责任的内容

企业的社会责任，可分为以下四个方面：

经济责任：就是指企业应该承担并履行创造利润、带动社会发展的责任，直接地说就是尽可能正确决策，扩大销售，降低成本，获取利润，为丰富人民群众的物质生活，保证国民经济的快速稳定发展发挥自己应有的作用，并保证利益相关者的合法权益。

法律责任：就是指企业有责任在遵纪守法方面做出表率，严格遵守所有的法律、法规，包括《中华人民共和国环境保护法》《中华人民共和国消费者权益保护法》和《中华人民共和国劳动保护法》等，同时完成所有的应尽的合同义务，诚信经营、合法经营，承兑保修允诺，从而带动企业的员工、企业所在地区等共同遵纪守法，共建法治社会。

道德责任：企业在自己的运营活动中，提供的产品或服务不能与社会伦理相抵触，作为企业管理者，要采取措施加速产业技术升级和产业结构的优化，大力发展绿色企业，增大企业吸纳就业的能力，为保护环境和安定社会承担自己应尽的责任。

慈善责任：指企业应充分发挥自身资本优势，积极发展直接关系人民最直接利益的教育、医疗卫生、社会保障等事业，帮助社区改善公共环境，自愿为社区工作，弥补当地政府机构在发展社会事业上投资不足或无力投资的弊端。

企业社会责任

企业社会责任	经济责任	创造利润、带动社会发展
	法律责任	严格遵守所有的法律、法规
	道德责任	企业在运营活动中，不能与社会伦理相抵触
	慈善责任	为群众谋利，为社会造福

第4篇

规 划

- -

规划是管理的首要步骤，一切管理活动都是从规划开始的。通过设定管理目标，实行不同风格、不同方法的决策，进行规划。

本章教你：

▶ 规划的含义及其层级。

▶ 策略规划的步骤。

▶ 目标设定与目标管理。

▶ 决策的含义及其风格。

▶ 群体决策的技术。

认识规划

规划是管理四大功能的基础，在一定程度上可以说，没有良好的规划，就没有企业未来的发展。根据组织高层、中层、基层管理者不同的职权和责任，组织规划由上到下可分为三个层级，分别是：策略规划、战略规划和作业规划。

❯ 规划的含义

规划，就是制订全面的、长远的发展计划，设计未来整套行动方案，对未来可能出现的问题有一个整体的了解。对于企业管理者来说，规划就是设定合理的目标，通过对企业内外环境的 SWOT 分析，制定一套行之有效的应对策略，并将此策略付诸行动。

除此之外，规划也可用来监控企业的运营状况，通过将企业的实际运营绩效与事先的规划策略进行比较，就可以了解掌握企业运营进度是否在规划范围之内，进而采取有效措施，保证企业的运行效率。

比如说，A 地区要建立一座新城，规划局就要提前做好城区规划和工期进度预期，即在 A 地区，哪里建居民区、哪里建商业区、哪里建工业区，如果是建居民区，需要多长的工期才能完成等。除此之外，还要定期检视工程建筑进度，避免因赶工期而出现"豆腐渣"工程和拖延工期的现象。

❯ 规划的层级

同样是进行规划，但是由于管理者处于不同的层级、担任不同的角色，设定的规划范围也不相同，导致了规划层级现象的出现。规划层级从上到下可分为策略规划、战略规划和作业规划。

策略规划，是指由高层主管负责制定的关于公司使命、组织目标、基本政策及策略的长远发展目标。作为企业管理者，最常用的就是

规划的层级

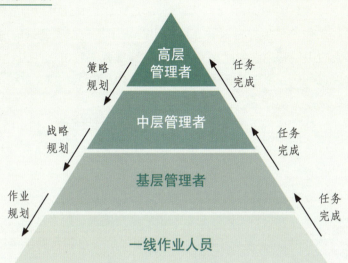

SWOT 分析法，首先要进行自我评估，找出企业自身的优劣势，并根据企业的优劣势制定总体长远发展目标；其次是考察企业内外部环境，包括对整体环境、产业环境及竞争环境等的分析，发现环境中的机会与威胁；最后提出策略构想，并贯彻执行，但必须保证与企业经营目标相吻合。

战略规划，就是指企业中层管理者将高层管理者制定的策略规划进行分化，拟定达成目标的战略，传达给各部门的基层管理者，形成具体

小故事

日本的电视机行业

日本在电视机行业一直占据着领先地位。日本首先生产出了黑白电视，等到中国的企业生产黑白电视的时候，日本又推出了彩电，受到消费者的热烈欢迎，中国的企业紧跟其后也制造了彩电，可是日本又有了新的战略目标，那就是等离子、背投、液晶，当年电视机再贵也只是几千元，现在一台液晶电视要卖几万元，甚至十几万元。日本企业的成功之处就在于其在战略规划上的领先。

4

可行的方案，并严格贯彻落实。作为中层管理者，对上要具备了解、揣摩高层管理者意图的能力；对下要具有制定、传达具体可行的战略目标的本领。比如，苹果前总裁乔布斯提出开发平板电脑和 iPhone 系列手机，苹果的中层管理者要能深入了解高层管理者的意图，将这个大方向的策略规划分化，拟定成具体的战略策略，传达给研发部、市场部等部门，使其按规划实行。

作业规划，是指由最后一个管理层级的基层管理者，承接中层管理者传达的战略规划，根据各部门的职能，发展并执行与战略规划相适应的细部作业方法。比如，苹果公司的中层主管将开发平板电脑和 iPhone 系列手机的战略规划传达给基层管理者，根据职能不同，基层主管分工执行，客服部负责收集顾客对未来手机的消费需求，研发部负责研究开发平板电脑和 iPhone 系列手机，人力资源部负责招聘有助于电脑和手机开发的人才。

策略规划、战略规划和作业规划，只有三个规划层级密切配合，环环相扣，才能保证整个企业朝着共同的目标迈进，实现效益的最大化。

More

"十二五"规划

2010 年 10 月 18 日，中国共产党第十七届中央委员会第五次全体会议通过了中共中央关于制定国民经济和社会发展第十二个五年规划的建议，在充分讨论和广泛征求专家意见的基础上，提出了一个包含 8 个领域 39 个题目的《"十二五"规划前期重大问题选题指南》。《指南》选取的题目，重点是两个方面：一方面是关于"十二五"规划总体思路研究、发展目标研究等；另一方面是关于需要推动解决的制约经济社会中长期发展的一些重大问题，如转变经济发展方式、统筹城乡发展等，研究重点是寻找破解这些问题的路径、方向，提出具体可行的政策举措。

策略规划的步骤

企业的策略规划就像是长途旅行的导航仪，指引着我们朝着目标前进，同时又是一家企业的"宪法"，是管理者制定一切规章制度、行为准则的标准。要想制定出一套合理有效的策略规划，就必须遵循一定的科学步骤。

❯策略规划五大步骤

一般而言，策略规划的制定，需要五大步骤，它们分别是：建立使命远景、进行 SWOT 分析、拟定策略、执行策略和评估追踪。

1. 建立使命远景

使命远景就是指企业管理者对企业发展方向的一个高度概括，也就是企业未来想要成为的样子。如在 100 年前，福特公司的总裁亨利·福特这样描述他建立的使命远景："使每一个人都拥有一辆汽车。"在当时你肯定会认为他是个神经病，但现在的美国社会，差不多每一个人都拥有一辆福特汽车，他的梦想已经完全实现。他的

Easy-going

企业发展方向的转变，来自于高层管理者的策略规则，引导企业中、下层管理者拟定符合规则的战略，共同向目迈进。因此，策略规划是企业成败的关键。

这种梦想通常会使当时的、哪怕是现在的人们感到不可思议，但又会不由自主地被它的力量感染。

2. 进行 SWOT 分析

管理者确定了企业的使命远景之后，接下来要做的事就是对企业内外因素开展 SWOT 分析。通过分析，可以让管理者了解企业内部环境在人力、资金、设备、制度等方面相较于竞争者存在的优势和劣势，同

小故事

从前，有两个饥饿的人得到了一位长者的恩赐：一根鱼竿和一篓鱼。其中，一个人要了一篓鱼，另一个人要了鱼竿，他们分道扬镳。得到鱼的人搭起篝火煮起了鱼，转瞬间，鱼和汤就被他吃了个精光，不久，他便饿死在鱼篓旁。另一个人则提着鱼竿去海边钓鱼，可当他刚到大海边时，就饿死了。

又有两个饥饿的人，他们同样得到了长者恩赐的一根鱼竿和一篓鱼。两人商定合作以捕鱼为生，不久，他们盖起了房子，有了各自的家庭，过上了幸福安康的生活。

不同的策略规划，铸就了两种不同的人生。

时也可以了解企业外部环境，如人口流动、新法律法规的实施、国际环境的变动、消费者需求的改变等因素给企业带来的机会和威胁。以中国移动为例，中国移动内部的优势是"高性能的信号网络覆盖和高质量的服务"，劣势是"缺乏顶尖科技人才，无法提供高端服务"；中国移动的外部机会在于"人们对通信的消费需求不断上升"，威胁则为"国内外其他通信运营商的竞争"。

3. 拟定策略

以 SWOT 分析得出的结论为依据，企业管理者拟定企业发展策略，充分发挥自身的优势，来弥补存在的劣势与不足，牢牢抓住机遇，勇于迎接威胁的挑战。例如，中国移动可以充分发挥高性能信号网络覆盖和高质量服务的优势，来满足人们对通信不断上升的消费需求，从而扩大市场占有率。同时为了弥补自身的不足，储备和培训一批具有顶尖技术的人才，走自主研发之路，减少对外界的依赖，增强自身的竞争力。

4. 执行策略

要想实现建立的使命远景，就必须动员企业全体成员，包括各层级的管理者，积极严格贯彻执行拟定好的策略，落实所有部门的工作计划，让企业策略发挥实质性的效果。比如，中国移动依据拟定好的企业策略，在全国各地大量建筑信号塔等通信设施，以提高网络覆盖率；同时派遣部分员工出国深造，学习外国通信公司的先进科技，增强员工自身的科技实力；自主开发 3G、4G 网络，走自主创新之路，减少对外界环境的依赖；等等。

5. 评估追踪

在策略的执行过程中，企业管理者应该对企业的运营状况进行追踪评估，定期检视实际工作进度与策略目标的差距，保证成员的工作活动没有偏离企业目标。除此之外，根据评估的结果，企业管理者应该修改最初策略规划中不切合实际的部分，甚至是改变原有的策略目标，来应对出现的新情况、新问题。比如，奇瑞集团客服部根据产品消费者和利益团体回馈的需求信息，投入大量资金，着手研发经济实惠的小排量汽车，来满足大众的消费需求。

策略规划五大步骤循环图

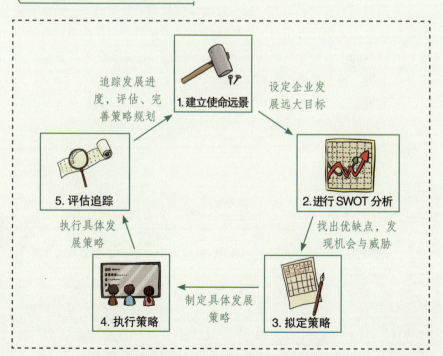

追踪发展进度，评估、完善策略规划

设定企业发展远大目标

1.建立使命远景

5.评估追踪

2.进行 SWOT 分析

执行具体发展策略

找出优缺点，发现机会与威胁

4.执行策略

制定具体发展策略

3.拟定策略

目标设定

各层级的管理者对企业进行策略规划时，都要设定一个恰当合理的目标，避免目标设定得过高或过低而影响企业的健康发展。那么，用什么样的原则去判断设定的目标是否切合实际呢？这就用到了 SMART 原则。

❯目标设定及其分类

目标设定，是指企业管理者在全面分析了解企业内外环境的基础上设定的企业发展所要达到的目标。按照完成目标所需时间的长短，可以将分目标分为三类：长期目标、中期目标和短期目标。

长期目标一般规模最大，所需要的资源最多，费时费力，因此需要的时间最久。中期目标相对于长期目标来说，规模适中，所需耗费的资源和时间也适中。短期目标需要消耗的时间最短，相对于长期目标和中期目标来说，短期目标最容易完成。

一般情况下，用 5 年以上的时间才能达成的目标，我们称为长期目

目标分类

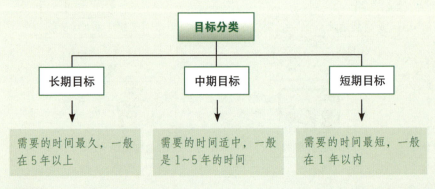

标；用 1～5 年的时间才能达成的目标，称为中期目标；用不到 1 年的时间就达成的目标，称为短期目标。

比如，高中刚毕业的小明，立志 5 年之后成为一名出色的教师（长期目标），报考北京师范大学，用 4 年的时间认真学习有关教师方面的专业知识（中期目标），努力做到每一次年终测试都是全校第一名（短期目标）。

＞SMART 原则

SMART 原则是由管理学大师彼得·德鲁克在其著作《管理实践》中提出的。SMART 原则认为，无论管理者设定的目标是长期的、中期的还是短期的，关键是设定的目标符合实际、切实可行，能有效地带动企业组织的良好发展，这就需要管理者采用 SMART 原则来设定目标。

SMART 原则指的是管理者设定的目标必须是具体的（Specific）、可以衡量的（Measurable）、可以达成的（Attainable）、和其他目标具有相关性（Relevant）、必须具有明确的截止期限（Time-based）。

S（具体的）——企业管理者设定的目标必须详细具体地表达出企业未来想要达到的目标，而不是用一些抽象、模糊和口号性的话语描述出来。目标设定得越具体，企业员工就越能清楚执行目标的每一项任务，企业的运作越能朝着预定的方向迈进。比如说，一家企业设定的目标是"明年业绩要继续上涨"，这就是一个不具体的

Easy-going

每个人都有过设定目标的经历，比如设定个人学习目标等。设定目标看似一件简单的事情，但是如果上升到管理的层面，企业领导就必须学习并掌握 SMART 原则。

目标，因为上涨 1% 和上涨 90%，都是上涨，如果改成"明年业绩要上涨 20%"，就非常具体了。

M（可衡量的）——企业管理者设定的目标应该有一组明确的数据，作为衡量是否达成目标的依据。通过对目标的定期衡量，了解、考核公司的工作进度和运营绩效，从而发现其中存在的问题，随时进行修正、改善，保证组织的正常有序运行。如公司设定了"明年业绩上涨

20%"的目标后，每个月通过对员工的工作进度和企业运营状况进行考核、衡量，保证企业按既定"轨道"前进，及时发现运行活动中存在的问题并加以改正。

A（可以达成的）——企业管理者设定的目标通过全体成员的努力可以实现，如果目标设定得过低，就算是达成了，也不会有任何意义；如果目标设定得过高，超出了企业组织的能力，根本就不可能实现，那也是空谈。比如说，公司设定的"明年业绩上涨20%"，就是一个符合公司实际情况，并且可达成的目标。如果改成上涨10%，目标就过低，显得毫无意义；如果改成上涨90%，已经超出了公司的运作能力，根本就不可能达成，最终只是"一纸空文"。

R（和其他目标具有相关性）——企业管理者要想完成设定的目标，就要在具体的活动过程中与其他的目标发生必然的联系。比如说，中国移动计划在5年之内开拓海外市场，这就要求其客服话务员学习、掌握外语，即开拓海外市场这一目标与话务员学习、掌握外语这一目标发生联系。

小故事

唐朝贞观年间，在长安城西的一家磨坊里，有一匹马和一头驴子。它们是好朋友，马在外面拉东西，驴子在屋里推磨。贞观三年，这匹马被玄奘大师选中，出发经西域前往印度取经。

17年后，这匹马驮着佛经回到长安，它重回磨坊会见驴子朋友。老马谈起这次旅途的经历：浩瀚无边的沙漠、高入云霄的山岭、凌峰的冰雪、热海的波澜……那些神话般的境界，使驴子听了极为惊异。驴子惊叹道："你有多么丰富的见闻啊！那么遥远的道路，我连想都不敢想。"老马说："其实，我们跨过的距离是大体相等的，当我向西域前行的时候，你一步也没有停止。不同的是，我同玄奘大师有一个遥远的目标，按照始终如一的方向前进，所以我们打开了一个广阔的世界。而你被蒙住了眼睛，一生就围着磨盘打转，所以永远也走不出这个狭隘的天地。"

如果中国移动只对会说汉语的中国消费者提供消费服务，那么设定让话务人员去学习、掌握外语的目标即使达到了，意义也不是很大，甚至毫无意义。

T（必须具有明确的截止期限）——目标设定要具有明确的截止期限，根据工作任务的权重、事情的轻重缓急，拟定出完成该目标项目的具体时间期限。设定目标的截止期限要科学实际，不能过晚，更不能过早。比如，一家建筑公司，用2年的时间完成某一项工程建设是科学合理的，如果将工期延长到3年，就会造成人力和时间的浪费，员工作业懒散、效率低下；如果将工期缩短到1年，作业员工就会赶进度，只注重工作的速度，不注重工作的质量，导致"豆腐渣"工程的出现。

SMART分析实例

SMART分析	S（具体的）	M（可衡量的）	A（可以达成的）	R（和其他目标具有相关性）	T（必须具有明确的截止期限）
小明大学目标规划	年终综合成绩总排名从第五名上升到第二名	衡量每个月自己的综合考核成绩排名	每周学习5天，每天学习8个小时	设定认真学好每一科的目标，有助于自己目标的达成	在一年的时间内达成自己的目标

More

有的专家学者将SMART原则中的"R"原则，理解为"Result-oriented"，即"成果导向性"，他们认为，目标设定的意义在于达到成果，实现目标，并不强调行动或执行的进程。

虽然行动过程是实现目标的关键和根源，但是他们认为与成果有直接联系的目标才是有效的。比如，市场营销部主管只将销售产品的数量当作关切的要点，而不去关注部门员工营销产品的过程。

目标管理

管理学大师彼得·德鲁克于1954年首次提出了"目标管理"的理论，目标管理强调让企业员工参与组织决策的制定，共同建立企业目标，再把企业共同目标分化到各部门和个人，开展目标管理的做法通常有三个步骤：目标设定、目标执行和评估成果。

❯ 什么是目标管理

目标管理，就是指企业管理者从人性的角度出发，让企业员工参与组织决策的制定，通过上下级的共同参与、共同讨论，制定一套全体成员都认同的目标体系。然后管理者通过共同的目标对下级进行管理，当组织最高层管理者确定了组织目标后，必须对其进行有效分解，转变成各个部门以及各个人的分目标，管理者根据分目标的完成情况对下级进行考核、评价和奖惩。当企业的各个人和各部门完成自己的目标之后，企业的共同目标自然也就达成了。

可见，管理者通过对企业目标的管理，可以增加组织成员的认同感，赢得下属的支持，加快组织目标的达成。

❯ 目标管理的三个步骤

企业管理者通常经过目标设定、目标执行和评估成果来实践目标管理的理论。

目标设定：是指企业管理者动员组织全体成员参与组织目标的设定，在充分考虑企业自身人力、物力、财力的基础上，为企业制定一个大家都认可的共同目标，共同目标必须符合 SMART 原则。然后企业管理者将这个共同目标分化到各部门和各个人，如各部门会根据共同目标设定部门目标，各个人会设定个人目标。

目标执行：企业共同目标确定之后，组织全体成员必须严格贯彻执行，作为企业管理者，要随时保持对企业部门和员工的考核追踪，确保部门目标与个人目标没有偏离企业共同目标的方向，除此之外，企业管理者还要定期检视工作进度和目标的达成效果，通过与预期组织目标的比较，找出存在的问题和出现的差距，随时予以调整。

评估成果：企业共同目标完成之后，管理者就要对目标达成的成果进行评估，和全体员工共同讨论目标达成的情况、与原定企业目标的差距。举办表彰大会，对完成企业目标表现出色的员工和部门予以奖励，对没有完成企业目标或完成效果不佳的员工和部门实行一定的惩罚措施，并进行教育培训，以使其日后保质保量地完成企业目标。

目标管理的三个步骤

以某班集体外出旅游为例，理解目标管理的三个步骤。

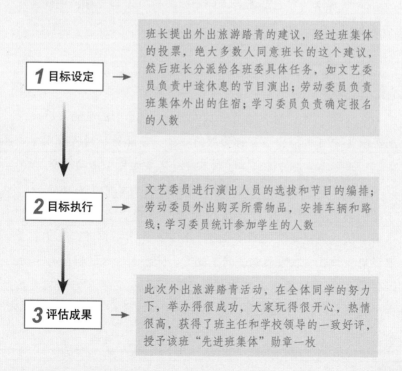

1 目标设定 → 班长提出外出旅游踏青的建议，经过班集体的投票，绝大多数人同意班长的这个建议，然后班长分派给各班委具体任务，如文艺委员负责中途休息的节目演出；劳动委员负责班集体外出的住宿；学习委员负责确定报名的人数

2 目标执行 → 文艺委员进行演出人员的选拔和节目的编排；劳动委员外出购买所需物品，安排车辆和路线；学习委员统计参加学生的人数

3 评估成果 → 此次外出旅游踏青活动，在全体同学的努力下，举办得很成功，大家玩得很开心，热情很高，获得了班主任和学校领导的一致好评，授予该班"先进班集体"勋章一枚

小故事

目标是生命的另一半

英国有一个名叫斯尔曼的残疾青年，28岁以前，世界上所有的著名高山几乎都被他踩在了脚下。

但是，就在他生命最辉煌的时刻，他在自己的寓所里自杀了。

为什么一个意志力如此坚强、生命力如此顽强的人，会选择自我毁灭的道路？

他的遗嘱告诉我们这样的答案："功成名就的我感觉到无事可做了，我没有了新的目标……"没有了人生目标的他，感觉不到生命的意义，因此选择了自杀。

在生活中，目标就是人生命的意义，没有目标，生命的一半就失去了。对于那些为了目标而存在的个体来说，没有目标，也就没有了生命的价值。

More

管理学大师彼得·德鲁克，在他于1954年出版的著作《管理实践》中首次提出了目标管理的理论，被称为"现代管理学之父"。根据德鲁克的说法，管理人员一定要避免"活动陷阱"，不能只顾低头拉车，而不抬头看路，最终忘了自己的主要目标。

无论是英特尔公司创始人安迪·格鲁夫，微软董事长比尔·盖茨，还是通用电气公司前CEO杰克·韦尔奇，他们在管理思想和管理实践方面都受到了彼得·德鲁克的启发和影响。"假如世界上果真有所谓大师中的大师，那个人的名字，必定是彼得·德鲁克。"——这是著名财经杂志《经济学人》对彼得·德鲁克的评价。

认识 "决策"

如果说目标是规划的开始，那么决策就是规划的核心，光有目标是不够的，组织管理者只有通过大大小小的决策，才能够解决企业在运营过程中发现的问题，从而找出解决问题最有效、最简单的方法。

❯ 决策的含义及其分类

管理学中的决策是指为了实现某一特定目标，借助于一定的科学手段和方法，从两个或两个以上的可行方案中选择一个最优方案，并组织实施的全部过程。换句话说，进行决策就是在做单项选择题，从众多的选项中选择出最正确的答案。

按照不同的标准，可以把决策分为四类：

1. 按决策范围的不同，把决策分为战略决策、战术决策和业务决策

战略决策，是指直接关系到组织的生存和发展，涉及组织全局的长远性的、方向性的决策。通常包括组织目标、方针的确定，组织机构的调整，企业产品的更新换代、技术改造等。

Easy-going

规划始于目标设定，并根据组织内外部环境的具体情况拟定最佳策略，因此，可以说决策是规划的核心。

战术决策，又称管理决策，是组织内部范围贯彻执行的决策，属于战略决策过程的具体决策。战术决策虽然不会对组织命运构成直接的威胁，但是会影响组织目标的实现和工作效率的高低。通常包括企业生产计划和销售计划的制订、新产品的定位以及资金的筹措等。

业务决策，又称执行性决策，是日常工作中为了提高生产效率、工作效率所做的决策。它涉及的范围比较小，而且只对局部产生影响。通常包括日常工作任务的分配和检查、生产进度的安排和监督以及原材料的采购等。

2. 按决策性质的不同，把决策分为程序化决策和非程序化决策

程序化决策，是指经常重复发生，能按原规定的程序、处理方法和标准进行的决策。程序化决策应用于处理那些重复出现的、日常的例行性管理问题。比如说，企业经常遇到的产品质量、设备故障、劳动力短缺、资金周转困难等问题。

非程序化决策，是指在管理活动中首次出现的或偶然出现的非重复性的决策，因无先例可循，所以随机性和偶然性大。非程序化问题应用于处理那些偶然发生的、新颖的、性质和结构不明的、具有重大影响的问题。比如说，重大投资、开发新产品、开拓新市场、重要的人事任免以及重大政策的制定等问题。

3. 按决策主体的不同，把决策分为个人决策和群体决策

个人决策，就是指由个人制定的决策，个人决策的优点是消耗的时

More

群体思维是指群体对于从众的压力使群体对不寻常的、少数人的或不受欢迎的观点得不出客观的评价，也就是说，在群体就某一问题或事宜的提议发表意见时，有时会长时间处于集体沉默状态，没有人发表见解，而后人们又会一致通过。通常是组织内那些拥有权威、说话自信、喜欢发表意见的主要成员的想法更容易被接受，但其实大多数人并不赞成这一提议。之所以会这样，因为群体成员感受到群体规范要求共识的压力，不愿表达不同见解。这时，个体的思辨及道德判断力都会受到影响而下降。这种情形下做出的群体决策往往都是不合理的、失败的决策。当一个组织过分注重整体性，而不能持一种批评的态度来评价其决策及假设时，这种情况就会发生。

决策的分类

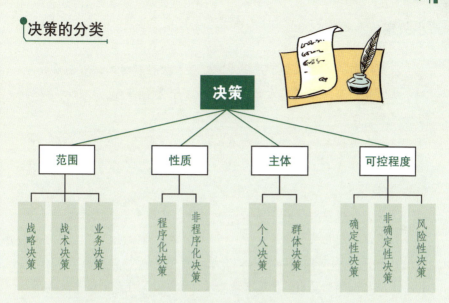

决策

范围	性质	主体	可控程度
战略决策　战术决策　业务决策	程序化决策　非程序化决策	个人决策　群体决策	确定性决策　非确定性决策　风险性决策

间少，可以避免人员复杂、意见不一造成的冲突。缺点是由于个人的能力和掌握的信息有限，制定的决策可能会具有片面性和主观性，不易被其他人接受。

群体决策，就是指由组织成员众人参与制定的决策，正所谓"人多力量大"，群体决策的优点是能够更大范围地收集、掌握信息，集思广益，制定出的决策能够得到大多数人的认同。缺点是由于众人参与讨论，决策制定耗费的时间相应也会很长，还有可能抹杀少数人提出的创新性意见、观点，可能会出现"群体思维"和责任不明的现象。

4. 按决策问题的可控程度不同，把决策分为确定性决策、非确定性决策和风险性决策

确定性决策，是指在所需的各种情报资料已完全掌握的条件下做出的决策，由于企业管理者对企业内外部环境了如指掌，因此做出的决策往往是正常可行的。确定性决策是理想状态下的决策，因为在现实生活中，由于受到各种因素的制约，企业管理者是不可能完全掌握各种情报资料的，只能是掌握部分或是绝大部分资料。

非确定性决策，是指资料无法加以具体测定，而客观形式又必须

小故事

很久以前，一个人偷了一袋洋葱，被人捉住后送到法官面前。

法官提出了三个惩罚方案让这个人自行选择：一是一次性吃掉所有的洋葱；二是鞭打一百下；三是交纳罚金。

这个人选择了一次性吃掉所有的洋葱。一开始，他信心十足，可是吃下几个洋葱之后，他就说："我一口洋葱也吃不下了，你们还是鞭打我吧。"

可是，在被鞭打了几十下之后，他再也受不了了。他哭喊道："不能再打了，我愿意交罚金。"

其实，生活中我们许多人都有过这样的经历，由于我们对自己的能力缺乏足够的了解，导致决策失误，而尝到了许多不必要的苦头。

要求做出决定的决策。在这种情况下，由于企业管理者不了解内外部环境，就算是对内外环境有所了解，也不能掌握环境因素变化的概率，但是迫于一些客观原因，又必须制定出决策，因此，企业管理者只能选择一个差强人意的方案。

风险性决策，企业管理者对未来的自然状态不能预先肯定，可能有几种状态，虽然对每种自然状态发生的概率可以做出客观估计，但是不管选中哪种方案都有风险，在这种情况下管理者会做出风险性决策，而且也会提前做好准备，应对决策过程中可能出现的问题和困难，力争将风险降到最小，把企业的损失降到最低。

▶ 决策的步骤

1. 发现问题

组织管理者要定期检视，及时地发现组织在运作过程中出现的问题，不应坐视不管、任其发展，应敢于承认问题的存在。

2. 确定决策目标

组织管理者在一定外部环境和内部环境条件下，根据所要解决的问题，在市场调查和研究的基础上，确定想要达到的目标而制定的决策。

3. 拟定备选方案

确定了解决问题所要采取的决策目标，下一步就要拟定解决问题的各种备选方案。企业管理者除了凭借其个人阅历经验、专业能力和把握的资料信息提出解决方案外，还要善于征询他人的意见，尽量从多角度、多方面审视问题，提出更多、更好的备选方案。

4. 评价备选方案

备选方案拟定以后，随之便是对备选方案进行评价，评价标准是看哪一个方案最有利于达到决策目标，即确定最优方案。在评价备选方案的过程中，要使用原定的决策标准，全面分析每种方案的投入、产出、不确定性和风险，对各种方案进行排序。

5. 选择方案

选择方案就是企业管理者对各种备选方案进行总体权衡利弊得失后，最终挑选一个最佳的解决方案。

决策的步骤实例

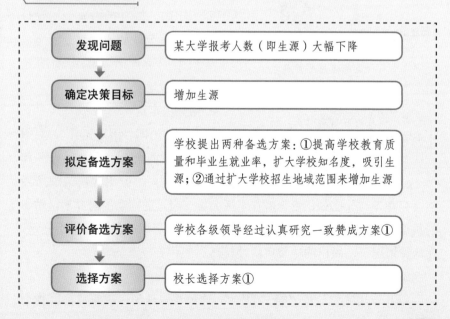

决策风格

依据同样的决策步骤，由于管理者在性格、行事风格上各有不同，因此做出的决策风格也有所差异。了解决策风格，既可以让管理者很好地进行自我检视，又有助于组织员工根据上级的决策特性，提供必要的协助。

❯决策风格的形成原因

决策风格，指的是决策者在决策过程中形成的比较固定的风格倾向。在管理学界，对决策风格的形成原因，主要有三种理论。

1. 个性决策论

个性决策论即"因人而异"，不同的管理者由于在性格、行事风格上存在差异，因此做出的决策风格自然不同。比如，偏重于内向型的管理者，制定的决策就侧重于防御；而偏重于外向型的管理者，制定的决策就侧重于进攻。

Easy-going

不明状态的容忍程度是决策风格的另一层面，它指的是决策者面对不明状态的事件，能够理智进行处理的程度。这个观点在中国台湾管理理论中经常看到。

2. 情势决定论

情势决定论即"因事而异"，对于同一个管理者而言，由于决策任务和决策环境的不同，做出的决策理所当然会存在差异。比如，管理者在掌握大量、充足的信息的前提下，做出的决策就比较正确、客观；而事情紧急，管理者手中的资料又不充足，在这种情况下，做出的决策风险性就高。

3. 相互作用决定论

相互作用决定论即"合二为一"，这种观点认为，决策风格既受个性影响，又受决策任务与环境的影响，因此，在研究决策风格的差异时，需要同时考虑上述两类因素的相互作用。相对于以上两种观点来说，这种观点是最科学、管理学界最认同的。

▌决策风格的形成原因

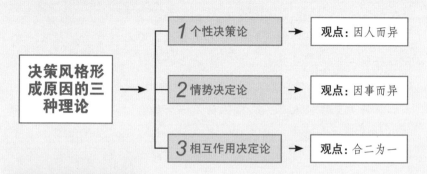

决策风格形成原因的三种理论 → 1 个性决策论 → 观点：因人而异

2 情势决定论 → 观点：因事而异

3 相互作用决定论 → 观点：合二为一

❯决策风格的分类

根据不同性格的管理者在不同的决策任务与决策环境下，制定的决策风格存在差异，可以将决策风格分为三类：

1. 冒险型

冒险型决策是指决策者对决策对象的自然状态和客观条件不太清楚，也没有比较明确的决策目标，管理者制定决策目标必须冒一定风险。决策是面对未来的，而未来又有不确定性和随机性，因此，有些决策具有一定的成败概率，只要能带来巨额的利润，企业家们总是愿意冒险。

如现代汽车工业，在面对"能源危机"的环境下，想要发展不用石油的汽车，那就需要投入较大的研究试验费用。根据判断，如果有很广的销路，那么在投入市场几年之后就能收回投资并获得较大利润，这就是成功的决策。如果因这种汽车造价高、使用不方便，没有市场需求，这就是失败的决策。对这两种可能性怎样做出选择，就属于冒险型的决策，也就是要冒一定风险，存在着两个前途、两种结果。

冒险型决策的特点在于，巨大的收益常常伴随着巨大的损失，冒风险的企业随时都有破产的可能，因此管理者常常在生活和事业上大起大落。

小故事

美国有一个农场主，要招一个年轻力壮的年轻人帮忙打理事务。他有个20岁的女儿，农场主招工时放出话来，说要招的工人，如果条件优秀，他会把女儿许配给他。来应聘的人很多，最后只有两个人入选。

农场主叫两个年轻人张开嘴，说要检查两人的牙齿，指着一个牙口好的人说："就是你了。"被淘汰的年轻人很愤怒："你这是选女婿呢，还是挑牲口呢？选人有看牙口的吗？"

农场主见年轻人不服，给他讲了一个故事："很久以前，有两个小伙追求一个姑娘，姑娘难以定夺。不想城里发生了洪水，房子被水冲毁，两个小伙的胳膊都被砸断。姑娘不会水，其中的一个小伙，用牙叼着姑娘的身体，两人最后游到了安全地方……"

农场主挽起了袖子，露出了假肢，笑着说："我就是那个用牙救姑娘的人。"

2. 谨慎型

相对于冒险型决策，谨慎型决策是指决策者在清楚决策对象的自然状态和客观条件，明确决策目标的前提下做出的决策，这种决策可以使企业损失的危险性降到最低。谨慎型风格的决策者，时刻注意着事情可能变坏的趋向，能够避免毁灭性结局的出现。具有这种决策风格的管理者比较适合于从事具有重大损失可能的高度冒险性工作，如股票、房地产等，谨慎型决策，能够给企业带来虽不巨大但很稳定的收益。

但是管理者过于谨慎，而且需要大量组织成员搜集充分的资料信息，因此在决策过程当中就会花费很多的时间、人力、精力，如果过于保守的话，还有可能错过千载难逢的良机。

3. 防御型

防御型决策是指管理者在制定决策时，既要力求把损失降到最小，又要尽量不让自己坐失良机；既不愿意冒遭受巨大损失的风险，又不想放弃可能得到的收益。俗话说"世上没有后悔药"，防御型决策风格的管理者最怕吃后悔药，为了不让自己以后感到后悔，在没有足够掌握信息、确保决策正确的时候，防御型的管理者不会轻易做出决策。

但是在实际的企业管理活动中，决策者往往不能够充分地了解足够的资讯，那么，就会采取一种折中的决策，倘若这种决策是错误的，损失也会降到最小；倘若这种决策是正确的，收益仍然可以得到。这种风格的决策常常是最安全、最成功的。

三种决策风格

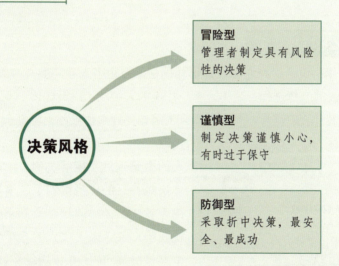

冒险型
管理者制定具有风险性的决策

谨慎型
制定决策谨慎小心，有时过于保守

防御型
采取折中决策，最安全、最成功

决策风格

More

我国台湾有些管理学专家，根据决策者的特质和"不明状态的容忍程度"，将决策风格分为指导型决策、分析型决策、概念型决策和行为型决策四类。不明状态容忍程度高的管理者，能够得心应手地处理出现的新情况、新问题；不明状态容忍程度低的管理者，则恰恰相反，面对复杂问题，就会手忙脚乱，不知所措。

群体决策的方法

正所谓"众人拾柴火焰高","三个臭皮匠顶一个诸葛亮",那么怎样才能达到1+1>2的效果呢?这就需要在群体决策的过程中采取正确的方法。管理者通常采用的方法是:头脑风暴法、名义小组技术和德尔菲技术。

❯什么是群体决策

群体决策是指为充分发挥群体的智慧,由多人共同参与决策分析,制定决策的整体过程。其中,参与决策的人组成了决策群体。

随着社会的进步,管理者遇到的组织问题和困难越来越复杂,往往涉及目标的多重性、时间的动态性和状态的不确定性,这是单纯依靠个人的力量远远不能解决的。因此,群体决策特有的优势得到了越来越多的决策者的认同,并日益受到重视。如在我国,各级人民代表的选举就是一个群体决策问题;在市场经济体制下,广大消费者对某类商品的选购也属于群体决策。需要注意的是,在实行群体决策的过程中,要尽量避免"群体思维"现象的发生。

Easy-going

中国第一财经节目《头脑风暴》是面向全球优秀企业总裁的访谈节目。节目中人人地位平等,每个人畅谈成功、倾吐创业、展示理财的智囊高参等,是掘金者的良师益友。

❯群体决策的方法

组织管理者在进行群体决策时,通常会用到以下三种方法。

1. 头脑风暴法

头脑风暴法是指为了解决某一组织问题,管理者把相关人员集合起来，在完全不受约束的条件下，敞开思路、各抒己见、畅所欲言。头脑风暴法，是由美国创造学家奥斯本于 1939 年首次提出、1953 年正式发表的一种激发性思维的方法。最早是精神病理学上的用语，指精神病患者的精神错乱状态而言的，而现在则成为无限制的自由联想和讨论的代名词，其目的在于产生新观念或激发创新设想。实施头脑风暴要遵循四个原则：

（1）欢迎各抒己见、自由鸣放，对别人提出的建议不做任何评价，认真对待任何一种设想，不管其是否适当和可行。

（2）追求数量，建议越多越好，参与者不要考虑自己提出意见的质量。因为意见越多，产生好意见的可能性越大。

（3）每人每次只提一个建议，循环进行，没有建议时就说"过"。

（4）除提出自己的意见外，鼓励参与者对他人已经提出的设想进行补充、改进和综合。

2. 名义小组技术

名义小组技术又称 NGT 法，是指参与会议讨论的成员之间，独立思考、互不通气，采用不记名的方式，将自己的观点想法以书面的形式上交。再由与会全体成员对上交的决策进行投票讨论，选出最佳方案。

进行名义小组技术，要遵循以下步骤：

（1）与会成员集合成一个群体，在进行任何讨论之前，每个成员独

小故事

据西汉扬雄所著《法言·重黎》记载：秦朝灭亡之后，楚、汉争夺天下，结果在垓下这个地方，刘邦的汉军重挫了项羽的楚军，之后项羽逃到乌江河畔，他说："天之亡我，我何渡为！"觉得没有颜面回去见江东父老，于是自刎而死。项羽将自己失败的原因归咎为天命所致，但扬雄不赞同，他认为：刘邦善于谋略，利用众人的计策和力量，因此可以得到天下；而项羽因为不能知人善任、刚愎自用，最后落得兵败自杀的下场，这和天命有什么关系呢？

立地写下自己对问题的独特看法。

（2）每个成员将自己的想法提交给群体，再将每一个成员的建议，以不记名的方式写到黑板或板报上，公布出所有人的想法，所有的想法都记录下来之前不进行讨论。

（3）对公布的所有想法，与会人员开展不记名投票，选出最受欢迎的几种方案（通常为3～5种）。针对选出来的这几种方案，进行全体讨论，由方案提出者自己发表看法，与会者加入讨论。需要注意的是，这个过程要对事不对人，避免与会人员将个人恩怨转嫁于组织讨论。

（4）经过一段时间的讨论，与会成员对选出的这几种方案有了更深的了解，进行第二次筛选，最终选择出最佳方案。

名义小组技术由于是每个参与讨论的成员单独写下自己的建议，而且不限制每个人的独立思考，可以防止自己的想法受到他人的影响，有效地避免了从众现象的出现。

3. 德尔菲技术

德尔菲技术是指让组织外部有关专家以匿名群众的身份参与问题的讨论，由专门的工作小组通过寄送信函的方式将调查问卷送达专家学者，再把他们填写完成的问卷意见收回，加以整理、综合，这种方法能够避免大家面对面讨论带来"群体思维"的消极影响。德尔菲技术的一般步骤包括以下几项：

（1）由组织内成员针对出现的问题，设计一系列征询解决问题的调查问卷。

（2）将调查问卷寄给专家，请他们提供解决问题的意见和思路，专家间不沟通，相互保密。

（3）专家匿名填写自己的意见和想法，并把它寄回给组织内成员。

（4）组织内成员分析研究专家提出的各种意见，找出共同点，修改问卷内容；再将修改后的问卷返还专家，专家结合他人意见和想法，修改自己的意见并说明原因。

（5）将修改过的意见进行综合处理再寄给专家，这样反复几次，直到获得满意答案。

群体决策的方法

群体 决策方法	头脑风暴法	(1) 各抒己见、自由鸣放
		(2) 追求意见数量
		(3) 每人每次只提一个建议，循环进行
		(4) 进行设想的补充、改进和综合
	名义小组技术	(1) 集成群体，各写意见
		(2) 上交、公布意见
		(3) 投票、讨论所选意见
		(4) 进行二次筛选，选出最佳方案
	德尔菲技术	(1) 设计调查问卷
		(2) 将调查问卷寄给专家
		(3) 专家匿名填写问卷，后回寄
		(4) 组织整合专家意见后返还专家
		(5) 循环反复，直到获得满意答案

More

　　德尔菲技术是管理学中决策的一种方法。在20世纪40年代由O·赫尔姆和N·达尔克首创，经过T·J·戈尔登和兰德公司进一步发展而成的。德尔菲这一名称起源于古希腊有关太阳神阿波罗的神话，传说中阿波罗具有预见未来的能力，因此，这种预测方法被命名为德尔菲法。1946年，兰德公司首次使用这种方法进行预测，后来该方法迅速被广泛采用。

第 5 篇

组 织

好比盖一座摩天大厦，规划就是为大厦设计图纸，而组织就是管理建筑工人按照设计好的图纸进行施工。

美国著名管理学家哈罗德·孔茨说过："为了使人们能为实现目标而有效地工作，就必须设计和维持一种职务结构，这就是组织管理职能的目的。"

本章教你：
▶ 什么是组织？
▶ 组织设计与组织结构。
▶ 工作团队与工作团体的区别。
▶ 组织周期。
▶ 管理者判断他人的两种方法。
▶ 组织变革与变革管理。

组织的概述

在管理学中，组织既是一个名词，又是一个动词。作为名词的组织和作为动词的组织在含义上是有差别的。根据不同的标准，可以把组织分为营利组织、非营利组织，正式组织、非正式组织等。

❯ 组织的含义

组织作为名词时和作为动词时的含义是有所不同的：

作为名词的组织，是指两个或两个以上的人，为了实现共同的目标，互相协作，结合而成的集体或团体，如党团组织、工会组织、企业、军事组织、红十字会、社团、家庭等。根据职权、职责的不同分配，将组织分成上下多个管理层级，位于组织最高层的管理者，把任务细化，层层向下级分派。例如，本着为学生服务的共同目标，某学校成立学生会，管理层级由上到下可分为学生会主席、各部门部长、小组长、社员等。

小故事

小兔收萝卜

几只爱吃萝卜的小兔在草原上开垦了一块土地，种了好多萝卜。到了收获的季节了，小兔甲一次只抱两只萝卜往返于萝卜地与驻地之间。小兔乙找来一根绳子，把五个萝卜捆在一起，然后背着向驻地走去。小兔丙找来一根扁担，用绳子把萝卜捆好，前面五个，后面五个。小兔丁和小兔戊找来一只筐，装了满满一筐萝卜，足有三四十只，然后两人抬着筐向驻地走去。

组织的优势在于可以提高工作效率和效果。

　　作为动词的组织，属于管理四大功能之一，是指通过组织管理者合理配置任务、人力及其他资源，把人力、职位和资源进行最佳配置，让每一位成员各尽其力、各司其职、发挥所长，为了共同目标而努力迈进。比如，某学校的学生会要组织一场全校篮球比赛，由学生会主席担任最高领导者，学生会主席根据各部门的职能分配任务，派体育部成员负责比赛场地、比赛设备和比赛裁判员的选择；派文艺部成员负责篮球比赛中场休息的节目表演；派生活部成员负责为比赛选手提供食物和水等必需品。

组织的含义

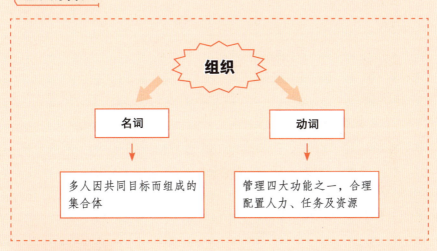

组织的分类

1. 根据形成方式和本身特点上的不同，可以把组织分为正式组织与非正式组织

　　正式组织是指为了共同的目标，建立合理的组织机构和结构，规定成员之间职责的组织体系。正式组织有明确的目标、任务、结构、职能，对个人来说，具有某种程度的强制性。我们一般谈到的组织都是指正式组织，如党组织、企业组织、政府组织等。

　　非正式组织是指由于组织成员工作性质相近、社会地位相当、对一些具体问题的看法基本一致，或者在感情、性格及业余爱好相投的基础上，共同接受并遵守一些行为规则，自发组成的组织小团体。比如，在某一企业中，员工与员工之间会形成一个非正式组织，领导与领导之间也会形成一个非正式组织，而员工与领导之间由于社会地位不同，就很难形成非正式组织。

一个企业，要科学对待非正式组织的出现，如果非正式组织与正式组织在目标和观点上存在差异和冲突，就会给正式组织带来不利影响，如果两类组织在很多方面都存在着共同利益，就会满足成员的心理需要，创造和谐、融洽的工作环境，能有效提高工作效率。因此，组织管理者要努力使非正式组织与正式组织的目标保持一致，影响与改变它的行为规范，引导它为正式组织做出积极贡献。

正式组织与非正式组织的区别

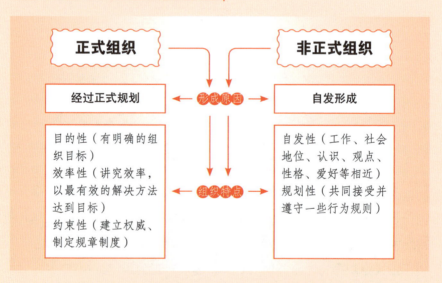

2. 根据组织的建立是否以营利为目的，可以将组织分为营利性组织和非营业性组织

营利性组织是指以获取利润为目的的机构，这种组织是自主经营、独立核算、自负盈亏的具有独立法人资格的单位，如企业、公司及其他

各种经营性事业单位。

非营利性组织是指以为人民群众服务为目的的机构，这种组织的目标通常是支持或处理个人关心或者公众关注的议题或事件，涉及的领域非常广，包括艺术、慈善、教育、政治、宗教、学术、环保等。非营利性组织并不等于没有盈利，但组织所得不为任何个人牟取私利，组织自身具有合法的免税资格。如政府、基金会、红十字会、妇联等组织。

营利组织与非营利组织的区别

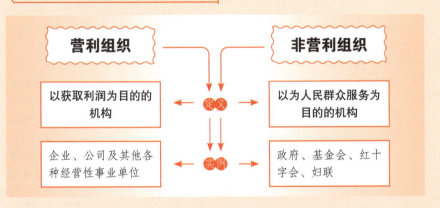

More

　　作为组织管理者，首先要清楚地了解"营利""盈利"与"赢利"的区别。

　　从现代汉语的基本含义上我们知道"赢"，意为"赚"，相对于"赔"，因此，"赢利"指赚得利润（用作动词），或者即指利润（用作名词）。"盈"，意为充满、多余，"盈利"即指利润，或者较多的利润。而"营"的意思是谋求，"营利"相应地是指以利润为目的。因而，"营利性"的含义，并不是经济学意义上的一定有利润，而是一个用以界定组织性质的词汇，它指这种组织的经营、运作目的是获取利润。

组织设计

组织设计是一个动态的过程，一个成功的企业，不仅需要组织成员的共同努力、实际有效的规划，更需要组织的高效率运作。这就要求设计合理的组织结构，能够提高管理人员成功的机会。组织设计受到企业结构因素和情境因素的影响。

❯组织设计的概述

组织设计是一个动态的工作过程，是管理者根据组织的目标，将组织内各要素资源进行合理分配，建立和实施一种特定组织结构的过程。组织设计是有效管理的必备手段之一。

组织设计的特点有以下三个方面：应当把组织设计看成是一个过程；组织设计是随机制宜和因地、因时、因人而异的；设计建立的组织结构不是一成不变的，组织设计也不是一次性就能完成的事，相反，它是一种连续的或至少说是周期性的活动。

❯组织设计的影响因素

1. 组织设计的结构因素

组织设计的结构因素主要包括三个方面：复杂化程度、正式化程度和集权化程度。

复杂化程度： 从对组织的"水平分化"和"垂直分化"两个方面来研究组织内部的复杂化程度。

（1）水平分化，是指把组织结构进行横向划分，可以将组织分成若干个同等层级的部门。组织为了完成目标，需要把执行的任务进行细微分工，企业管理者会依据任务的专业性设置相应的职业部门。如果划分的同等层级的部门数量众多，说明组织水平分化的程度高，组织部门责任明确，组织员工分工细密，各成员各司其职；但是，组织水平分化过于细密，就相应地提高了部门、员工横向沟通的难度和成本，也提高了企业高层管理者整合工作的难度。

（2）垂直分化，是指把组织结构进行纵向划分，可以把组织从上到下分成若干个不同的层级。当组织执行的任务需要不同的层级部门层层把关时，为了完成目标，管理者会将组织设计为若干个不同的层级，分层负责组织任务。如果划分了过多的层级，说明组织垂直分化程度高，此时每一层级的管理者直接管理的下属人数就比较少，有利于提升管理效果。但是，过多的层级划分，导致上下级之间的沟通变得费时费力，决策缓慢，有可能错过最佳的发展时机。

正式化程度：组织的有效运作需要依赖正式的规章制度来规范成员的言行举止，如果组织制定了数量众多的规章和办法来监控成员的行为，说明组织的正式化程度高，组织成员可以凭借一定的标准来处理企业运作过程中遇到的各种问题。缺点就是正式化程度高的组织要求员工凡事都要依章办事，忽视了他们的创造性与独特性，长此以往，会导致组织僵化，缺乏弹性与活力。

集权化程度：指在组织系统中，决策权在管理层的集中程度。如果组织在执行任务时，主要依赖高层管理者的决策，表示这个组织的集权化程度高。上级管理者拥有至高无上的权力，掌管着组织大小事务，导

More

组织膨胀、制度烦琐，工作效率自然很差。很多管理者并没有意识到这种问题，反而还陶醉在复杂的事务中沾沾自喜，以为自己正在为"即将到来的成功"而"努力奋斗"；有些人虽然意识到了问题的严重性，却不知该从何处下手。因此，保持组织的简单化是对付复杂和烦琐的最有效方式，这是所有犹太商人都认可并遵行的准则。

致员工的参与程度低，事事都须征求上级的同意，不利于接班人的培养，但是管理者拥有很大的权力，可以独当一面，能够排除组织内部一切困难障碍，保证组织朝目标前进。

2.组织设计的情境因素

管理者在进行组织设计时，除了要考虑结构因素外，还要考虑组织规模、技术、策略与产业环境等情境因素。

组织规模：是指一个组织所拥有的人员数量以及这些人员之间的相互作用的关系。随着组织规模的扩大，各种标准化、例行性的生产方式越来越多，此时需要依赖一定的管理制度来保证作业流程，组织结构更趋向于机械式组织结构。

大规模的组织对于参与全球竞争的企业来说是必要的，因为全球竞争需要大量的资源和规模经济所带来的效益。大规模的公司组织是复杂的、标准化的，因而能够完成复杂的工作和生产复杂的产品。但是，大规模的组织往往会带来官僚制，从而造成企业效率的下降。

Easy-going

与集权相对的就是分权，分权是指组织将部分决策权分给下属组织，（领导层只掌握少数关系全局利益的决策权）。在组织管理中，集权和分权是相对的，绝对的集权和绝对的分权都是不存在的。

组织技术：顾名思义，就是指组织运作利用的生产技术。不同的组织技术需要建立不同的组织结构，比如说"单位生产"的组织技术，就是按照每一个顾客的独特消费需求，为其量身打造独一无二的产品和服务。由于顾客需求的差异性，应该采取自由灵活的有机式组织结构。而"流水线生产"的组织技术，由于其工作流程的连贯性、复杂性，需要授予员工一定的职权，以处理各种突发状况，因此就比较适合采用有机式组织结构。而对于大量生产的企业，因为它们运用的是标准化生产技术，工作内容重复性、例行性高，所以适宜采取机械式组织结构，按既定规章制度工作，提升工作效率。

　　组织策略：是指管理者根据组织环境和组织机构，制定组织策略。1962 年，美国著名企业史学家艾尔弗雷德·D·钱德勒提出了一条管理界名言："策略追随环境，结构追随策略。" 比如，公司实施 "大众化策略" 时，可以学习模仿其他同类企业的生产管理方式，制定一套最有效的规章制度以规范成员的行为，此时适于采用机械式组织结构，如果公司实施 "差异化策略" 时，要出其不意，战胜强敌，需要员工大胆地提出自己的想法和创意，此时宜采用人性化、给予员工自由发挥空间的有机式组织结构。

　　产业环境：是指组织运营过程中的产业环境。根据钱德勒的说法："策略追随环境，结构追随策略"，组织外部环境对组织结构也会产生一定程度的影响。如果组织外部环境较稳定，短时期内不会发生太大的变动，对未来易于预测，就适合采用规范化严格管理的机械式组织结构；反之，外部环境变幻莫测，难以预料，就要采取灵活多变的有机式组织结构，以应对各种突发事件。

组织设计的影响因素

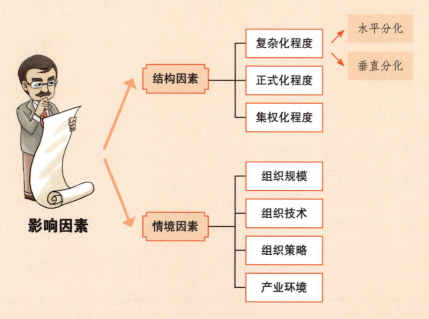

影响因素

结构因素
- 复杂化程度
  - 水平分化
  - 垂直分化
- 正式化程度
- 集权化程度

情境因素
- 组织规模
- 组织技术
- 组织策略
- 产业环境

七种常见的组织结构

依据组织的结构因素和情境因素，可以设计出有利于组织运作的组织结构。由于组织在所处地区、顾客、产品、生产过程等的不同，发展出了七种常见的组织结构，它们是功能式组织结构、程序式组织结构、产品式组织结构、地区式组织结构、顾客式组织结构、混合式组织结构和矩阵式组织结构。

〉功能式组织结构

功能式组织结构，又称工作专业化，就是管理者根据员工的特长分配职务，把具有相同或相似技能的员工分配到同一个部门，让其发挥所长，为组织效力。这样既提升了员工的技能，也提高了组织的运作效益。例如，某公司将擅长销售的人员分配到市场部，把擅长研究创新的人员分配到产品研究部。功能式组织结构，把具有相同或相似专长的人员分配到一起，使他们充分发挥自身的优势，同时在工作当中也可以相互学习借鉴，提升自己技能的同时，也提高了组织运作效益。

Easy-going

是不是人才，关键是看把他放在什么位置，让他做什么事，只有他在这个位置上能够做好，能做出成绩来，才是人才，否则是硕士、博士，拥有再高的学历，也没有用。

但是，功能式组织结构，容易让各部门员工只专注于本部门的工作，而忽视整个企业组织的集体合作，产生本位主义。而且当公司出现运营情况时，各部门往往互相推诿、权责不清。比如，某公司产品的市场占有率不断下降，业务部认为是市场部经营不善造成的，而市场部认为是研发部设计的产品不符合消费者需求所致。

功能式组织结构实例

程序式组织结构

　　程序式组织结构，是管理者根据产品或服务的流程进行人力分配，这种组织结构适用于流水线生产的企业。程序式组织结构让工作流程更有效率，分工明确，易于管理。但是工作流程之间的衔接，需要耗费大量的时间与精力进行协商沟通。作为管理者，要精确地串联每一个工作环节，保证工作流程畅通无阻。比如，汽车制造厂根据生产流程，把企业分为设计部、生产部、组装部和测试部。

程序式组织结构实例

❯产品式组织结构

产品式组织结构，就是管理者根据生产的产品或服务在功能、种类、品牌、适用人群等方面存在的差异而设立的专门负责机构。比如，汽车经销商根据产品的种类，设立客车部门和货车部门，客车部门又下设越野车部门、家庭用车部门和大巴车部门；货车部门下设小型货车部门、中型货车部门和大型货车部门。

产品式组织结构中，各种产品都设专门人员负责，权责明确详细，而且组织员工对产品业务有深入的了解，即使遇到突发事件，也能快速做出反应。但是，随着企业规模的扩大、产品种类和品牌的增加，这种组织结构容易造成功能重复，提高企业运作成本。也可能造成同类产品不同品牌之间的竞争，瓜分市场，"同室操戈"，部门对立。

产品式组织结构实例

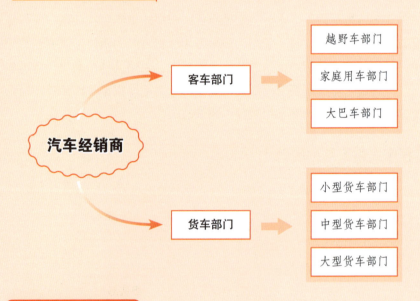

❯地区式组织结构

地区式组织结构，根据组织所在的不同地区来对组织的结构进行整合，在组织结构中，每个地理单位包括所有的职能，以便在该地区生产和销售产品。跨国公司和一些大型企业常采用地区式组织结构，在世界不同的国家或地区设立自主经营的分部。比如，三星集团根据不同国家地区之间文化的独特性和差异性，将公司划为几个分部：欧洲部、中东与非洲部、北美部、南美部和亚太与中国部。

地区式组织结构，可以有效地分摊总公司的压力，管理不同地域的分公司。俗话说"入乡随俗"，在不同的国家或地区设立地区式组织结构，用当地人管理当地人，既避免了总公司与分公司由于文化障碍而难于交流沟通，又因为当地人对本地的生活、消费习惯了解深入，可以更好地提高公司运营绩效，实现外地企业的"本

Easy-going

本地化是地区式组织结构的典型。本地化是指企业在国际化过程中，将产品的生产、销售等环节按特定国家或地区的需要进行组织管理，使其符合特定区域市场的组织变革过程。

地化"。但是正所谓"天高皇帝远""将在外，君令有所不受"，总公司与分公司相距甚远，不能直接有效地对分公司进行控管，很多分公司的管理者往往会有选择性地听从总公司的指示，更有甚者，在其他地区自立门户。为了避免这类事情的发生，国际上绝大部分跨国公司的管理者通常采用调遣总公司高管负责主管地区分公司运营的方法。

地区式组织结构实例

韩国三星总公司 ➡

- 欧洲部
- 中东与非洲部
- 北美部
- 南美部
- 亚太与中国部

顾客式组织结构

顾客式组织结构，即组织划分部门是以产品或服务的消费对象为基础。根据消费需求的差异，可以把社会上的群众分为很多类，小孩、成人和老人，男人、女人，学生、社会分子等。小孩的消费对象一般是玩具，成人的消费对象一般是是生活必需品，而老人的消费对象一般是营养保健品。比如，一家服装厂根据不同顾客的差异化消费需求，把企业分为男装部、女装部和童装部。

顾客式组织结构，根据一定的消费群体特定的消费需求，提供具有针对性的产品或服务，可以快速对市场的变化做出反应，生产符合一定顾客群消费需求的产品和服务。但是顾客式组织结构可能会造成不同部门之间相互夺取组织资源，如对原材料布匹的争夺，导致企业"内斗"，影响运作效率。

顾客式组织结构实例

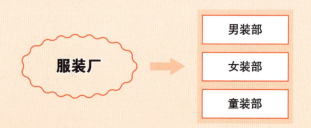

混合式组织结构

混合式组织结构，也就是不是单纯采取一种组织结构，而是采用多种组织结构。现在很多大企业，由于消费人群复杂、组织规模庞大，采取某种单一的组织结构根本不能适应组织的运作，需要混合几种组织结构搭配使用，这就形成了混合式组织结构。例如，联想集团生产的电脑，根据产品式组织结构可划分为台式和笔记本；台式制造商按功能式组织结构又可划分为研发部、生产部和销售部；销售部按地区式组织结构还可划分为亚洲分公司、美洲分公司和欧洲分公司。

混合式组织结构由于融合了多种单一的组织结构，可以充分利用每种组织结构的优点，避免其缺点，科学有效地分配组织资源，让它们为企业运作服务。但是混合组织结构规模庞大，组织运作起来会比较费时费力，因此不适宜于一般的小企业、小公司。

混合式组织结构实例

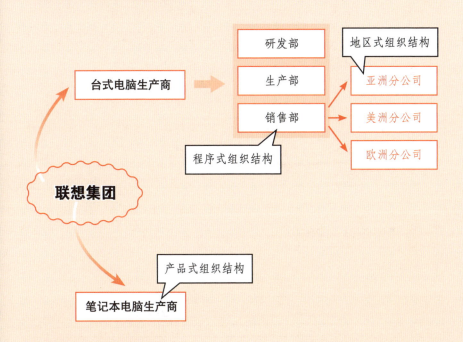

矩阵式组织结构

矩阵式组织结构，其实是混合式组织结构的一种演变和发展，它是根据组织结构和任务专案两类标准进行划分的。比如说，一家服务公司按功能组织结构划分为人事部、财务部、行政部、客服部。除此之外，这家公司还针对北京的车流量和消费水平成立了 2 项任务专案组，各个部门派出 4 个人参与任务专案。企业每个部门参与了 2 项任务专案。与此同时，每个专案小组的成员都隶属于企业部门，这就形成了矩阵关系。

矩阵式组织结构将企业的横向部门与纵向专案关系相结合：针对特定的任务进行人员配置有利于发挥个体优势，集众家之长，提高项目完成的质量，提高劳动生产率，各部门之间的不定期的组合有利于信息交流，增加互相学习的机会，提高专业管理水平。但是在矩阵式组织结构中，参与成员既要听从任务专案组长的指挥，又要听从自己所属部门经理的领导，当两位主管发生矛盾冲突时，就会让员工不知所措，从而影响任务专案的进度和部门运作的效益。

Easy-going

女性消费市场是一个潜力极大的广阔市场。据第五次人口普查统计，我国女性消费者有 4.8 亿之多，占全国人口的 48.7%，其中在消费活动中有较大影响的是中青年妇女，即 20~50 岁这一年龄段的女性，约占人口总数的 21%。女性消费者不仅数量大，而且在购买活动中起着特殊的重要作用。因此，现在很多商家企业都开始把商机对准了女性。

矩阵式组织结构实例

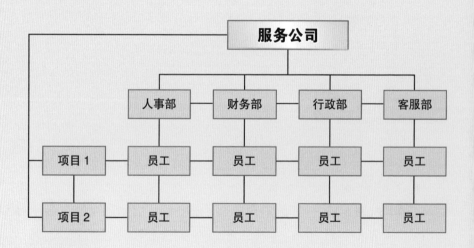

小故事

一天，在五官大会上，耳目口鼻说："我们位置最高，那脚，位置最低。我们不能与他相处太密切，称兄道弟。"

脚听了，没有理会他们对自己的蔑视。

有人要请吃饭，口非常想去，但脚不肯走，口没有办法。

耳想听听鸟叫，眼想看看风景，而脚也不肯走，耳目也无奈。

鼻说："脚虽然能制服你们，可我并不对他有什么要求，它能拿我怎么办呢？"

脚听了，便走到肮脏的厕所前，长久站着不动。恶臭的气味，直扑鼻孔。

在犹太人的商业理念中，组织部门之间的协作精神如同企业利润一样重要。在他们看来，合理的组织结构就是企业的生命。

More

在七种常见的组织结构之外，还有一种比较典型的组织结构"事业部制组织结构"。事业部制组织结构，是由杜邦公司创始人皮埃尔·杜邦于1920年首次提出的。这是以成果为中心的一种组织结构，但在当时只是一种很粗略的组织结构。通用公司前CEO阿尔弗雷德·斯隆后来将这种组织结构发展为更加完善的"联邦分权制"，在通用汽车公司全面推行，成为分权制的一种典型。据统计，到目前为止，在美国500家大公司中，有超过380家以不同方式采用了"通用"的组织结构，在日本有大约一半的大公司在采用。

工作团体与工作团队

工作团队和工作团体都是个体由于相同的目标，集合而成的组织，但是二者是有区别的。群体之间要达成共识，就要发挥"群体凝聚力"，摒弃"群体迷思"。

工作团体与工作团队

工作团体是指两个或两个以上的个人，由于拥有共同的目标而集结成的群体。他们之间互相分享资讯，遵守共同的行为规范，工作团队没有专业分工，也没有集体之间的协助运作，工作团体的绩效"1+1=2"，即集体总体效益等于各个成员贡献之和。如网购一族，会召集大众群体低价购买商品，他们拥有共同的目标，就是用最便宜的价格买到最好的东西，但他们没有专业分工，而且这个团体是临时的，当网购这个行为结束之后，网购一族也会随之解散。

Easy-going

当组织为使竞争更具效果和效率时，组建团队就被视为一个好方法。在应对不断变化的环境中，工作团队要比工作团体更具弹性，反应速度也更快，工作团队可以迅速地组成、展开、集中与解散。

工作团队也是由一群人组成的团体，他们同样拥有共同的目标，同样遵守共同的行为规范。与工作团体不同的是，这群人又具有互补性的技能，根据自己的专长，分工合作，互相沟通、协调，工作团队的绩效"1+1>2"，即集体总效益大于各个成员贡献之和。如一家企业，基于员工不同的专长，组成各个部门，分工合作、各司其职，向企业的共同目标迈进。而且工作团队的存在是永久性的，除非企业破产或倒闭。本书的研究对象就是工作团队。

工作团体和工作团队之间的区别

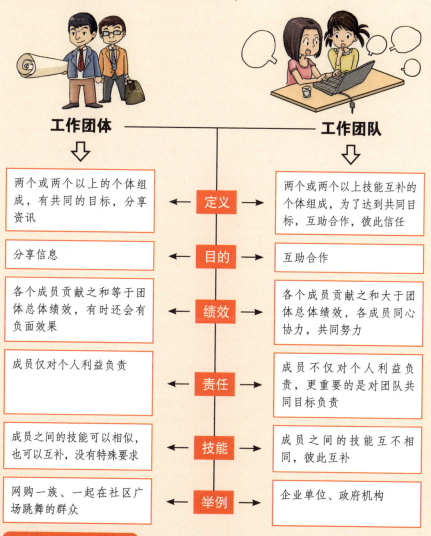

群体共识的形成

无论是工作团体还是工作团队，两者都是由两个或两个以上的个体集结而成的，由于个人在价值观、行为习惯、思维方法和家庭背景等存在着很大的差异，因此个人的目标难免与组织的共同目标有分歧和

小故事

神偷请战

　　楚将子发爱结交有一技之长的人，并把他们招揽到麾下。有个其貌不扬、号称"神偷"的人，也被子发待为上宾。有一次，齐楚交战三次，楚军三次败北。子发旗下不乏智谋勇悍之士，但在强大的齐军面前，无计可施。

　　这时神偷请战。晚上，神偷将齐军主帅的睡帐偷了回来。第二天，子发派使者将睡帐送还给齐军主帅。神偷又去将齐军主帅的枕头偷来，再由子发派人送还。第三天晚上，神偷连齐军主帅头上的发簪子都偷来了，子发照样派人送还。主帅惊骇地对幕僚们说："如果再不撤退，恐怕子发要派人来取我的人头了。"于是，齐军不战而退。

　　一个团队总是需要各式各样的人才，再逊色的人总有自己的长处。管理者要清楚地了解团队中每个下属的优缺点，在适当的时候派"逊色"的员工去做他们适合的事情，这样往往会取得出人意料的效果。

矛盾，作为组织管理者，就要致力于个人目标与组织共同目标的一致性，但这不等于说只采取大多数成员的观点，而忽略少数人具有创意的想法。

　　提高"群体凝聚力"是管理者使成员个人目标与组织共同目标保持一致的最佳方法，那什么是群体凝聚力呢？群体凝聚力，又可称为"团队凝聚力"是指团体成员相互吸引并对组织目标认同的程度，包括团队对成员的吸引力、成员对团队的向心力，以及团队成员之间的相互吸引。如果团队的目标与个人的目标或是成员之间的利益相同时，团队凝聚力就越强，团队就越具有吸引力；如果团队的目标与个人的目标或是成员之间的利益相冲突时，就会发生很多分歧，团队凝聚力就弱，团队就缺少吸引力，甚至会分裂。

　　"群体迷思"，也就是我们前面讲过的"群体思维"，是组织管理者在致力于群体凝聚力时，需要警惕、注意的地方。群体迷思是指表面看起来组织好像达成一种共识，其实是缺乏沟通、牵强附会的反应。比如说，在企业讨论会上，少数几个有影响力的成员根据自身利益提出了观点，其他与会成员只是附和，表面看上去好像是人们保持了一致，实质上那只是少数人的个别观点，不是广大成员的想法。群体迷思对企业的健康有序发展是百害而无一利，而德尔菲法则是避免群体迷思现象出现的最佳方法。

群体共识的形成

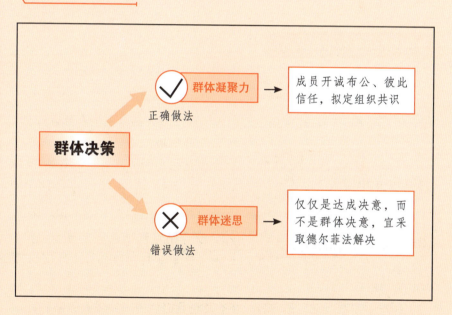

More

工作团体可分为正式团体和非正式团体，如公司内部的部门、项目小组就属于正式团体，社会爱心人士自发组成的雷锋小队，就属于非正式团体。

组织生命周期

组织和所有的生命体一样，在一定的发展阶段，会经过数个生命历程，每一个生命历程就形成了生命周期，组织的生命周期包括萌芽期、成长期、成熟期和衰退期四个历程。但与其他有机体不同，组织是可以重生的，只要管理者洞察先机，采取最佳策略，就能在衰退期获得新的生命。

❯ 组织的四个生命周期

1. 萌芽期

从创办人成立组织的那一天起，组织就进入了萌芽期，此时期的组织，生产结构单一，往往只生产销售一种产品。创办人也是身兼数职，既是企业老板，又是企业员工，同时也管理销售和组织后勤，企业员工人数少，规模较小，因此企业中大大小小的事务都由创办人一手承担。组织内部没有制定详细明确的规章制度，处理一切事务都按照创办人的行为习惯和价值观念。

Easy-going

萌芽期的组织成员，往往是由创办人的亲戚或朋友构成的。

在组织萌芽时期，消费者对企业及企业提供的产品或服务都了解甚少，市场竞争力相当脆弱，再加上创办初期投入了大量的资金，所以创办人面对不可预知的未来发展情况，往往采取比较保守的策略，组织成长速度理所当然就很慢。

2. 成长期

企业能不能从萌芽期快速成长，进入成长期，关键是看消费者对企业产品或服务的认同程度。一旦企业的产品或服务得到了消费者的认同和支持，组织便进入快速发展的成长期。此时，企业的客户订单会大幅度增加，企业不得不扩大规模来满足顾客的消费需求，仅凭创办者一人的力量是远远不够的。企业会招聘新人，成立各个分职部门，分配专长人员进行管理，把一些例行性强和复杂度低的工作下放到各个部门及其成员，建立一套比较完善的管理层级。

除此之外，企业还要不断建立和完善企业规章制度，规范成员的言行举止，保持组织系统的有序性和稳定性。组织在成长期，由于绩效的快速上升，就会给同行业的其他企业造成竞争压力，加剧行业间的竞争。

3. 成熟期

企业进入成熟期之后，外部的市场需求趋于饱和，市场潜力开发殆尽。企业的产能没有变化，但是市场需求量逐渐下降，导致产能过剩、供过于求现象的出现，企业的经营效益在波动中趋于平稳，只能维持一般性的销售渠道。至于企业内部，组织结构趋于完善，规章制度成熟完

小故事

鹰是世界上最长寿的鸟类，可以活70多年。但是它们活到30多岁时，就会面临一个生命挑战的历程。因为这时的老鹰，爪子已经老化，不能再猎物了；且老化的羽毛多而密，翅膀变得沉重，无法自在地飞翔，而鹰喙也是又长又弯，无法有效地抓住猎物。如果继续维持这样的状况，它们只有等死，或者，选择另一个痛苦的更生过程。

这时的老鹰如果想要持续生命，必须努力飞到山崖边，筑巢居住至少150天。其间以喙猛烈击打岩石，让老化的喙脱落，到新喙长出时，再把指甲和身上的羽毛一根根拔掉，以便重新生长，等到新的羽毛和尖爪长好了，老鹰便可以再次展翅飞翔，重新获得30余年的新生命！

善，需要制定一系列的员工福利和退休待遇，保证员工利益的同时也保证了企业整体的利益。

此时，企业管理者应进行组织成员的教育培训，调查采集群众的市场消费需求，为开发新的产品或服务做准备，同时，还要保障已经流入市场的既有产品不被其他同类产品所替代，提高产品附加值，增强竞争力。

4. 衰退期

企业进入成熟期后，如果没有开发出新的产品，得到消费者的认同和支持，那么面对已经饱和的市场和不断下滑的市场需求量，企业就会进入衰退期。企业利润逐年下降，然后巨额亏损、资金短缺，不足以支持企业日常运营，最终导致破产或倒闭。

推陈出新，是企业走向成熟后，摆脱衰退的秘诀。管理者通过对市场资讯的分析、观察，了解到群众新的消费需求和社会未来的变化，研发出消费者认同的新产品或服务，就可以转亏为盈，获得重生，再创新的生命周期，据此生生不息，不断发展。

组织生命周期

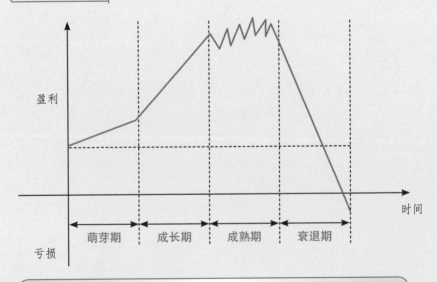

企业只有推陈出新，创造新的生命周期，才能据此生生不息，不断发展。

小故事

苹果公司发展史

1976 年 4 月 1 日：由沃兹涅克、乔布斯和 RonWayne 共同成立了苹果电脑公司；

1980 年，Apple 3 发布，苹果股价上涨；

1986 年，乔布斯收购皮克斯动画工作室；

1989 年，乔布斯创办的 NeXT 软件公司破产；

1993 年，乔布斯关闭 NeXT 软件公司的硬件部分；

1995 年，皮克斯公司的《玩具总动员》上映并一举成名；

1997 年 6 月，苹果第二财季亏损 7.4 亿美元；

1998 年 1 月 7 日：苹果正式宣布重新赢利，第一财季收益为 4 700 万美元；

1998 年 7 月：苹果宣布 1998 年第三财季赢利 1.01 亿美元；

2000 年，苹果公司出现季度亏损，份额下降，股价大跌；

2010 年 5 月 26 日，苹果公司成为美国第二大上市公司；

2011 年 1 月 16 日，苹果股价以 363.13 美元收盘；

2011 年 6 月 25 日，苹果的市值已经超过了 HP 和 DELL 的总和。

More

企业生命周期波动的原因包括外因和内因。外因认为，企业只有在受到外力冲击时才会发生波动。内因认为，企业的劳动生产率影响企业经营周期，而经营周期的变化方向与企业生命周期的变化方向是一致的。不同的是企业经营周期反映的是企业的经济行为在扩张与收缩、繁荣与萧条之间的循环或替代选择。当循环圈越大或增长繁荣期越长时，企业生命周期也就越长。

管理者判断他人的方法①：判断他人的捷径

作为组织管理者，必然会经常与他人打交道，因此对他人进行判断就显得格外重要。但是，对他人的判断往往受制于自己的主观意识，容易发生认知错误，所以管理者要在判断他人之前首先自我提醒，判断他人之后定期审视，避免判决失真，影响组织效益。

❯ 概述

每一个人都是靠自己的感觉器官，从外界获取信息，然后根据自己的主观意识，如价值观念、思维方法、生活背景等，经过内部整合，得出对某一特定事物的看法、观点。因此，由于每个人的主观意识存在着很大的差异，对相同的事物往往会得出完全不同的结论，即使是同一个人，在不同的时间和条件下，也可能会得出不同的观点，从而对这一事物做出不同的判断。

小故事

给予

有个老木匠准备退休，他告诉老板，说要离开建筑行业，回家与妻子儿女享受天伦之乐。

老板舍不得他的好工人走，问他是否能帮忙再建一座房子，老木匠说可以。但是大家后来都看得出来，他的心已不在工作上，他用的是软料，出的是粗活。房子建好的时候，老板把大门的钥匙递给他。"这是你的房子，"他说，"我送给你的礼物。"

他震惊得目瞪口呆，羞愧得无地自容。如果他早知道是在给自己建房子，他怎么会这样呢？

比如，公司一位员工经常利用周六日的时间加班，有的管理者认为这是勤奋的表现，但有的管理者认为这是效率低下的表现。同一位管理者，在心情好的时候看到公司员工加班，会认为是勤奋的表现，当心情不好的时候，则可能会认为这位员工工作效率低。

在现实生活中，判断一个人，往往是在有限的时间和有限的信息的前提下进行的，要想更有效地对他人进行判断，就需要利用"判断他人的捷径"来快速地进行认知。

判断他人的捷径，包括选择性知觉、月晕效果、投射效果、对比效果和刻板印象。了解、判断他人的捷径，认清这些方法可能造成的误判和扭曲，决策前多方搜集有关信息，可快速提升管理者判断他人的能力。

❯ 判断他人的几种捷径

1.选择性知觉

选择性知觉是指管理者根据自己的兴趣、经验、背景和态度而有选择地去解释看到或听到的信息。沟通过程中，接受者会根据自己的需要、动机、经验、背景及其他个人特质而选择性地去看或听所传递给他的信息。比如，公司人事部员工小李面试新员工时，遇到一个和自己同校同系的学弟，认为他应该有和自己相同或相似的专业能力，同意他进入公司参加工作。

2.月晕效果

就像日、月的光辉，在云雾的作

Easy-going

月晕，是光透过高空卷层云时，受冰晶折射作用，使七色复合光被分散为内紫外红的光环或光弧，围绕在月亮周围产生光圈。一般月晕多预示着要刮风，月晕有时候会有缺口，缺口的方向便是刮风的方向。所以，民间有谚语"月晕而风"。

用下扩大到四周，形成一种光环作用一样，组织管理者在判断他人的过程中会形成的一种夸大的社会印象，常表现为管理者对一个人单一特性的最初印象决定了对他的总体看法。月晕效应的最大弊端就在于以偏概

▍小故事

并不是你想象中那样

两个天使到一个富有的家庭借宿。这家人让他们在地下室过夜。较老的天使发现地下室有一个洞，就顺手把它修补好了。

第二晚，两人又到了一个非常贫穷的农家借宿。主人夫妇俩把仅有的一点点食物拿出来款待客人。第二天一早，贫困家庭唯一的生活来源——奶牛死了。年轻的天使非常愤怒地质问老天使："第一个家庭什么都有，你帮助他们修补墙洞，第二个家庭如此贫穷却热情款待客人，而你却没有阻止奶牛死亡。"

老天使答道："当我们在地下室过夜时，我从墙洞看到墙里面堆满了金块。因为主人被贪欲所迷惑，不愿意分享他的财富，所以我把墙洞填上了。昨天晚上，死亡之神来召唤农夫的妻子，我让奶牛代替了她。所以，有些事并不像它看上去的那样。"

全，而看不准对方的真实品质。在大多数情况下，月晕效果会对判断他人产生积极作用，如管理者判断某人诚恳憨厚，那么即便他能力较差，对他也会非常信任。

3. 投射效果

树叶的影子投射到地面上同样是树叶的形状，同理，管理者在判断他人时也会主观地认为他人应该有和自己相同或相似的能力或特质。投射效果以自己本身来设想他人，虽然可以很快地对他人做出判断，但是如果没有充分考虑分析，会发生认知错误。比如说，小李经常利用节假日在公司加班，他会认为他的员工应该和自己一样，所以常常命员工也在节假日加班。

4. 对比效果

当管理者评判他人时，会与受到先前印象中具有同等特质的人相互比较而对判断结果有所影响。比如，某主管在面试应征者时，对第二位面试者表现的印象会受到第一位面试者表现的影响。若第一位面试者应试迟到，第二位准时应试，主管会对第二位面试者印象更好。但是，这种判断方法不一定是正确合理的。

5. 刻板印象

刻板印象是指按照性别、种族、年龄或职业等进行社会分类形成的关于某一类人的固定印象，是关于特定群体的特征、属性和行为的一组观念，或者说是对与一个社会群体及其成员相联系的特征或属性的认知表征，这是我们认识他人时经常出现的现象。

如我们经常听人说的"长沙妹子不可交，面如桃花心似刀"，东北姑娘"宁可饿着，也要靓着"，实际上都是"刻板印象"的表现。比如，小刘在面试新员工时，遇到一个四川人，小刘认为这个人肯定喜欢吃辣。

管理者利用这五种判断他人的捷径，可以快速简单地了解他人，并预测其后续行为，但是也经常出现过于偏重部分而错误判断的现象。

为了更有效地对他人进行判断，除了运用这五种捷径外，还要广泛搜集多方信息，深入全面了解他人行为，再下判断结论，这样才能使判断更为客观。

判断他人的五种捷径

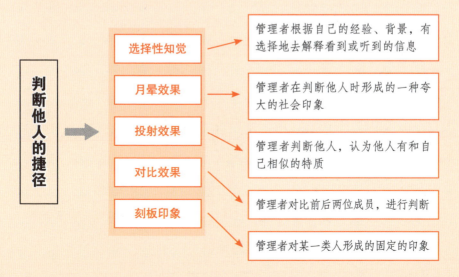

管理者判断他人的方法②：归因理论

组织管理者要想更好地管控员工，就要从外在原因和内在原因对员工的行为举止进行观察，分析出员工的行为是内在原因影响的结果，还是外在原因影响的结果，从而"对症下药"，指引员工表现出正确的行为。

❯归因理论的含义

归因理论，就是指个人对自己或他人的行为进行分析，试图找出行为结果的形成原因。原因分为内部原因和外部原因两类，内部原因是指存在于行为者本身的因素，如需要、情绪、兴趣、态度、信念、努力程度等，称为"内在归因"；外部原因是指行为者周围环境中的因素，如他人的期望、奖励、惩罚、指示、命令，天气的好坏，工作的难易程度等，称为"外在归因"。如果组织成员行为受到内在归因影响，管理者应对其个人进行教导或惩罚，同理，如果是受到外在归因影响，则要掌控整个环境大局。管理者了解员工行为的成因后，便可以制定具有针对性的决策。

归因理论

内在归因

由个人内在因素引发的，可以掌控的，如自己的兴趣、需要、情绪

归因理论

外在归因

受外部环境因素的影响，不可以控制，如天气、交通、社会状况

归因理论的三大要素

根据组织成员行为的独特性、共同性和一致性三大要素来确定行为的产生是由于内在归因还是外在归因。

1.独特性

行为的独特性是指组织成员的行为举止在任何情况下是否表现相同或是仅仅是在特定的情况下才如此表现。如果企业员工在任何情况下都有相同的表现，就说明他的独特性低，员工的行为不是受外部环境的影响，而是内在因素的作用，属于"内在归因"；反之，如果企业员工只有在特定的情况下才如此表现，则说明他的独特性高，员工的行为主要是受外部环境影响较大，内在因素作用较小，属于"外在归因"。

比如说，企业员工小王，无论遇到多么复杂的工作，总能积极乐观面对，这就是内在归因；突然有一天，小王对工作产生消极反感的情绪，可

人们在归因时往往带有主观性，如老师认为学生上学迟到的原因倾向归因于睡过头（内部归因），而不是交通状况（外部归因）。

能是外部家庭环境出现问题（外在归因），对小王的工作产生了较大影响。

2.共同性

行为的共同性是指在相同的情况下，组织成员的个人行为是否与他人行为相同。如果在相同的情况下，企业员工的个人行为与其他人行为一致，即全体员工都表现出相同的行为，就说明共同性高，这种情况的出现可能是由于外部整体环境导致全体员工都有如此行为表现，属于"外在归因"。相反，如果在相同情况下，员工个人的行为表现与其他员工格格不入，就说明共同性低，员工的这种个人行为可能是内在因素作用的结果，与外部环境无关，属于"内在归因"。

比如，数学老师布置一道数学题，如果全班学生都没有写出正确答案，则说明这道数学题的确有难度，与学生个人能力无关；如果除了小

小故事

鸽子搬家

一只鸽子老是不断地搬家。

它觉得，每次新窝住了没多久，就有一种浓烈的怪味，让它喘不上气来，不得已只好一直搬家。

它觉得很困扰，就向一只经验丰富的老鸽子诉苦。

老鸽子说："你搬了这么多次家根本没有用啊，因为那种让你困扰的怪味并不是从窝里面发出来的，而是你自己身上的味道啊。"

实际上，很多人没有意识到真正的问题不是来自于周围，而是来自于他们自己。

明，其他学生都写出了正确答案，则说明小明没有解出这道数学题与其难度无关，而是受自己内在能力的限制。

3.一致性

行为的一致性是指在相同的情况下，组织成员的个人行为表现是否始终一致。如果企业员工在相同的条件下，始终表现出相同的行为，则说明一致性高，行为人主要是受主观意识的影响，与外在环境基本没有关系，属于"内在归因"；相反，如果在相同的条件下常常表现出不同寻常的举止，总是"不按套路出牌"，则说明一致性低，行为人主要是受外部环境的影响，与内在因素无关，属于"外在归因"。

比如，企业员工小王在节假日从不加班，行为表现始终一致；但是如果有一个节假日，小王突然来加班，行为异常，就很有可能是受外部环境（工作任务量大）的影响，使他才会有如此表现。

管理者由于或多或少地受主观因素的影响，因此，在对他人进行判断时，难免会发生误差，管理学将这种误差称为"基本归因误差"。比如，老师对学生上学迟到这种现象的归因，往往倾向于学生睡懒觉、起床太晚，而忽视上学途中交通拥堵的事实。

归因理论三大要素

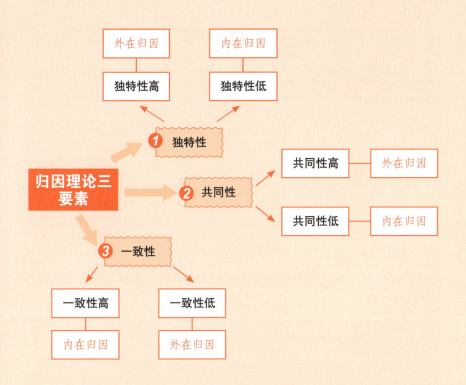

> **More**
>
> 　　弗里茨·海德（1896—1988），美国格式塔心理学家，社会心理学归因理论的创始人，1958年他在《人际关系心理学》一书中从朴素心理学的角度提出了归因理论，将个人行为产生的原因分为内部和外部两大类。内部原因指个体自身所具有的、导致其行为表现的品质和特征，包括个体的人格、情绪、心境、动机、需求、能力、努力等；外部原因指个体自身以外的、导致其行为表现的条件和影响，包括环境条件、情境特征、他人影响等。

组织变革

随着企业的快速发展及内外部环境的不断变化，当前的组织形式已经不适应社会的潮流，这就迫使组织管理者必须对企业进行变革、重组，淘汰陈旧者，注入新鲜血液，永葆企业活力。

❯组织变革的原因

组织变革是指组织管理者对组织的权利结构、组织规模等进行有目的的、系统的调整和革新，以适应组织所处的内外部环境的变化，提高组织效能。企业的发展离不开组织变革，内外部环境的变化、企业资源的不断整合与变动，都给企业带来了机遇与挑战，这就要求企业关注组织变革。

促成组织变革的原因主要是来自两个方面的因素：一是外部环境因素；二是内部环境因素。

来自外部环境的变化因素，主要包括以下三种。

1. 市场变化

比如说，社会群众消费观念、消费需求的变化，女性逐渐成为市场消费的主体，同行业竞争者生产出了具有较高竞争力的产品或服务等。

2. 科技革新

科学技术的快速进步推动了企业大跨步的发展，如工业革命，大工业生产直接取代了传统的手工劳动；新科技革命，让企业从大工业生产转向智能化、自动化生产。

3. 经济变动

外部经济环境不景气时，很多公司会节约成本、裁撤人员、减少开支，以保证企业的正常运行；外部经济环境势头强劲时，很多公司纷纷扩大规模、增加产量，以应对市场需求。如世界经济危机，使很多企业损失惨重。

来自内部环境的变化因素，主要包括以下两点。

1. 员工特质改变

组织内部成员在年龄、性别、教育程度等的改变，也会引起组织的变革。比如，某公司的在职员工年龄偏大，管理者必须制定一套健全的员工退休机制和新人招聘制度，保证技术能够传承下去。

2. 管理者变动

组织的高层主管任职更替时，不同的管理者会推行不同的管理制度，组织结构就会按高层管理者的意愿进行变革。正所谓"新官上任三把火"，新上任的管理者可能会提出与上一位主管完全不同的管理方式，实施组织变革。

组织变革的原因

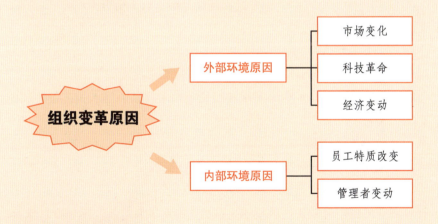

组织变革的类型

组织管理者根据内外部环境的变化，开展组织变革的类型多种多样，其中最常见的就是对人员、科技、结构和策略上的变革。

1. 人员变革

当一个组织内部人员的思想价值和技术能力不能适应不断变化的

组织内外部环境时，管理者必须实行人员变革。人员变革主要从两方面入手：一是对既有在职员工进行新思想、新技术的教育指导，改变他们的价值观、信念和行为方式；二是招聘新员工，给企业注入新鲜血液，增加新的活力，并创造条件，鼓励他们提出开创性的想法和意见。比

Easy-going

如果出现下列征兆，企业就要考虑进行变革：工作业绩跌入低谷，内部协调发生困难，组织行为趋于保守、缺少创新，组织形象降低和对外部环境的变化反应迟缓。

如，某科技公司经理经常出国考察，学习外国先进技术和管理经验，回国后传授给企业员工，提升员工的科技水平。

要想保证人员变革有效地进行，就要把这种新的企业价值观深植到企业文化中，得到组织员工的认同，确保组织目标和企业员工目标保持一致。否则，人员变革得不到大多数员工的支持，只能夭折于襁褓中。

2.科技变革

科技变革，来自于企业外部环境的压力和组织内部成员积极创新的动力。如果大多数企业都成功地进行了科技创新，提高了生产力，为了不被市场淘汰，本企业也要实现科技变革，引进新的技术和设备；如果企业内部员工创新激情高，能够自觉开发研究新产品、新技术，同样有利于企业开展科技变革。比如，中国海尔集团，顺应国际变频技术的潮流，积极投身空调变频技术的开发。

科技的发展是逐渐形成的，不是一朝一夕就能达到的，因此，企业管理者要时刻留意最新的科技成果信息，提前做好准备，抓住新科技可能带来的机遇，以免落后于市场发展潮流，错过大好的商机。

3.结构变革

结构变革就是指组织结构的变革，包括部门的重新调整和职能的重新分配等。对于内部环境而言，当企业的高层主管发生变动时，新上任的高层管理者会重新分配成员的职权；如果企业规模不断扩大，招收的新进员工数量增加时，管理者要设立一个新的部门、任命新的领导，对

这些员工实行控管；对于外部环境而言，如果同行业的企业之间竞争激烈，企业管理者就要将过于复杂的层级制度简化，提升企业运营效率。

例如，一家公司起初由总经理掌握人事任免权，后来由于企业规模的扩大，公司成立人事部，把人事任免权下放到人事部门，总经理只负责关系企业生存发展的重大、关键任务。

4. 策略变革

策略变革就是指组织改变起初制定的策略，以适应变化发展的社会实际。企业经过一段时间的运营，运用 SWOT 法分析企业的优势与劣势、机会和威胁，对企业当前策略进行必要的修改或完善，以确保组织目标如期达成。

例如，中国长安汽车起初凭借价格低廉的优势在市场上展开竞争，但是随着人们对高端汽车的消费需求不断上升，长安汽车改变策略，开始着手研发生产高端汽车，提高产品的科技含量，从而赢得市场竞争。

组织变革的类型

组织变革
类型

1 人员变革 → 培训老员工，招聘新员工

2 科技变革 → 开发或引进新技术

3 结构变革 → 设立新部门，划分新职权

4 策略变革 → 修改完善当前策略

组织变革的过程

社会心理学家将组织变革分为三个步骤：解冻、改变和再冻。也就是说，组织管理者不满足于现有策略结构，有寻求改变的意愿，然后通过实际行动，改变现有组织策略，建立新的组织结构，最后将新想法、

新概念根植于组织，稳固变革的效果。

1. 解冻

解冻是指管理者反省、松动企业行之数年、已经深植于企业员工头脑中的做法、观念，采取适当的措施，让组织员工发现既有制度的缺陷与不足，同时灌输"变革创新有利于企业发展"的思想，获得绝大多数员工的支持，为企业的变革奠定基础。

Easy-going

如果管理者事先没有解冻员工根深蒂固的既有观念，贸然进行改革，势必会引起员工的反抗心理，阻碍改革的顺利进行。

2. 改变

企业管理者提供给组织成员新观念、新做法和新技术，有效引导员工积极投身参与组织变革的过程，增加他们对新事物的认同感，赢得员

小故事

如何补充国库

有一次，安东尼皇帝派使者到朱丹·拉比那儿，问："帝国的国库快要空了，你能给我一个补充国库的建议吗？"

朱丹听后，直接把他带到了他的菜园，然后默默地干起活来。他把大的甘蓝拔掉，种上小甘蓝。对甜菜和萝卜也是如此。使者看到朱丹无意回答他的问题，没好气地对他说："你总得给我一句话吧，我回去也有个交待。"朱丹说道："我已经给你了。"

使者满脸的愕然，无奈之下，只好返回到安东尼那儿。

他向安东尼皇帝报告说："朱丹什么都没说，只是把我领到他的菜园里，看他把那些大蔬菜拔掉，种上小的。"

"噢！他已经给我建议了！"皇帝兴奋地说。

第二天，安东尼立刻遣散了他所有的官员和税收大臣，换成少量的有能力、诚实的人。不久，国库就得到了补充。

要想提高企业效率，就要下狠心变革。

工的支持与赞同，防止组织成员对变革的不接受，阻碍组织变革的进行。

3. 再冻

俗话说得好，"打江山难，守江山更难"，变革行动开展以后，要保证变革的各种新观念、新想法根植于企业文化之中，管理者鼓励员工采用新技术、新观念从事日常工作，稳固变革的成效和地位，以免变革犹如昙花一现，不能长久执行。

组织变革的过程

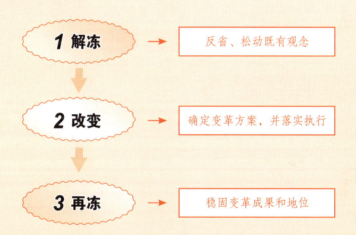

1 解冻 → 反省、松动既有观念

2 改变 → 确定变革方案，并落实执行

3 再冻 → 稳固变革成果和地位

More

2006年，有关企业组织变革的报道频频见诸报端：盛大的"瘦身运动"，玫琳凯向"员工制"转型，中国电信的流程重组，索尼的业务重整，正泰集团稀释家族股权的治理变革，等等。越来越多的企业认识到，在目前这样一个快速变动的市场中，只有持续地变革创新，有组织地放弃、有组织地革新，企业才能基业常青。当年，在《世界经理人》杂志进行的"中国十大最佳管理实践评选"中，组织变革被广大读者所大力推荐而登上榜单。

变革管理

企业在变革的过程中，因为组织成员对变革后的未来充满了恐惧和迷茫，管理者或多或少地会遇到抵触和反抗，这就要求企业主管正确运用变革管理的方式方法，使变革顺利进行，达到预期效果。

世界著名管理大师彼得·德鲁克提出："我们无法左右变革，我们只能走在变革的前面"，"变革是无法避免的事情"。

❯ 为何要进行变革管理？

变革管理，就是指当组织成长迟缓、内部不良问题产生，无法适应外部环境的变化时，企业必须做出组织变革策略，将内部层级、工作流程以及企业文化进行必要的调整与改善管理，以使企业顺利转型。

企业变革的核心是管理变革，而管理变革的成功来自于变革管理。变革的成功率并不是100%的，甚至更低，因此常常使人们产生一种"变革是死，不变也是死"的恐惧。但是，市场竞争的压力、技术更新的频繁和自身成长的需要，让越来越多的企业管理者认识到，"变革可能失败，但不变肯定失败"。因此，知道怎样变革比知道为什么变革和变革什么更为重要。

在企业变革的过程中，或多或少地会受到企业员工的抵触和抗拒。比如，企业要进行内部管理层级的变革，重新调整员工职权和部门层级。很多员工就会担心，职权被调整后，自己的权力和地位不如以前；当企业由于业务需要，大量招聘新人时，组织既有成员担心新进员工对自己现有的地位产生冲击，从而会排挤新人。因此，企业的变革管理会遇到很多困难和阻力。

变革管理的原因

变革管理抗拒的消除方法

如果组织管理者在变革过程中，受到了成员的抵触和抗拒，首先应采取柔和的方法，与组织成员进行协商、沟通，打消他们对变革的恐惧和抵触心理。很多人都"吃软不吃硬"，在变革管理过程中，要调动组织成员积极参与，各抒己见，献计献策，增加他们对新事物的认同感。

如果大多数成员都赞同组织变革管理，只有少数人顽固不化，一直唱反调，"敬酒不吃吃罚酒"，企业管理者就有必要对这部分人施以

小故事

男童戒糖

从前，有个爱吃糖的男童。他的父亲很穷，没有钱买糖给他吃，而小孩不懂事，经常问父亲要糖。父亲决定请住在附近的一位贤人劝他的孩子停止吃糖。

父子来到贤人面前表明来意，贤人请男童的父亲一个月后再来见他的儿子。

一个月后，父亲再次见到他的孩子时，男童已经戒掉吃糖了。

父亲奇怪地问："您是怎么让我的孩子戒掉吃糖的呢？"贤人回答："其实我也爱吃糖，我只有自己先戒掉吃糖的习惯，才有资格教你的儿子。"

企业变革也是如此，企业家身处贤人的位置，要想带领企业实现变革，必须做到变革思想与变革行动的一致性。

高压、严格惩罚，不能让这极少部分人的行为影响整个企业的发展大局。

消除组织成员对变革管理抗拒心理的方法主要有以下几种：

员工参与及沟通：比如，召开组织变革管理的讨论大会，让组织成员积极投身到变革中来，为组织变革献计献策。同时，通过互相讨论与沟通，员工对企业变革有了更深入的了解，明确变革之后的好处和不变革给企业和自己带来的损失，增加他们对变革后的新观点、新做法的认同感。提前打好基础，减少变革过程中的阻力。

教育训练：对于那些高科技产业和制造业的组织来说，在变革管理过程中，教育训练显得尤为重要。从事制造的企业，自己的生产设备和生产技术落后于社会平均水平，就必须要进行变革，引进、开发新设备，并对企业员工进行教育训练，使他们掌握最新的生产技术和方法，提高产品质量，维持企业在市场中的竞争地位。

循序渐进改变：任何人接受新事物，都需要一定的时间和过程，企业也不例外。企业成员对变革后的新方法、新思路的接受需要一定的适应过程，因此管理者在进行变革时，要循序渐进，将变革管理细化成很多小阶段，分期完成每一阶段的变革，充分给予企业员工缓冲的时间。如果管理者变革心切，大跨步地激进式改革，企业员工在短时间内很难接受新的工作方法，就会导致员工对变革产生抵触情绪，增加变革的阻力。

诱之以利：对于那些在变革过程中行动积极或是表现良好的企业成员，应给予物质或精神上的奖励，提高他们的工作热情，这样能够起到很好的模范效果，刺激其他员工投身到组织变革当中。比如，某汽车制造公司开展新技术的教育培训，对于那些接受能力强、考核成绩优秀的员工，给予 1 000 元的物质奖励。

施以高压：对于那些顽固不化、始终持反对意见的个别人，如果上述四个方法都达不到满意的效果，就有必要对他们采取强硬手段，对不服从者直接施以高压，进行严厉的惩罚，或是直接开除，从而消除变革过程中的阻力。

变革管理抗拒的消除方法

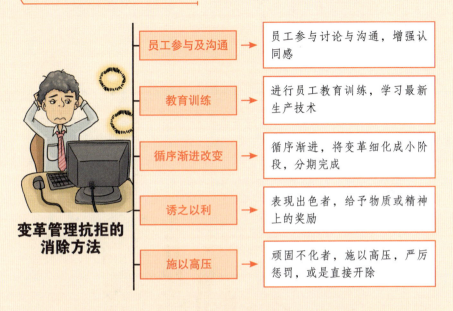

**变革管理抗拒的
消除方法**

员工参与及沟通	员工参与讨论与沟通，增强认同感
教育训练	进行员工教育训练，学习最新生产技术
循序渐进改变	循序渐进，将变革细化成小阶段，分期完成
诱之以利	表现出色者，给予物质或精神上的奖励
施以高压	顽固不化者，施以高压，严厉惩罚，或是直接开除

More

　　20 世纪 70 年代到 80 年代，由于美国最大的汽车制造企业——通用汽车公司和联合汽车工会故步自封，放弃变革，日本汽车公司通过变革管理，将日本制造的汽车打入美国市场，在短短的 10 年间，日本汽车在美国轿车市场的占有率迅速上升到 30%。另外，20 世纪 90 年代，瑞士斯沃琪公司在保留原有欧米加、浪琴这些欧洲经典品牌手表的同时，在美国和亚洲新兴市场推出时尚型斯沃琪手表，迅速提高了瑞士手表在新兴市场的占有率，同时通过变革管理，不断开拓市场，成为品牌形象高于日本卡西欧手表的全球知名时尚品牌，挤压了日本电子手表的市场空间。

　　这两个案例说明，变革管理不仅是必要的，而且是紧迫的。世界上任何企业都需要变革管理。

第**6**篇

领 导

- -

一提到领导，很多人就会想到至高无上的权力和地位，令人敬畏。芸芸众生，为什么唯独他可以成为领导？同样是领导，为什么他们的业绩会有悬殊的差别？本章让您对领导者及领导活动有一个全面、深入的了解。

本章教你：
- ▶ 什么是领导？
- ▶ 领导应具备哪些特质？
- ▶ 三种行为模式理论。
- ▶ 两种情意领导理论。
- ▶ 吸引员工的领导方式都有哪些？
- ▶ 冲突管理的方法。

什么是"领导"

领导，就是群龙之首，引领着成员朝组织共同目标迈进。领导者具有至高无上的权力，相应地，也承担着事关企业生死存亡的责任。对任何组织而言，领导都是一个不可或缺的角色。

❯领导的概述

同组织一样，领导也有名词和动词之分。当领导作为名词时，它的意思指的是领导者；当领导作为动词时，它的意思是在一定的社会组织和群体内，为实现组织预定目标，领导者运用其法定权力和自身影响力影响被领导者的行为，并将其导向组织目标的过程，也就是我们所说的领导活动。二者结合，即谓领导，换句话说，就是领导者进行领导活动，引领着一群人去达到目标。

我们这一章讲的领导含义，是它作为名词时的领导者。

领导者是指在正式的社会组织中经合法途径被任用，并担任一定领导职务、履行特定领导职能、掌握一定权力、肩负某种领导责任的个人和集体。

作为一名出色的领导者，必须具备三个要素：一是领导者必须有下

▌小故事

在澳大利亚的牧场里，一个牧场主往往拥有成百上千只羊，怎么样才能让每一只羊都听从指挥，跟随自己，去指定地点放牧呢？这看起来像是一件非常困难的事情，实质上，这是一件非常简单的事情，因为牧场主只需要牵引着一只领头羊就可以了。把领头羊牵到哪里，其他羊就会跟到哪里。

属或者追随者；二是领导者必须拥有影响追随者的能力；三是领导行为具有明确的目的，并可以通过影响下属来实现组织目标。

领导的概述

领导的权力

领导者承担着组织生死存亡的重大责任，要想让属下的员工心悦诚服地听从自己的指挥，有效地领导整个组织如期完成预定的共同目标，领导者就必须要掌握一定的权力，使其有领导的影响力。

具体来说，领导者的权力分为正式权力和非正式权力：正式权力是指组织正式的规章制度赋予的权力，非正式权力是指领导者由于个人特质，组织员工自愿追随，听从其领导的权力。

正式权力细分为法定权、奖赏权和惩罚权，非正式权力细分为专家权和参照权。

1. 法定权

法定权是指根据组织的规章制度，赋予领导者的职位权力，如公司总裁、某市市长、学校校长、警察局局长等，他们作为组织的领导，享有组织赋予的权力，如人事任免权、最终决策权、工作任命权等。企业领导可以依据权力，指派员工开展工作，而企业员工在法律法规允许的范围内，必须无条件服从。如中国石化总裁依据公司规章，指派业务部经理开发非洲市场，业务经理必须无条件服从。

2. 奖赏权

Easy-going

唐代诗人杜甫《前出塞》："射人先射马，擒贼先擒王。"用于军事，是指打垮敌军主力，擒拿敌军首领，使敌军彻底瓦解的谋略。用于管理，可见领导者对于一个组织的重要性。

奖赏权是指领导者针对组织员工出色的表现，有对员工进行物质或精神奖赏的权力。企业领导对员工的大量付出给予相应的报酬，提高员工的工作热情，有利于员工积极投身于企业目标的完成。奖赏方式主要包括口头赞美、颁发奖状或证书、提高薪酬、提供奖金和职位升迁等。比如，某公司总裁针对员工小王的出色销售业绩，年终奖励他 3 万元。

3. 惩罚权

惩罚权是指领导者根据组织规章制度，有对下属员工进行物质或精神惩罚的权力，当然这个惩罚是有一定限度的，不能违反相关法律法规。假如企业员工表现不佳，领导有权对其进行惩罚，同时达到以儆效尤的作用，避免其他员工再犯类似的错误。惩罚的权力包括口头惩罚、减少工资、取消奖金和革除职务等。惩罚只是手段，并不是目的，领导者在惩罚员工的同时，要深入调查分析员工犯错的原因，要以理服人，否则会招致员工的不满。

比如，学生小明和小强打架斗殴，张老师令两人在教室门口罚站，同时积极调查两人打架的原因，对两人进行劝导与教育。

4. 专家权

专家权是指领导者在某一特定领域具备超常的专业知识或专业技能而产生的影响力。这种权力在企业规章制度中虽然没有明文规定，但是却能影响组织员工自愿听其领导。虽然领导的法定权足以领导其下属开展工作，但是与之相比，专家权能让下属员工自愿听从领导指挥，得到员工的拥戴，使员工更心悦诚服地追随。

比如，企业老员工凭借其精湛、熟练的生产技艺，很多新员工自愿追随，向老员工学习生产技艺，听从其领导。

5. 参照权

参照权是指领导者在工作当中由于个人魅力而产生的领导影响力，很多人纷纷效仿领导者。具备参照权的人，往往有很高的人格魅力，成

领导者的权力

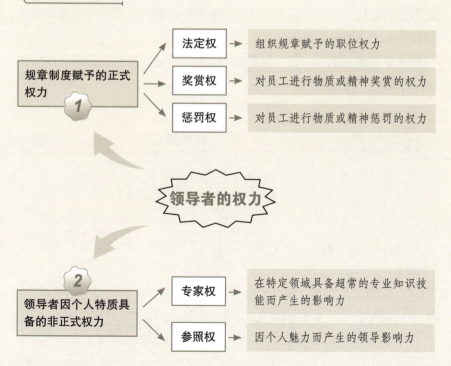

6

小故事

且慢下手

大多数的同仁都很兴奋，因为单位里调来了一位新主管，据说是个能人，专门被派来整顿业务的。可是，日子一天天过去，新主管却毫无作为，每天彬彬有礼地进办公室后，便躲在里面难得出门。那些紧张得要死的坏分子，现在反而更加猖獗了。员工们私下议论："他哪里是个能人，根本就是个老好人，比以前的主管更容易噱。"

不料4个月过去了，新主管却发威了，坏分子一律开除，能者则获得提升。下手之快，断事之准，与4个月前表现保守的他，简直像换了一个人。

为众人追随的焦点。如果领导充分发挥自身的参照权优势，以身作则，为员工树立模范和榜样，引导员工主动追随，往往会比用公司规章制度鞭策员工的行为效果更好。

如影视巨星成龙，在世界各地拥有众多影迷，他代言的活动，会有很多追随者自愿参加。

More

领导者要为企业建立远景，并制定长远的发展目标，拟定关系组织生死存亡的重大策略，往往处于组织的最高层；管理者，是这些目标策略的执行者，负责处理组织运营过程中琐碎的日常事务，往往处于组织的中层或低层。在地位和职权上，领导者都大于管理者。

在企业工作中，管理者和领导者都具有组织正式规章制度赋予的法定权、奖赏权和惩罚权，但是在企业工作之外，注重个人特质、魅力的专家权和参照权，则往往为领导者所具有。

领导特质理论

作为一名领导者，你了解"领导特质理论"吗？你知道作为一名领导者都需要具备哪些"领导特质"吗？

❯领导特质理论概述

领导特质理论又称为领导性格理论，这种理论侧重于研究领导者的性格、素质、品质等方面的特征，把个人的品质和特点作为区别一个领导者成功与否的标志。

按领导特质来源的不同，该理论可分为传统领导特质理论和现代领导特质理论。前者认为领导者所具有的特质是天生的，是由遗传决定的；而后者则认为领导者的品质和特性是在实践中形成的，是可以通过教育训练培养的。

1. 传统领导特质理论

传统领导特质理论认为领导者的特质来源于生理遗传，是先天具有的，领导者只有具备这些特质才能成为一名成功的领导者。特性理论的创始人是美国心理学家阿尔波特（C. W. Allport）。1949年，亨利（W. Henry）认为成功的领导者应具备12种特质：①成就欲望强烈，把工作成就看成是最大的乐趣；②干劲大，工作积极努力，希望承担富有挑战性的工作；③以积极的态度对待上级，尊重上级，与上级关系良好；④组织能力强，有较强的整合能力；⑤决策果断；⑥自信心强；⑦聪明睿智，富于进取心；⑧竭力避免失败，不断地接受新的任务，树立新的奋斗目标，驱使自己前进；⑨讲求实际，重视现在；⑩眼睛向上，对上级亲近而对下级较疏远；⑪对父母没有情感上的牵扯；⑫效力于组织，忠于职守。美国心理学家C·A·吉伯（C. A. Gibb）于1954年提出天才的领导者具有的7项特性：①智力过人；②英俊潇洒；③能言善辩；④心理健康；⑤外向而敏感；⑥有较强的自信心；⑦有支配他人的倾向。

　　然而，随着研究的不断深入和实践的不断发展，传统特性理论受到了各方面的异议，许多被认为具有天才领导者特质的人并没有成为领导者或没有成为成功的领导者。

2.现代领导特质理论

Easy-going

　　是因为拥有领导特质才成为的领导者，还是因为身为领导者而后培养出领导特质，至今是管理学界无法解答的难题。

　　现代领导特质理论认为，领导者的特性和品质并非全是与生俱来的，而可以在后期的领导实践中形成，也可以通过训练和培养的方式予以造就。美国普林斯顿大学教授威廉·杰克·鲍莫尔（W. J. Banmanl）针对美国企业界的实况，提出了企业领导者应具备的 10 项特质：①合作精神；②决策能力；③组织能力；④精于授权；⑤善于应变；⑥勇于负责；⑦勇于求新；⑧敢担风险；⑨尊重他人；⑩品德超人。

　　美国管理协会调查发现，成功的领导者一般具有下列 20 种特质：①工作效率高；②有进取精神；③善于分析问题；④有概括能力；⑤有很强的判断能力；⑥有自信心；⑦能帮助别人提高工作的能力；⑧能以自己的行为影响别人；⑨善于用权；⑩善于调动他人的积极性；⑪善于利用谈心做工作；⑫热情关心别人；⑬能使别人积极而乐观地工作；⑭能实行集体领导；⑮能自我克制；⑯能自主做出决策；⑰能客观地听取各方面的意见；⑱对自己有正确评价，能以他人之长补自己之短；⑲勤俭；⑳具有管理领域的专业技能和管理知识。

More

　　人们可以根据领导特质理论，进行自我锻炼、提升，如学习他们成功的经验、争取领导的机会、从组织的角度思考问题等。

领导特质理论概述

领导特质理论概述	传统领导特质理论	亨利12特质理论：①成就欲望强烈；②干劲大，工作积极努力；③尊重上级，与上级关系良好；④组织能力强；⑤决策果断；⑥自信心强；⑦聪明睿智；⑧竭力避免失败；⑨讲求实际；⑩眼睛向上；⑪对父母没有情感上的牵扯；⑫效力于组织，忠于职守
		吉伯7大特质理论：①智力过人；②英俊潇洒；③能言善辩；④心理健康；⑤外向而敏感；⑥有较强的自信心；⑦有支配他人的倾向
	现代领导特质理论	鲍莫尔10项特质理论：①合作精神；②决策能力；③组织能力；④精于授权；⑤善于应变；⑥勇于负责；⑦勇于求新；⑧敢担风险；⑨尊重他人；⑩品德超人
		美国管理协会20特质理论：①工作效率高；②有主动进取精神；③善于分析问题；④有概括能力；⑤判断能力强；⑥有自信心；⑦能帮助别人提高工作的能力；⑧能以自己的行为影响别人；⑨善于用权；⑩善于调动他人的积极性；⑪善于利用谈心做工作；⑫热情关心别人；⑬能使别人积极而乐观地工作；⑭能实行集体领导；⑮能自我克制；⑯能自主做出决定；⑰能客观地听取各方面的意见；⑱对自己有正确估价；⑲勤俭；⑳具有管理领域的专业技能和管理知识

领导者六大特质

综合传统领导特质理论和现代领导特质理论的研究成果，我们可以把领导者特质分成以下六大类。

1. 整合能力

整合能力是指领导者有能力把组织中众多的人员、资源、设备和信息进行整合分配，优化配置，实现组织又好又快的发展。领导者整合企业内部资源，根据每个员工各自的专长，将他们分配到合适的部门和岗位，使他们各司其职，发挥所长；领导者也可以根据企业外部环境的特点，进行整合，如大型跨国服装公司，在劳动力丰富的国家建立生产基地和销售基地，在棉花产区建立原材料采购基地。

2. 成就欲望

成就欲望是指领导者对成就充满了渴望。领导者的成就欲望强烈，把工作成就看成是最大的乐趣，干劲大，工作积极努力，希望承担富有挑战性的工作，不断地接受新的任务，树立新的奋斗目标，引导其向更高的成就迈进。比如，企业在创办初期，会遇到很多问题和困难，但是创办人成就欲望强烈，会想尽一切办法解决这些问题和困难，为了取得重大的成就，不惜一切代价。

3. 自信心强

具有较强自信心的领导者，相信自己制定的策略是正确、可行的，就会命令组织全体成员坚决执行，同样，具有自信特质的领导者，其下属相信他制定的策略是正确的，就会增强员工执行策略的信心。

小故事

有个渔夫有着一流的捕鱼技术，被人们尊称为"渔王"。然而他的三个徒弟的渔技都很平庸。

"我真不明白，我捕鱼的技术这么好，我的徒弟为什么这么差？我从他们懂事起就传授捕鱼技术给他们，怎样织网最容易捕捉到鱼，怎样划船最不会惊动鱼，怎样下网最容易请鱼入瓮……"

一位路人听了后，问："你一直手把手地教他们吗？"

"是的，我教得很仔细很耐心。"

"他们一直跟随着你吗？"

"是的，我一直让他们跟着我学。"

路人说："你只传授给了他们技术，却没传授给他们教训，这就是你作为领导者最大的失败。"

领导者六大特质

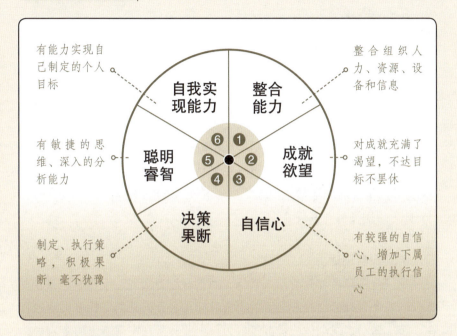

有能力实现自己制定的个人目标

整合组织人力、资源、设备和信息

有敏捷的思维、深入的分析能力

对成就充满了渴望，不达目标不罢休

制定、执行策略，积极果断，毫不犹豫

有较强的自信心，增加下属员工的执行信心

自我实现能力　整合能力

聪明睿智　成就欲望

决策果断　自信心

4.决策果断

决策果断是指管理者制定、执行策略时，积极果断，毫不犹豫，这样可以争取决策时效，避免错过最佳市场机遇。当然，这种果断并不是盲目的，领导者全面搜集有关市场信息，在经过科学深入的分析，有了一定把握的基础上，果断做出决策，否则盲目武断决策，会给组织带来巨大损失。

5.聪明睿智

作为一名出色的领导者，要具有敏捷的思维、深入的分析能力，通过全面搜集企业外部环境变化的信息，整合企业内部人力资源，充分考虑企业内外环境，才能做出正确的决策。

同时，领导者还具有一定的对未来进行预测的能力，根据市场信息，提前做好准备，迎接挑战，避免"临时抱佛脚"，给企业带来不必要的损失。

小故事

逆旅二妻

杨朱和弟子在宋国边境的一个小客栈里休息，发现店主的两个老婆的长相、身份、地位相差极大，忍不住向店主人询问是什么原因，主人回答说："长得漂亮的自以为漂亮所以举止傲慢，可是我却不认为她漂亮，所以我让她干粗活；另一个认为自己不美丽，凡事都很谦虚，我却不认为她丑，所以就让她管钱财。"

现代企业有多少领导，用人能像这位旅店的老板一样公允分明呢？管理者在对人才的甄别上，应从本质上去认识。这样才不会错失千里马，误将朽木当块宝。

6. 自我实现能力

每一位领导者都具有个人目标，而且有能力实现这个目标。领导者将自己的个人目标、企业员工的个人目标与企业的共同目标有机地融合在一起，调动组织全体成员群策群力，企业员工在实现自己的个人目标的同时，企业的共同目标和领导者自己的个人目标也会相应地实现。

More

孔子的特质观

我国伟大的思想家、教育家孔子，把领袖的特质归纳成5个字：恭、宽、信、敏、惠。

恭则不侮——神情庄重者就不会受人侮辱；

宽则得众——宽厚者能够受人拥戴和追随而得人心；

信则人任焉——诚信就能够受人倚仗和被人信任、信赖；

敏则有功——勤敏就能够建立功业，有成绩和成就；

惠则足以使人——慈惠者就可以调动他人的积极性。

行为模式理论①：权威·民主与放任

行为模式理论认为，人之所以为领导，不是因为他先天就具备了领导的特质，而是取决于后期的行为表现。行为模式理论将领导分成三种形态：权威型领导、民主型领导和放任型领导。

行为模式理论概述

1943年，美国爱荷华大学的有关专家，对美国数千名领导者的行为进行调查、研究，分析后指出，领导者在领导活动中的成绩，并不是因为其具有先天的领导特质，即不是决定于领导是个什么样的人，而是取决于领导者在后期的行为表现中如何执行任务，即领导用什么样的行为模式处理事务。

行为模式理论认为成功的领导者并非天生而是通过后天的训练学习，使领导者在领导群体时通过具体活动表现出来。每个人都用自己独特的方式处理事情，也就是说，每一位领导都有自己特有的行为模式，也就是我们常说的处世方法。

三种领导形态

根据领导者权力的集中程度和处世方法，可以把领导者分成三类：领导全权决定的权威型领导、部属可参与的民主型领导和领导"无为而治"部属自行决定的放任型领导。

Easy-going

在现实管理活动中，绝对的民主型领导是不存在的。有的民主型领导倾向于权威，有的民主型领导则倾向于放任。

1. 权威型领导

权威型领导，又被人们称作"独

裁型领导",但凡企业组织大大小小的事情,皆由领导者一个人独裁决断,大到组织工作目标的制定、组织策略的执行及执行方式;小到组织成员的衣食住行及日常杂物。组织下属员工只能听从指挥,无条件服从。在这种领导形态之下,组织层级划分界限相当明显,层级之间的沟通渠道是单一的,也就是说,领导只负责下发命令,下属员工只需要服从执行,不能向上级领导反映自己的看法、观点,下级对上级的沟通只限于工作进程情况的汇报。

权威型领导的权力来自于组织规章赋予的法定权,优点是决策速度快,没有复杂冗长的策略讨论会,完全由他一个人决断,所以在短时期内,工作效率往往会提高。但是,由于组织策略的决策过程仅仅是由领导者一个人负责,造成其下属成员对组织策略的不解,容易使下属成员误认为上级领导决策过于武断,而影响决策的执行效果。此外,层级之间沟通渠道单一,权威型领导容易与下属产生严重的隔阂,下属表面上虽然对领导百依百顺,但内心对领导者满意度很低,甚至有一定的反抗情绪。

权威型领导要保持这种权威,下属中必须不得出现实力比他强的人,否则因为技术或经验所带来的权威,就会被新人抢走,这样的话,权威基础就会得到根本性的破坏。一旦出现这种局面,会形成多头统治(小圈子)或新旧更替,原来的组织会趋向于崩溃。所以,这个领导要保证不会出现"青出于蓝而胜于蓝",用人也就成为"武大郎开店"。甚

▎小故事

摩托罗拉原 CEO 鲍伯·高尔文,被员工们称为"一个正直而平易近人的人"。他总是去关注那些被高级经理们忽视了的雇员,力图让每个员工在摩托罗拉都受到平等的对待。1970 年,他带领摩托罗拉开发了名为"参与管理项目"(PMP)的系统,鼓励企业员工积极参与公司决策。如果一个人在摩托罗拉工作 10 年以上,那么未经高尔文的亲自批准,就不可能被解雇。摩托罗拉对自己最自豪的称谓是"大家庭"。

至，连良性的质疑都有可能被扼杀，这类领导的口头禅就是"这个很简单""按照我说的做"等。所以这种风格，在现代企业中，局限在人数较少、技术较复杂的团队中。

2. 民主型领导

民主型领导，是指领导者让其下属员工参与会议，共同讨论，集思广益，然后再进行决策，要求上下融合，合作一致地工作。民主型领导欢迎下属发表自己的意见和看法，对于他们提出的独特观点表示尊重，组织的一切策略都是经过领导者与下属员工共同讨论，再进行决断的。民主型领导的沟通渠道是多元化的，既包括上下层级的垂直式沟通，又包括同层级部门之间的水平式沟通，因而做出的决策认同性高、民主性强。

民主型领导具有以下几个特点：

（1）所有的政策是在领导者的鼓励和协作下由群体讨论而决定的，而不是由领导者单独决定的。制定的政策是领导者及其下属共同智慧的结晶。

（2）分配工作时尽量照顾到个人的能力、兴趣和爱好。

（3）对下属的工作安排不是那么具体，使个人有相当大的工作自由、较多的选择性和灵活性，充分发挥他们的主观能动性。

（4）主要应用个人的专家权和参照权，而不是靠职位权力和命令使人服从；谈话时多使用商量、建议和请求的口气。

（5）领导者积极参加团体活动，不要与下级产生任何心理上的距离。

民主型领导的显著特征就是通过下属员工参与来达成共识。采用这一风格的领导者确信员工有能力为自己和组织找到合适的发展方向，能让员工参与其对工作有影响的决定，经常召集会议听取员工意见，对积极的绩效进行奖励，很少给予消极反馈或惩罚。民主型领导对下属员工的影响和引导力，不仅仅是因为拥有法定权，更多的是因为具备专家权和参照权，即独特的个人魅力，让其下属员工自愿跟随，服从领导。采用这种领导形态能够让领导者赢得他人的信任、尊重与支援，提高员工对工作目标的认可程度，是三种领导者形态中最理想的领导方式。

然而，民主型领导形态也有其不足之处，那就是无休止的会议，一遍遍交换看法，但是达成共识却遥遥无期，使决策时间过于冗长，决策过程过于复杂，不仅造成时间的浪费，还有可能错过最佳的决策时机。更有甚者，有些民主型领导可能会以大家意见不统一为借口而拖延决策，使员工感到迷惑不解，此时民主型领导形态甚至会加剧矛盾与冲突。

3. 放任型领导

放任型领导，与权威型领导正好相反，是指领导者放手不管，组织的工作目标及其执行方式皆由下属员工全权负责、自行决定，领导者既不参与决策的制定讨论，又不进行策略执行的具体指挥，是一种"无为而治"的领导形态。领导者将组织策略的决策权下放给下属员工，对他们的绩效表现不做任何跟踪评估，也没有任何的奖罚措施，处于被动的领导地位。

Easy-going

亚文化，又称集体文化，属于破坏、颠覆状态的文化内容，是与主文化相对应的非主流的、局部的文化现象，即通常我们所说的"非主流"。亚文化对秩序往往采取颠覆的态度，突出特点是它的边缘性、颠覆性和批判性。

放任型领导有以下几个特点：

（1）工作事先无布置，事后无检查。

（2）权力完全给予员工，员工自由度大。

（3）组织无规章制度，完全凭借员工的自觉性。

（4）没有整体计划。

放任型领导的指挥性行为偏低，支持性行为也偏低，领导方式支持少、指导少，决策的过程委托其下属员工去完成。

放任型领导形态允许下属去进行变革，领导者既不给下属太多的激励，也不给他们太多的指挥，基本放任自流，偶尔指挥，给予领导。

放任型领导者所领导的群体绩效低下，内部混乱，不良的"亚文化"盛行，这种领导形态有时并不是自愿放任，而是既无能力或权力指挥，又无能力或资源支持，或者是水平低下，或者是权力受限，即使有很多的想法，由于条件不具备，也无法实践。长此以往，个体能力也无法得到发展，群体协作也很难实现，最后必然使企业发展受挫。

三种领导形态

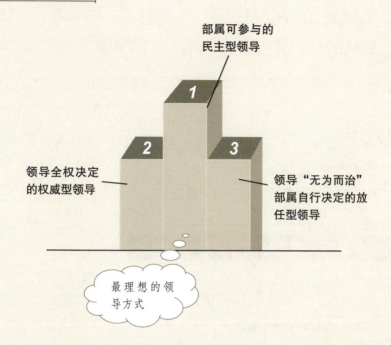

部属可参与的
民主型领导

1

2   3

领导全权决定
的权威型领导

领导"无为而治"
部属自行决定的放
任型领导

最理想的领
导方式

More

　　权威型领导者以美国通用汽车公司原总裁斯隆为代表。美国《财富》杂志这样描述他的领导风格：他与手下保持感情上的距离，但他对事实的尊重感染带动了整个管理层。斯隆尊重企业的每一位员工，但同时他又注意与同事保持一定距离。通用汽车的高级主管风格迥异、各具特色，为充分调动每一个人的积极性，不至于以个人的好恶而影响对企业经营的决策，斯隆故意把自己孤立起来而不与任何主管建立个人关系，尽管斯隆本人是一个交友广泛的人。

行为模式理论②："生产导向、员工导向"和"关怀、定规"

美国爱荷华大学根据行为模式理论提出了领导者的三种形态，但这种单构面的研究不够科学，于是美国密歇根大学和俄亥俄州立大学相继提出了"生产导向、员工导向"领导行为模式和"关怀、定规"领导行为模式。

❯"生产导向、员工导向"领导行为模式

美国密歇根大学的有关专家学者，访谈众多知名领导者及其下属，经过研究分析，于20世纪40年代末，提出了"生产导向、员工导向"领导行为模式，根据领导者注重管理的对象方面，可以分为生产导向和员工导向。

1. 生产导向

生产导向是指企业领导者将注意力主要集中于生产速度、工作效率和规章制度上，而忽视了对下属员工的关怀。生产导向的领导者，一切行事皆以规章制度为依据，把下属员工看成是企业有效运作的工具，并制定一套鞭策措施，对企业员工进行控管、监督，确保工作顺利完成。

生产导向领导行为模式是最古老的一种管理哲学，与古典学派的科学管理观点一脉相承，认为加快生产速度和提高工作效率最重要，不重视员工的个人需求。

生产导向领导行为模式是商品经济发展初期的基本经营领导思想。在这一时期，生产力水平较低、消费品不丰富，消费品的供给不能满足消费者的需求，消费者只能被动接受市场上的商品，从而形成了卖方市场。因此，经营者关心的主要问题不是员工的个人感受而是生产速度和

效率。经营者采取的基本策略就是"只管生产，忽视员工"。管理机构的职能就是生产管理，以生产为中心，采取一切手段提高员工的生产效率、降低产品成本，达到增加赢利的目的。

2. 员工导向

与生产导向相反，员工导向是指企业领导者将注意力集中于与员工相关的事务上。

员工在组织工作，抱有的期望主要有三种：获得应有的尊重；获得对环境和服务的了解；获得发展与成功的机会。这些期望通常分为两个阶段，即员工刚被招聘进企业，领导者对这些新员工进行教育培训，使之对新的工作环境、条件、人员关系、应尽职责、工作内容、规章制度、组织有所了解，尽快而顺利地进入职位角色，并创造优良绩效；对既有员工而言，加强领导者与其下属的沟通，注重与员工建立良好的互动人际关系，在组织营造一种融洽、和谐的氛围。

对员工出现的个人问题和困难，及时提供帮助。比如，下属员工的家庭成员生病住院，经济开支巨大，领导者可以集合其他员工捐款集资，提供帮助。

员工导向的领导行为模式并不是一蹴而就的事情。与生产导向领导行为模式相比，员工导向会增加组织管理的复杂性，但实际上它却降低了制度成本。有句常被引用的话就是：怀疑和不信任是公司的成本之源。而且，领导者更不能以为员工会一直愿意待在机械的组织中埋没其

▶小故事

日立"鹊桥"

日本日立公司有一名姓田中的工程师，对他来说，公司就是他的家，因为他美满的婚姻就是公司为他解决的。原来，日立公司设了一个专门为职员架设"鹊桥"的"婚姻介绍所"。日立公司人力资源站管理人员说："这样做能起到稳定员工、增强企业凝聚力的作用。"而中国企业，大多数是禁止内部员工恋爱的。

潜力，或者指望一成不变的管理可以让你"任凭风浪起，稳坐钓鱼船"。

行为模式理论

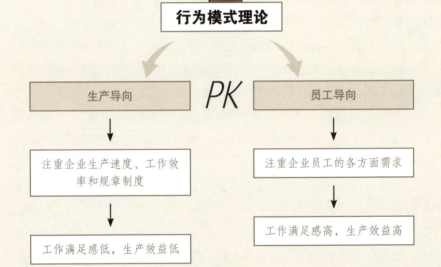

"关怀、定规"领导行为模式

美国俄亥俄州立大学的研究者斯托格第尔，从1945年起，对领导问题进行了广泛的研究，提出了领导双因素模式，即"关怀、定规"领导行为模式理论，又被称为"俄亥俄学派理论"或"二维构面理论"。

1.关怀

所谓"关怀"是指领导者对其下属员工所给予的尊重、信任以及互相了解的关切程度。具备关怀特质的领导者，在工作中，时刻关心下属员工的心里感觉、留意他们的工作满足感、尊重员工的意见想法，希望建立一个彼此友善、相互信赖的组织气氛。如果领导者的关怀特质过高，就会对下属员工的出色表现心存感激，根据员工的专业特长进行职能、任务分配时，不会过分要求员工做超出他们能力的事。

2. 定规

所谓"定规"，是指领导者对于下属的地位、角色与工作方式，会制定规章制度或工作程序。定规倾向高的领导者，注重的是如何顺利完成任务，根据每个人的专业特点，分配部门和任务，同

Easy-going

美国俄亥俄州立大学成立于1870年，是美国一所顶尖的公立大学。商学院建于1916年，下设五个系：会计学、金融、管理学、管理和人力资源、市场学和后勤学。

时，建立一套有效合理的行为标准，对员工的工作进行考核、衡量，以系统的组织方式，要求员工遵守一致的作业标准，完成任务目标。

小故事

握手话别，陪送"嫁妆"

惠普（美国）公司有一家子公司，该公司对待跳槽的员工是：不指责、不强留，利索地放人，握手话别。一个离开惠普出去创业的人说：惠普每年要花不少钱用在人才培训上，有的人来惠普就是为了"镀金"，学了本事待价而沽。对此，公司的管理层认为，人家愿意来，说明惠普有很大的吸引力；人家想走，强留也不会安心。再说，电脑行业本来人员流动率就高，当初选进的人才不见得都符合惠普的要求。退一步说，一些优秀人才到外面去服务，也是惠普对社会的贡献，也符合惠普一贯坚持的"互胜"精神。

根据关怀和定规的高低，又可以细化为四种领导方式：高关怀低定规的领导者、低关怀高定规的领导者、高关怀高定规的领导者和低关怀低定规的领导者。

（1）高关怀低定规的领导者。该种领导者注意关心爱护下属，尊重员工，经常与下属交流思想、交换信息，与下属感情融洽，但是采取较为宽松的管理措施，造成组织内规章制度不严、工作秩序不佳。这是一种较仁慈的领导者。

（2）低关怀高定规的领导者。该种领导者注意严格执行规章制度，建立良好的工作秩序和责任制，但是不注意关心爱护下属，忽视员工的需求感觉，不与下属交流信息，与下属关系不融洽。这是一种较为严厉的领导者。

（3）高关怀高定规的领导者。该种领导者注意严格执行规章制度，建立良好的工作秩序和责任制，同时关心爱护下属、尊重下属，经常与下属交流信息、沟通思想，想方设法调动组织成员的积极性，在下属心目中可敬又可亲。这是一种高效成功的领导者。

（4）低关怀低定规的领导者。该种领导者不注意关心爱护下属、不尊重下属，不与下属交流思想、交换信息，与下属关系不太融洽，也不注意制定规章制度、工作程序来进行管理，工作无序、效率低下。这是一种无能、不合格的领导者。

高关怀高定规的领导者并不总是产生积极效果。在制造部门内，工作技巧评定结果与定规程度呈正相关；而与关怀程度呈负相关。但在非制造部门内，这种关系恰恰相反。一般来说，高定规低关怀的领导方式效果最差，其他三种类型的领导行为普遍的表现为缺勤、事故、抱怨及离职等。

一般来说，中国企业的领导者采取的领导行为是高关怀低定规的领导方式，而国外企业的领导者采取的是一种高关怀高定规的领导方式。

"关怀、定规"领导行为模式

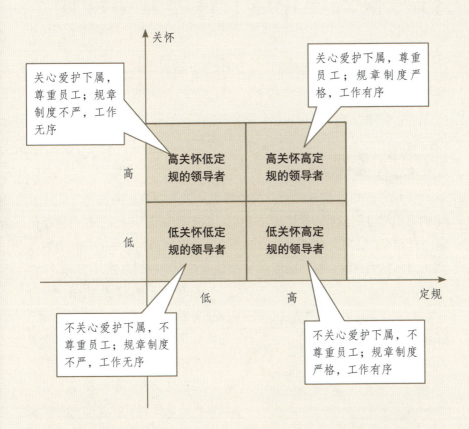

关怀

关心爱护下属，
尊重员工；规章
制度不严，工作
无序

关心爱护下属，尊重
员工；规章制度严
格，工作有序

高关怀低定
规的领导者

高关怀高定
规的领导者

低关怀低定
规的领导者

低关怀高定
规的领导者

高

低

低   高   **定规**

不关心爱护下属，不
尊重员工；规章制度
不严，工作无序

不关心爱护下属，不
尊重员工；规章制度
严格，工作有序

More

　　很多公司都会设立投票意见箱，企业员工可以通过匿名投票的方式，表达自己的建议和需求。公司领导者会定期查看员工们发表的这些观点、想法，尽最大的努力，满足员工多方面的需求。

行为模式理论③：管理方格理论

美国得德克萨斯大学的行为科学家罗伯特·布莱克和简·莫顿在 1964 年出版的《管理方格》一书中提出了管理方格的理论，主要研究企业的领导方式及其有效性。

〉管理方格的内容

管理方格理论是研究企业的领导方式及其有效性的理论，这种理论倡导用方格图表示和研究领导方式。在企业管理的领导工作中往往出现一些极端的方式，或者以生产为中心，或者以员工为中心，或者以 X 理论为依据而强调监督，或者以 Y 理论为依据而强调自主。

为避免极端现象的出现，克服以往各种领导理论中"非此即彼"的绝对化观点，在对生产关心的领导方式和对员工关心的领导方式之间，可以使二者在不同程度上结合起来。布莱克和莫顿就企业中的领导方式提出了管理方格理论。

使用一张纵轴和横轴各 9 等分的方格图，横轴表示企业领导者对生产的关心程度，纵轴表示企业领导者对员工的关心程度。第 1 格表示关心程度最小，第 9 格表示关心程度最大。全图总共 81 个小方格，再在这 81 个小方格中，选取左下角（1，1）、右下角（9，1）、左上角（1，9）、右上角（9，9）和中间位置（5，5），分别代表放任管理、任务管理、乡村俱乐部管理、团队管理和中庸之道管理。

Easy-going

罗伯特·布莱克，美国应用心理学家，是管理和组织发展领域开展应用行为科学研究的倡导者。

简·莫顿，美国得克萨斯大学心理学系副教授，拥有产业和组织心理学暨美国人心理学委员会的证照，曾是科学方法公司总裁及共同创办人。

管理方格

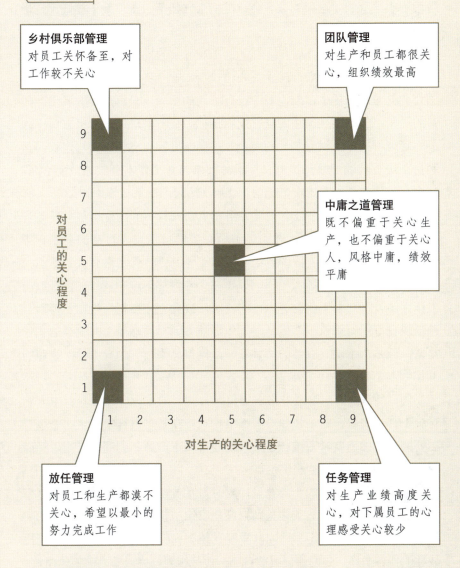

乡村俱乐部管理
对员工关怀备至，对工作较不关心

团队管理
对生产和员工都很关心，组织绩效最高

中庸之道管理
既不偏重于关心生产，也不偏重于关心人，风格中庸，绩效平庸

对员工的关心程度

对生产的关心程度

放任管理
对员工和生产都漠不关心，希望以最小的努力完成工作

任务管理
对生产业绩高度关心，对下属员工的心理感受关心较少

放任管理：处在管理方格左下角（1，1）的位置，实行放任管理的领导者，对员工和生产都漠不关心，希望以最小的努力完成必须做的工作，以维持组织的存续和成员的身份，总是力图避免麻烦、逃避责任，

也不去主动关心下属。放任管理型领导，不管是对公司还是对员工，都是最不想遇到的。这种领导者会让员工士气低落、工作效率极低，是最差的领导方式。

任务管理： 处在管理方格右下角（9，1）的位置，对生产业绩高度关心，对下属员工的心理感受关心比较少，把全部的精力和时间都投在了企业的业绩指标上，他们眼中没有鲜活的个人，只有需要完成生产任务的员工，他们唯一关注的只有业绩指标。任务管理领导者采取高压鞭策的管理方式，作风专制，利用企业规章制度和自己拥有的法定权，强制员工进行劳动。而员工也只是奉命行事，对工作本身的热情度不高，甚至有反抗心理，员工士气低落，工作效益不佳。

乡村俱乐部管理： 处在管理方格左上角（1，9）的位置，与任务管理恰好相反，对员工的需要关怀备至，鼓励员工发表自己的观点、想法，创造一种舒适、友好的组织氛围和工作基调，但是对有关工作的议题较不关心。该型领导者相信，只要在企业内部创造一种和谐、舒适的工作环境，下属员工就会有出色的表现，因此把主要精力投向于营造一种愉快良好的组织氛围。但是在工作绩效方面，虽然员工有较高的工作热情，但是由于缺乏有效的监督管理，仅仅凭借员工的自觉性，企业的工作效益是有限的。

团队管理： 处在管理方格右上角（9，9）的位置，领导者对生产和对员工都很关心，对工作和员工都很投入，在管理过程中把企业的生产需要同员工的需要紧密结合起来，既能带来生产力和利润的提高，又能使员工得到事业的成就与满足。

领导者重视员工的个人意见，同时鼓励员工将自己的工作心得分享给企业其他成员，让员工感觉到自己在组织中扮演着重要角色，产生一种高度的成就感和满足感。团队型领导还要向下属员工下达具有一定挑战性的任务工作，鼓励他们突破自己、挑战极限，完成骄人的工作绩效。

中庸之道管理： 处在管理方格中间（5，5）的位置，即领导者采取中庸之道开展管理活动，既不偏重于关心生产，也不偏重于关心人，风格中庸，不设置过高的目标，能够产生一定的士气和适当的产量，领导者维持足够的任务效率和令人满意的士气，使组织的绩效有实现的可能。

领导者不会要求下属员工有过人的工作绩效，也鼓励员工发表自己的意见和看法，但并不热衷于解决员工提出的这些问题。这样中庸的管理风格，决定了企业平庸的生产绩效。

❯管理方格的优缺点

管理方格理论告诉领导者，在实际的领导工作中，一方面要高度重视组织的工作，布置足够的工作任务，向下属员工提出严格的要求，并且要有规章制度作保障；另一方面又要关心下属员工，包括关心他们的利益、创造良好的工作条件和工作环境、给予适度的物质和精神的鼓励等。从而使下属工作人员在责、权、利等方面高度统一起来，以提高下属员工的积极性和工作效率。

令人遗憾的是，管理方格理论主要是为领导风格的概念化提供了框架，并没有提供明显的新信息来解决组织领导者在领导方面的困惑，而且目前缺乏实质的证据来表明（9，9）管理风格理论在所有情形下都是有效的。

More

管理方格中其他的组合

（5,1）方格表示准生产中心型管理，比较关心生产，不大关心人；

（1,5）方格表示准人中心型管理，比较关心人，不大关心生产；

（9,5）方格表示以生产为中心的准理想型管理，重点抓生产，也比较关心人；

（5,9）方格表示以人为中心的准理想型管理，重点在于关心人，也比较关心生产。

情境领导理论①：费德勒情境模式

行为领导理论主要研究的是领导者的管理行为是以"关怀"还是"定规"为主，而情境领导理论研究的是领导者、追随者和领导情境三者之间的关系，不同的情境，要采取不同的领导方式。

费德勒情境模式概述

第二次世界大战后，社会的发展变化使得组织的生存与发展日益受社会环境的制约，领导的效能也主要取决于环境条件。

1962年，美国心理学家和管理学家费德勒（F. E. Fiedler）在大量研究的基础上，提出了"有效领导的权变模式"，即"费德勒情境模式"。这个模式把领导者的特质、追随者的情况与情境分类联系起来研究领导的效果。

Easy-going

费德勒发展了行为学派"关怀"和"定规"的观点，将领导风格分为"任务导向"和"关系导向"两类。

他认为，有效的领导行为，依赖于领导者与被领导者相互影响的方式及情境给予领导者的控制和影响程度的一致性。换句话说，领导效果强烈的受到领导者所处的环境的影响。一个领导者，要想取得理想的领导效能，必须使一定的领导方式和与之相适应的领导情势相结合。

我们用一个函数公式来说明领导者特征、追随者特征和领导环境的关系：

$$S=f(L,F,E)$$

式中，S 代表领导方式，L 代表领导者特征，F 代表追随者特征，E 代表领导环境。

这个函数公式可以形象地表达出，领导方式受领导者特征、追随者特征和领导环境三个因素的影响。

领导者特征主要是指领导者个人的品质、性格、行为习惯、价值观和工作经验等；追随者特征主要是指下属员工的个人品质、工作能力、价值观等；领导环境主要是指组织内部环境、社会发展状况、地区文化风俗等。

＞LPC 量表

为了能够科学明确地判断领导者的领导方式，费德勒设计出了LPC（the Least-Preferred Coworker）量表。通过此量表，来判断领导者的领导方式是趋于工作任务还是趋于人际关系。

这个量表共有 16 个问题，每一个问题分为 8 个评分标准，用 16 组相对的形容词来表述问题，如"开放 / 保守""冷漠 / 热情""友善 / 不友善"等。受测的领导者以最难合作的同事为假想对象，来填写这份量表。得分越高，即高 LPC 型，说明 LPC 得分高，领导者以相对积极或表示赞许的词句描述和评价他最不喜欢的同事，表明领导者很乐于形成良好的人际关系，是以人际关系为中心的人，关心建立良好的人际关系，对下属持支持与谅解的态度；得分越低，即低 LPC 型，说明 LPC 得分低，领导者以消极或表示嫌弃的词句评价他最不喜欢的同事，表明领导者可能更关注生产，关心任务的完成，是以任务为中心的，即使损害人际关系也不在意。

小故事

龙永图选秘书

中国对外经济贸易合作部前副部长龙永图，在中国入世谈判时曾选过一位秘书，这位秘书是世贸专家。龙永图脾气非常暴躁，难以听到不同的声音，但是这位禁骂的秘书总是说："哎呀，永图，你刚才那个说法不太对。"入世谈判成功以后，龙永图很快把他送走了。龙永图说："一个人在某个特定的历史背景、某个特定的历史时期，他做某件事情适合，但是换一个时间，他可能就不适合了。"

LPC量表

拒人千里	1	2	3	4	↔	5	6	7	8	平易近人
不热心	1	2	3	4	↔	5	6	7	8	热心
紧张	1	2	3	4	↔	5	6	7	8	轻松
疏远	1	2	3	4	↔	5	6	7	8	亲近
冷漠	1	2	3	4	↔	5	6	7	8	热情
无聊	1	2	3	4	↔	5	6	7	8	有趣
好斗	1	2	3	4	↔	5	6	7	8	和谐
严谨	1	2	3	4	↔	5	6	7	8	开朗
开放	1	2	3	4	↔	5	6	7	8	保守
令人愉快	8	7	6	5	↔	4	3	2	1	令人不愉快
友善	8	7	6	5	↔	4	3	2	1	不友善
助人	8	7	6	5	↔	4	3	2	1	无用
合作	8	7	6	5	↔	4	3	2	1	不合作
支持	8	7	6	5	↔	4	3	2	1	不支持
自信	8	7	6	5	↔	4	3	2	1	犹豫
有效率	8	7	6	5	↔	4	3	2	1	无效率

❯三种情境要素和八种领导情境

费德勒把影响领导者领导方式的环境因素归纳为三个方面：职位权力、任务结构和领导者与下属之间的关系。

职位权力：指的是依据规章制度，组织赋予领导者法定权力的大小和从上级和整个组织各个方面所得到的支持程度，也就是领导者所处的职位具有的权威和权力的大小，这一职位权力由领导者对下属所拥有的实有权力所决定。如领导者有奖赏权、处罚权、强制权、任免权、升迁权等。领导者拥有这种明确的职位权力时，则组织成员将会更顺从他的领导，有利于提高工作效率。

任务结构：是指领导者对工作任务明确程度及有关工作人员对工作任务的职责明确程度。当工作任务本身十分明确，组织成员对工作任务的职责明确时，领导者对工作过程易于控制，整个组织完成工作任务的方向就更加明确；相对来说，如果工作任务本身明确度很低，组织成员对工作任务的职责较为模糊、多变，此时，需要领导者花费更多的时间与精力来指引下属员工完成任务。

领导者与下属的关系：是指下属对一位领导者的信任、爱戴和拥护程度，以及领导者对下属的关心、爱护程度。这一点对履行领导职能是很重要的。因为职位权力和任务结构可以由组织控制，而上下级关系是组织无法控制的。领导者如能博得人心，赢得下级的尊重，下达的命令

▮小故事

乐观的拿破仑

拿破仑在一次与敌军作战时，遭遇顽强的抵抗，队伍损失惨重，形势非常危险。拿破仑也因一时不慎掉入泥潭中，弄得满身泥巴，狼狈不堪。只听他大吼一声："冲啊！"他手下的士兵见到他那副滑稽模样，忍不住都哈哈大笑起来，但同时也被拿破仑的乐观自信所鼓舞。一时间，战士们群情激昂、奋勇当先，终于取得了战斗的最后胜利。

就能得到下属员工的信任和支持，上下级关系好，下属对领导有很高的忠诚度，领导环境也越好。

费德勒把领导情境分为职位权力、任务结构和领导者与下属的关系三个因素，而每一个因素又可依程度大小分为高低两种情形，这就组织了八种（高低 2 种职位权力 × 高低 2 种任务结构 × 高低 2 种领导者与下属的关系 =8）领导情境。

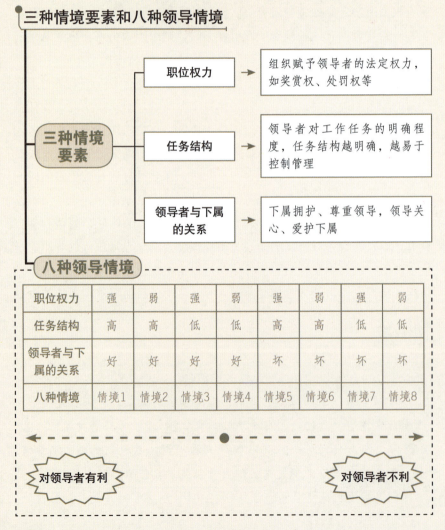

三种情境要素和八种领导情境

三种情境要素

职位权力 → 组织赋予领导者的法定权力，如奖赏权、处罚权等

任务结构 → 领导者对工作任务的明确程度，任务结构越明确，越易于控制管理

领导者与下属的关系 → 下属拥护、尊重领导，领导关心、爱护下属

八种领导情境

职位权力	强	弱	强	弱	强	弱	强	弱
任务结构	高	高	低	低	高	高	低	低
领导者与下属的关系	好	好	好	好	坏	坏	坏	坏
八种情境	情境1	情境2	情境3	情境4	情境5	情境6	情境7	情境8

对领导者有利　　　　　　　　　　对领导者不利

❯领导方式与领导情境的匹配

根据职位权力、任务结构和领导者与下属的关系三个情境因素的各自强弱的程度，又细划分出了八种领导情境，费德勒将这八种领导情境，归纳为三种情境：最有利情境、中等有利情境和最不利情境，领导者的领导方式只有配合这三种领导情境，才能得到较高的领导成果。

（1）在最有利（情境1、情境2、情境3）和非常不利（情境7、情境8）的情境下，领导者采取重视工作任务、要求奖罚分明的任务取向型领导方式最佳。

（2）在中等有利（情境4、情境5）的情境下，领导者采取重视与下属建立良好人际关系、关心员工心里感觉的关系取向型领导方式最佳。

（3）正所谓"江山易改，本性难移"，领导者个人的领导风格是与生俱来、稳定不变的，不可能改变风格去适应情境，因此当领导者的领导风格与其面临的情境不匹配时，可以采用下面两种方法来提高领导的有效性：

A. 替换领导者以适应情境；

B. 改变情境以适应领导者，即重新建构任务和领导者的职位权力。

More

弗雷德·菲德勒，美国当代著名心理学专家和管理专家。在芝加哥大学获得博士学位，美国西雅图华盛顿大学心理学与管理学教授。他从1951年起由管理心理学和实证环境分析两方面研究领导学，提出了"权变领导理论"，开创了西方领导学理论的一个新阶段，使以往盛行的领导形态学理论研究转向了领导动态学研究的新轨道，对以后的管理思想发展产生了重要影响。他的主要著作和论文包括《一种领导效能理论》（1967），《让工作适应管理者》（1965），《权变模型——领导效用的新方向》（1974），以及《领导游戏：人与环境的匹配》等。

情境领导理论②：路径—目标领导理论

费德勒情境领导理论是把领导者作为观察研究的对象，与其不同，路径—目标领导理论将研究对象转向下属员工，根据员工的不同特质和他们的不同工作情境，采取最佳的领导方式。

❯路径—目标领导理论的内容

路径—目标领导理论是领导权变理论的延伸和发展，由多伦多大学的组织行为学教授罗伯特·豪斯最先提出。该理论认为，领导者的工作是帮助下属实现他们的目标，并提供必要的指导和支持以确保下属各自的目标与群体或组织的总体目标相一致。"路径—目标"的概念来自于这种信念，即有效领导者通过明确指明实现工作目标的途径来帮助下属，并为下属清理各项障碍和危险，从而使下属的工作任务更为容易。

Easy-going

路径—目标领导理论认为，组织的路径和目标一旦设定，并不意味着这种领导风格就是一成不变的，而是要根据不同的工作情境进行适时的调整。

路径—目标领导理论认为，领导者的工作是利用组织结构，对下属员工给予支持和报酬，建立有助于员工实现组织目标的工作路径、内容，包括以下五个方面：

领导过程： 领导者需先确认员工的需要，提供合适的工作任务，通过明确员工期望与任务目标的关系，将实现组织目标与获得报酬联系起来，领导者还要消除一定的工作障碍，并给予员工一定的指导。

目标设置： 目标设置是取得成功绩效的关键，它可以用来考核成员个体和组织群体完成绩效标准的情况。领导者需要让群体成员感觉到他们的目标是有价值的，并且在现有的资源和领导下可以达成该目标。领导者如果没有制定共同的组织目标，就会导致不同的成员走向不同的方向。

路径改善：领导者在制定顺利实现目标的路径之前，有必要了解一些权变因素和可供选择的领导方案，特别是必须权衡确定对两类支持的需要。第一类是任务支持，即领导者必须帮助员工组合资源、预算以及其他有助于完成任务的因素，消除有碍员工工作的环境限制，表现出积极的影响，并且对有效的努力和绩效给予及时的肯定；第二类是心理支持，领导者激励员工，使其乐于从事工作。

领导风格：按照路径—目标领导理论，领导者的行为被下属接受的程度，取决于下属是将这种行为视为获得满足的即时源泉还是作为未来获得满足的手段。领导者行为的激励作用在于，它使下属员工的需要和满足与他们的工作绩效联系在一起，并提供了工作绩效所必需的辅导、指导、支持和奖励。

两类情境：路径—目标理论提出了两类情境，作为领导的行为与结果之间关系的中间变量，它们是下属控制范围之外的环境，包括任务结构、正式权力系统及工作群体等，以及下属个性中的一部分特点，包括

小故事

通用电气的全员决策

1981年，杰克·韦尔奇接任美国通用电气公司总裁后，认为公司管理太多，而领导得太少，"工人们对自己的工作比老板清楚得多，经理们最好不要横加干涉"。为此，他实行了"全员决策"制度，使那些平时没有机会互相交流的职工、中层管理人员都能出席决策讨论会。"全员决策"的开展，打击了公司中官僚主义的弊端，减少了烦琐程序。

实行"全员决策"，使公司在经济不景气的情况下取得巨大进展。杰克·韦尔奇本人被誉为全美最优秀的企业家之一。

控制点、经验和感知能力等。要想使下属员工的生产量最多，在工作环境中，领导者必须确认员工的任务是否已经结构化、清晰化了，是否在员工的能力范围之内。

路径—目标领导理论证明，如果领导者弥补了下属员工或工作环境方面的不足，就会对员工的工作绩效和满意度起到积极的影响。但是，当任务本身十分明确或员工有能力和经验处理它们而无需干预时，如果领导者还要花费时间解释工作任务，下属就会把这种指导行为视为累赘多余甚至是侵犯。

路径—目标领导理论五项内容

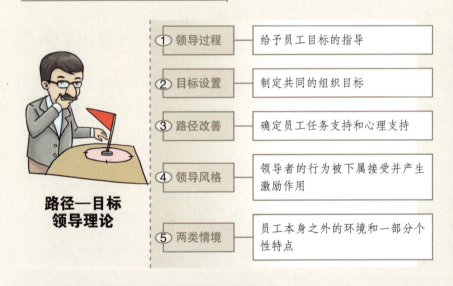

路径—目标领导理论

① 领导过程　　给予员工目标的指导

② 目标设置　　制定共同的组织目标

③ 路径改善　　确定员工任务支持和心理支持

④ 领导风格　　领导者的行为被下属接受并产生激励作用

⑤ 两类情境　　员工本身之外的环境和一部分个性特点

路径—目标领导理论的基本原理

"路径—目标领导理论"同以往各种领导理论的最大区别在于，它立足于下属员工，而不是高高在上的领导者。领导者的基本任务就是发挥下属员工的作用，而要发挥他们的作用，就得帮助员工设定目标，把握目标的难易度，支持并帮助员工实现目标。在实现目标的过程中提高他们的能力，使其获得满足感。

因此，路径—目标领导理论包含两个基本原理：

其一，领导方式必须是属下员工乐于接受的方式，只有能够给下属员工带来利益和满足的方式，才能使他们乐于接受。

其二，领导方式必须具有激励性。激励的基本思路是以工作绩效为依据的，同时通过对部下的帮助和支持来促成绩效。也就是说，领导者除了要能够确定下属员工的工作方向，还要帮助他们排除达成目标的障碍、困难，使其能够顺利实现目标，才能使员工的需求在工作过程中得到满足。

▶ "路径—目标领导理论" 中的四种领导风格

在"路径—目标领导理论"中，豪斯划分了四种领导风格：指导型领导、支持型领导、参与型领导和成就取向型领导。

1. 指导型领导

如果下属员工是教条的和权力主义的，本身缺乏从事某项工作的经验和能力，对此项工作的任务不是很明确，而且对工作的规章和程序不清晰，那么，最适合采取指导型领导方式。

领导者对下属需要完成的任务进行说明，包括对他们有什么希望，如何完成任务，完成任务的时间限制等。指导型领导者指导不厌其详、规定不厌其细，能为下属制定出明确的工作标准，并将规章制度向下属讲得明确清晰。

2. 支持型领导

对于虽然结构层次清晰，但是令下属员工不满意或者是感到灰心的工作，领导者就应该使用支持型领导方式。当下属从事于机械重复性的和没有挑战性的工作时，支持型方式亦能够为下属提供工作本身所缺少的"营养"。

领导者对下属是友好的、可接近的，他们关注下属的生活和需要，平等地对待每一位下属，尊重他们的地位，能够对下属表现出充分的关心和爱护，在下属有需要时能够真诚帮助。

小故事

在微软，员工工作满5年以上才有资格享受"情境领导"培训。而且，"情境领导"课程是微软高级经理人升迁的4大必选课程之一，没有体验过"情境领导"的人，是无法进入微软高层的。微软运用"情境领导"进行员工管理，坚持"员工好，公司就好"的理念，与员工保持了良性循环的关系，微软已经从中获利了数十年。多年来，微软一直是极具吸引力的工作场所，因为任何层次的人才都希望得到适合自己的工作环境，从而寻找到适合自己的发展方向。

3. 参与型领导

对工作任务不明确时，采用参与型领导方式效果最佳，因为组织员工参与组织目标的讨论，可以明确达到目标的路径，帮助下属懂得通过的路径和实现的目标。另外，如果下属具有强烈的控制欲，也应该采取参与型领导方式，因为这种下属喜欢参与决策和组织建构。

领导者与下属员工一起参与组织决策，参与型领导者能同下属一起进行工作讨论，征求他们的意见和建议，并将他们的想法融入团体或组织将要执行的决策中。

4. 成就取向型领导

如果组织要求下属从事例行性高、缺乏挑战的任务，宜采取成就取向型领导方式为佳。在这种情境中，激发挑战性和设置高标准的领导者，能够提高下属对自己达到目标的自信心。

领导者鼓励下属将工作做到尽量高的水平。这种领导者为下属制定的工作标准很高，寻求工作的不断改进。除了对下属期望很高外，成就取向型领导者还非常信任下属有能力制定并完成具有挑战性的目标。事实上，成就取向型领导可以帮助下属感到他们的努力将会导致有效的成果。

领导者在现实中究竟采用哪种领导方式，要根据属下员工特性、组织内外环境的不同因素，以权变观念寻求最佳的领导方式。

随着时代的发展，豪斯也没有固守着"路径—目标领导理论"而止步不前。豪斯和他的同事将"路径—目标领导理论"与领导特质理论相融合，提出了以价值为基础的领导理论。

四种领导风格

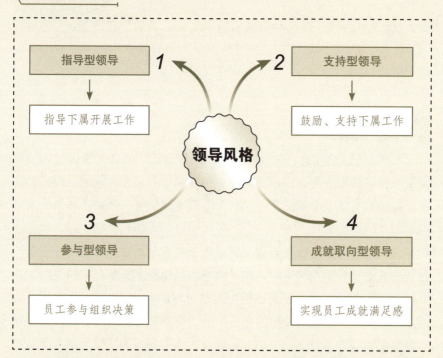

指导型领导 1 2 支持型领导

指导下属开展工作   鼓励、支持下属工作

领导风格

3 参与型领导   4 成就取向型领导

员工参与组织决策   实现员工成就满足感

More

　　罗伯特·豪斯，出生于1936年，曾经就读于底特律大学，获理学学士学位，后又在底特律大学获工商管理硕士学位，24岁获俄亥俄州立大学的哲学博士学位。豪斯曾先后执教于纽约市立大学的伯纳德·巴鲁克学院、密歇根大学、俄亥俄州立大学和多伦多大学。在1965—1968年，曾出任麦金瑟管理学研究基金会的执行理事。

交易型领导与转型领导

除了行为模式理论和情境领导理论外，有的学者还提出了其他的观点，他们认为，以利益为导向的"交易型领导"、塑造共同目标的"转型领导"，都能对领导绩效产生一定程度的影响。

❯交易型领导

交易型领导理论是贺兰德于 1978 年提出的。他认为领导行为虽然发生在特定情境之下，但却是领导者和被领导者相互利益满足的交易过程，即领导者通过明确的任务及利益的需求来引导与激励下属员工完成组织的共同目标。

交易型领导的特征是强调交换，在领导者与属下员工之间存在着一种契约式的交易。在交换中，领导给下属提供资金报酬、实物奖励、晋升机会、荣誉证书等，以满足他们的愿望与需求；下属员工执行领导者的命令指挥，完成其所交给的任务，从而得到相应的回报。交易型领导的效果根据领导者与下属员工之间订立的心理契约的状况而定。交易型领导是以领导者在组织规章制度中赋予的法定权、奖赏权和处罚权为基础，这种领导方式强调任务目标、工作标准和产出规模，往往只关注任务的完成和员工的顺从，更多地依靠组织的奖励和惩罚手段来影响员工的工作效率。

交易型领导的突出特点在于，它十分强调工作绩效。通过明确地规定生产分工和任务分配，交易型领导者可以促使或动员下属员工实现组织预定目标。对可预测、可持续结果的追求，是所有交易型领导的内在动力。

交易型领导具有以下特征：

明确的界限：在任务分工、技术流程、控制幅度、决策权以及影响力范围等方面都划分了清晰的界限，所有的因素及其相互作用都被置于领导者的监督和控制之下，以期达到预定的组织目标。

井然的秩序：对交易型领导来说，任何事情都有时间上的要求、地点上的规定以及流程上的实用价值。通过设定一个高度有序的组织体制，交易型领导可以长时间、系统性地获得比较满意的组织结果。

规则的信守：交易型领导十分注重规则，对业务经营的每一层面都设定了具体详细的业务标准与操作方式，组织员工任何背离标准、方法和流程的行为都被视为错误，要加以解决和清除。换句话说，工作结果一定是可预测的，不允许有意外事件发生。

执着的控制：交易型领导禁止混乱的和不可控的状况出现，他们会力图使企业保持有序的运作结构。因此，他们的领导方式往往是强制型的，企业内部通常缺乏"湿润感"。

交易型领导可能成为领导者谋取个人私利的手段工具，交易型领导看重"一物换一物"，领导者只懂得用有形、无形的利益与下属交换而取得领导，不能够赋予员工工作上的意义价值，因而无法调动员工的工作积极性，也不能有效地开发员工的创造性。

交易型领导特征

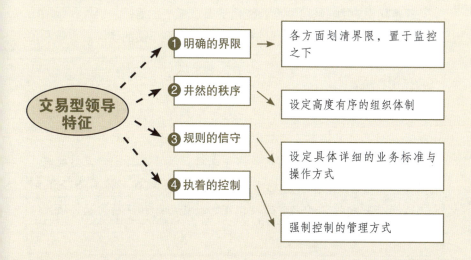

交易型领导特征

❶ 明确的界限 → 各方面划清界限，置于监控之下

❷ 井然的秩序 → 设定高度有序的组织体制

❸ 规则的信守 → 设定具体详细的业务标准与操作方式

❹ 执着的控制 → 强制控制的管理方式

❯ 转型领导

　　转型领导，又称变革型领导，是 20 世纪 80 年代由美国政治社会学家詹姆斯·麦格雷戈·伯恩斯在他的经典著作《领袖论》中提出的一种领导类型。

　　伯恩斯认为，交易型领导鼓励下属员工以他们的自我利益进行交换，但是交换的过程以员工对领导者的顺从为前提，并没有在他们内心产生积极的意愿，因此，员工工作的内在动力有限，交易型领导无法使组织获得更大的进步。

　　转型领导理论把领导者和下属员工相互联系起来，拥有转型领导力的领导者通过自身的行为表率、对下属需求的关心来优化组织内的人际关系。同时通过制定组织共同愿景，在组织内营造变革的氛围，富有效率地完成组织成员个人目标的适应性变革。也就是说，转型领导者通过自己的模范表率行为，让下属员工对其产生信任、忠诚的感觉，从而改变自己个人原有的价值观和信念，转型认同领导者的经营理念，扬弃过去的"小我"，转型为认同组织的"大我"。使领导者与下属员工在彼此关怀、信任的环境下，全身心地投入到组织工作中。

　　转型领导必须具备四种特质：

　　理想化影响力：是指领导者能使下属员工产生信任、崇拜和跟随的影响力，包括领导者成为下属的行为模范，得到下属的认同、尊重和信

More

　　转型领导的一个延伸，就是魅力型领导。魅力型领导是指领导者利用其自身的魅力，鼓励追随者开展工作，并做出重大组织变革的一种领导理论，也就是领导者对下属员工的一种天然的吸引力、感染力和影响力。魅力型领导者对下属有某种情感号召力，可以明确地拥护某种达成的共识观念，能据此和下属沟通，激发他们的工作热情。

任等。这种领导者往往具有公认度较高的伦理道德标准和很强的个人魅力，深受下属的尊敬和信任。组织成员会认同和支持领导者提出的愿景规划，并为达成这个愿景规划而努力奋斗。

鼓舞性激励：领导者向下属表达对他们的期望和信任，激励他们团结一心，并成为团队中的一分子。在实践中，领导者一般运用团队精神和情感诉求来凝聚下属员工的力量以实现团队目标，从而使组织获得的工作绩效远高于员工为个人利益奋斗产生的绩效。

智力激发：是指领导者创造一种自由的空间，鼓励下属挑战自我，用创新的思维提出全新的观点和想法，包括向下属传达新观念，鼓励下属员工发表新见解，用新手段、新方法解决工作中出现的问题。通过智力激发，领导者也可以获得启发、增长新知，和组织员工彼此相互学习，一同进步。

个性化关怀：是指主动关怀每一位下属员工，重视他们的需要、能力和愿望，耐心细致地倾听他们提出的想法和要求，根据每一位下属的不同情况和需要有针对性地进行培养和指导。转型领导者就像是私人教练或顾问，帮助员工解决在工作过程中遇到的问题和困难。

转型领导的四种特质

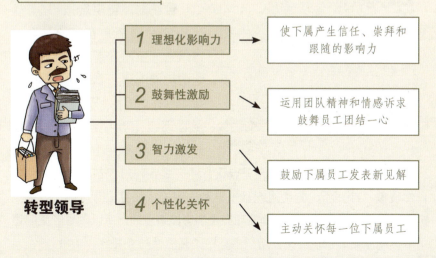

转型领导

1 理想化影响力 → 使下属产生信任、崇拜和跟随的影响力

2 鼓舞性激励 → 运用团队精神和情感诉求鼓舞员工团结一心

3 智力激发 → 鼓励下属员工发表新见解

4 个性化关怀 → 主动关怀每一位下属员工

冲突管理

同行业的竞争、同事之间的分歧，不可避免地在组织运行过程中出现。领导者既要辨别冲突是良性的还是恶性的，又要去化解已经出现的组织冲突，因此，对企业领导者来说，掌握一种科学的冲突管理方式，尤为重要。

❯冲突管理概述

冲突是指组织成员由于价值观、立场、利益、背景等的不同而产生不一致的差异。冲突管理就是指在一定的组织中领导者对已经出现的各种冲突的管理。组织内部成员充斥着不同的背景，对外又要与顾客、供应商和同行业竞争者保持密切的联系，因此，由于立场不同而引起的组织内外的对立冲突不可避免地就会发生。

对组织中存在的冲突有三种不同的观点：

传统的冲突观点：此观点认为任何冲突都是有害的，会给组织造成负面影响。冲突造成组织的机能失调，非理性、暴力和破坏事件的发生。因此，传统观点强调组织领导者应尽可能地避免和清除冲突。

Easy-going

在组织中的不同部门，往往会引发冲突。如生产部门与销售部门、生产部门与质检部门、财务部门与其他部门等。海尔集团总裁张瑞敏说，在企业中，如果两个人总是意见一致，那么其中一个人肯定是不必要的。

冲突的人际关系观点：此观点认为冲突是任何组织都不可能避免的自然现象，冲突不一定给组织带来不利的影响，而且很有可能成为提高组织工作效益的积极动力。既然冲突是不可能避免的，所以领导者就应该勇于接纳冲突，承认冲突在组织中存在的必然性与合理性。

冲突的互动作用观点：这种观点是新近产生的，互动作用观点认为冲突分为利害两个方面，强调领导者要鼓励有益的冲突，而不是去被动地接纳冲突，认为融洽、和谐、安宁、团结的组织容易往往对变革和革新的需要表现为静止、冷漠和迟钝的态度，一定水平的有益冲突会使组织保持旺盛的生命活力，并不断革新。

冲突管理的三种观点

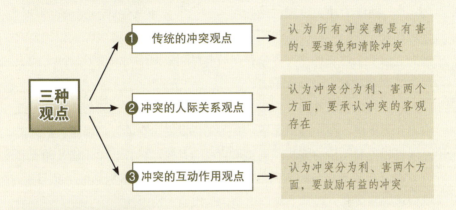

冲突管理的类型

按照不同的标准，可以将冲突管理分为以下三类：

1. 按照功能作用的不同，可以把冲突管理分为积极冲突管理和消极冲突管理

积极冲突管理又称良性冲突管理，是指对组织产生积极作用的冲突进行的管理，积极冲突不但不会妨碍组织的向前发展，反而会促进组织的快速健康成长。在组织内部，企业成员对其工作内容和方法的弊端提出了自己创新的想法，由于不同的人提出的观点不同，才暂时性地出现冲突，但是这种冲突是"对事不对人"，是一种良性的冲突。

消极冲突管理又称恶性冲突管理，是指对组织运作产生消极阻碍作用的冲突进行管理，消极冲突严重影响组织的工作绩效，不利于企业健康有序的发展。在组织内部，由于企业成员追求个人私利，故意和上级主管、同事或下属员工产生冲突，引起摩擦，只"对人"不"对事"。这种冲突必须彻底清除，不但会影响组织工作效益，甚至会导致组织的灭亡。

2. 根据冲突的隶属关系，可以把冲突管理分为与上级的冲突管理、与下级的冲突管理和与同级的冲突管理

顾名思义，与上级的冲突管理就是对与自己上司发生的冲突进行管理；与下级的冲突管理，就是指对与自己的下属员工发生的冲突进行管理；而与同级的冲突管理，是指对与自己的同事发生的冲突进行管理。管理冲突，在一定程度上我们可以把它理解为一个系统内部的结构要素冲突。由于上述三种冲突各自存在的前提和依据不同，所以，冲突的表现形式和解决方式也有所不同。

（1）与上级的冲突。由于上级处于领导地位，是管理的主体，因此自己作为下级，在一般情况下，有意见可以提，有要求可以说。但只能是通过说理和动情的方式，去实现自己的目的，只有这样才能使冲突和分歧朝着有利于自己的方向发展。如果自己与上级不能达成一致目的，就应该选择放弃，服从上级，这是由组织原则决定的。

（2）与下级的冲突。与下级的冲突还可以细分为工作性冲突和非工作性冲突。工作性冲突，主要是指上级对下属展开的批评、教育、矫正以及其他规范措施，这是领导职能在组织管理上的体现。作为上级，必须坚持原则，不可妥协，否则可能会为以后的管理工作埋下祸患；非工作性冲突则恰恰相反，对于与工作无关的冲突，作为上级在必要时刻应该有妥协、有退让，这样才能体现出领导的风格，彰显出领导的情操、水平和身份。

（3）与同级的冲突。同级管理者之间的冲突比较特殊，由于这类冲突的前提是同级，因而表现形式往往比较隐晦，组织领导者最好采取调和的解决方式，最佳结果是让冲突各方退让，必要的时候还需要领导直接解决，形成居高临下的裁判态势。

3. 按照冲突的构成要素，可以把冲突管理分为管理主体内部冲突的管理、管理客体内部冲突的管理和管理主体与管理客体交叉冲突的管理

管理主体内部冲突的管理，指的是对冲突管理者之间的内部冲突进行管理；管理客体内部冲突的管理，指的是对冲突的被管理者之间的内部冲突进行管理；管理主体与管理客体交叉冲突的管理，指的是对冲突的管理者与被管理者之间存在的冲突进行管理。

事物的性质和效能决定于事物的构成要素。管理主体和管理客体的状况如何，直接决定着管理的效能及效率。一般说来，高效能和高效率的管理，既来自于管理主体状况适应于客体状况，又来自于管理客体状况易于被主体教化。其中，管理主体和管理客体二者各自的内部冲突及其交叉冲突是否是在进行良性互动，起着很重要的作用。如果冲突属于良性互动，那么组织界限就会越来越清晰，组织目标就会越来越明确，管理就会发挥强势作用，从而取得理想的组织绩效；如果冲突属于内耗性互动，或者是恶性互动，那么组织界限就会越来越模糊，组织目标就会越来越丧失，管理就会难以发挥应有的强势作用，出现低效甚至

▶ 小故事

亚通网络公司

亚通网络公司是一家中日合资企业。公司内部存在着不少冲突，影响公司绩效的继续提高。因为是合资企业，尽管日方管理人员带来了许多先进的管理方法，但是日本式的冲突管理模式未必完全适合中国员工。例如，在日本，加班加点不仅司空见惯，而且没有报酬。亚通公司经常让中国员工长时间加班，引起了大家的不满，一些优秀员工还因此离开了亚通公司。

部门之间的协调也非常困难。销售部经常抱怨研发部开发的产品偏离顾客的需求，生产部的效率太低，使自己错过了销售时机；生产部则抱怨研发部开发的产品不符合生产标准，销售部门的订单无法达到成本要求。

负效，从而难以达到预期的组织目标。因此，领导者要倡导良性冲突互动，避免内耗性或恶性冲突互动，确保冲突的性质和质量，使其为巩固组织成果、实现组织目标服务。

冲突管理按不同标准的分类

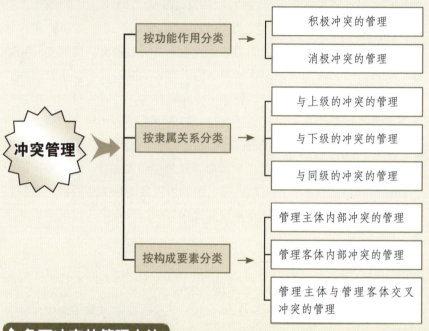

冲突管理

按功能作用分类 → 积极冲突的管理
消极冲突的管理

按隶属关系分类 → 与上级的冲突的管理
与下级的冲突的管理
与同级的冲突的管理

按构成要素分类 → 管理主体内部冲突的管理
管理客体内部冲突的管理
管理主体与管理客体交叉冲突的管理

❯负面冲突的管理方法

在组织运营过程中，冲突是不可能避免的，特别是负面的冲突一旦出现，领导者应该采用什么样的方法进行管理呢？这里简单介绍几种冲突管理的方法。

建立直接的交流：总的来说，冲突应该由直接有关的冲突双方亲自去解决，但是，在冲突发生的初期，双方直接沟通的可能性几乎为零，因此，恢复双方对话的首要条件，就是将对立的双方拉到同一张谈判桌上，面对面地解决。

监督双方对话：一般情况下，冲突的双方最初根本不可能真正地沟通，如果没有第三者的帮助，他们在原有观察问题立场的基础上，很可能在极短的时间内再度彼此误解，重新争吵。因此，在冲突管理的第一个阶段有必要由一个中立的第三方参与，密切监视冲突双方的双向行为。

袒露真实感情： 如果冲突双方不能坦白地说出自己内心的感受，如失望、受冤屈和伤害等，就没有希望解决冲突。冲突双方只有袒露自己的真实感情，才能减缓积蓄已久的怨恨，使冲突恢复到原本的根源上，满足双方具体的需求和各自的利益。

正视过去： 有时候，仅仅说出感觉是不够的，双方还必须让对方明白，引起自己失意、失望或愤怒的具体原因。通过做到这一点，冲突各方才能明白自己在冲突中所占的分量，不管是有意的还是无意的，都要学会去承认这个事实，这是让冲突一方不再将另一方视为冲突中的唯一"责任者"的基本前提。

避免出现"输方"： 做到以上几点，领导者还应协助冲突双方共同制定一个长远的解决办法，关键是不允许出现"输方"。双方最好跳出自己的阴影去协商解决办法，同时考虑对方的利益。只有严格地遵守制定好的共同规则才有助于克服新的危机，不至于重新陷入争吵的局面。随着时间的推移，冲突双方逐渐学会与对方打交道，相互之间的关系会慢慢正常起来，谁也不会再去想着以前的冲突。直到这时，冲突才算真正地消除了。

> **More**
>
> 据美国管理学会进行的一项对中层和高层管理人员的调查，管理者平均要花费 20% 的时间处理冲突，大多数的成功企业家认为，管理者的必备素质与技能中，冲突管理排在决策、领导、沟通技能之前。可见，冲突管理已成为现代企业管理中的一项不可忽视的重要内容，而在企业的各种类型的冲突中，高层管理团队的冲突尤为重要，因为它直接影响着企业的绩效。

第 **7** 篇

激 励

组织管理者，除制定目标规划、开展有效组织活动、加强企业领导外，还需要给予员工一定程度的激励。现代企业对员工激励的方式很多，具体都有哪些呢？在众多的方式当中，哪种方式效果最好呢？

本章教你：
▶ 什么是激励？
▶ 激励理论的需求观点。
▶ 激励理论的过程观点。
▶ 激励理论的增强观点。
▶ 工作特性的模式。
▶ 如何进行工作再设计？

激励概述

//

> 任何组织都是由人集合而成的，组织的一切运营活动，都是通过人来进行的，因此，激励组织成员工作的积极性就显得尤为重要。

❯ 激励的含义

什么是激励？美国管理学家贝雷尔森和斯坦尼尔给激励下了如下定义："一切内心要争取的条件、希望、愿望、动力都构成了对人的激励——它是人类活动的一种内心状态。"任何人的一切行动都是由某种动机引起的，动机是一种精神状态，它能对人的行动起激发、推动、加强的作用，这就是激励。

激励是指组织管理者通过设计可观的外部奖酬形式和良好的工作环境，以一定的制度规范和惩罚性措施，借助信息沟通，来激发、引导、保持和归化组织成员的工作行为，从而有效地实现组织共同目标和其成员的个人目标。激励的定义包含以下几方面的内容：

（1）激励的出发点是满足组织成员的各种需要，也就是组织领导者通过设计可观的外部奖酬形式和良好的工作环境，满足企业员工的外在性需要和内在性需要。

（2）合理的激励方式需要奖励和惩罚并举，既要对员工的出色表现给予一定的奖励，又要对没有如期完成任务的员工进行惩罚。

（3）激励贯穿于组织员工工作的全过程，因此，管理者需要十分耐心地对员工进行激励，包括对员工个人需要的了解、个性的把握，行为过程的控制、行为结果的评价等。

（4）信息沟通贯穿于激励工作的始末，管理者和员工的任何工作活动都依赖于一定的信息沟通。因此，在企业组织中，信息沟通是否通畅，直接影响着激励运用的效果和激励工作的成本。

（5）激励的最终目的是既达到组织制定的共同目标，又能实现组织成员的个人目标，即达到组织目标和员工个人目标在客观上的统一。

激励的含义

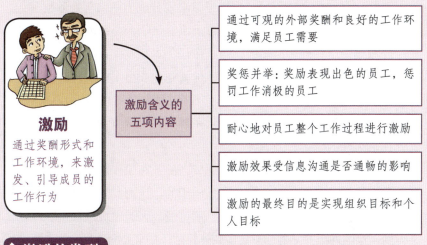

激励

通过奖酬形式和工作环境，来激发、引导成员的工作行为

激励含义的五项内容

通过可观的外部奖酬和良好的工作环境，满足员工需要

奖惩并举：奖励表现出色的员工，惩罚工作消极的员工

耐心地对员工整个工作过程进行激励

激励效果受信息沟通是否通畅的影响

激励的最终目的是实现组织目标和个人目标

激励的类型

按照不同的划分标准，可以把激励分成不同的类型：

1. 根据激励的内容不同，可以把激励划分成物质激励与精神激励

物质激励作用于人的生理方面，是对组织员工物质需要的满足，如奖金、福利等。

精神激励作用于人的心理方面，是对组织员工精神需要的满足，如口头表扬、授予称号等。

随着人们物质生活水平的不断提高，人们对精神与情感的需求越来越迫切。如渴望得到爱、尊重、认可、赞美、理解等。

2. 根据激励的结果不同，可以把激励划分成正激励与负激励

正激励就是当组织成员的行为符合组织的共同目标时，管理者可以通过奖赏的方式来激励这种行为，达到持续和发扬这种行为的目的。

负激励就是当组织成员的行为不符合组织的共同目标时，管理者可以通过惩罚的方式来抑制这种行为，达到减少或消除这种行为的目的。

虽然正激励与负激励是激励的两种不同类型，但它们的目的都是对组织成员的行为进行强化，不同之处在于二者的取向正好相反。正激励起正强化的作用，是对员工行为的肯定；负激励起负强化的作用，是对员工行为的否定。

3. 根据激励的形式不同，可以把激励划分成内激励与外激励

内激励是指由内酬引发的、来源于组织员工内心的激励。

外激励是指由外酬引发的、与工作任务本身没有直接关系的激励。

内酬是指工作任务本身的刺激，也就是企业员工在工作进行过程中所获得的满足感，这种满足感与工作任务是同步的。这种由追求成长、锻炼自己、获得认可、自我实现、乐在其中等内酬引发的内激励，能产生一种持久性的作用。

外酬是指企业员工在工作任务完成之后或在工作场所之外所获得的满足感，这种满足感与工作任务不是同步的。比如，一项又脏又累、谁都不愿意干的工作有一个员工做了，那可能是因为完成这项任务，他将会得到一定的外酬——奖金及其他额外补贴，一旦外酬消失，这位员工的积极性也就不存在了。因此，由外酬引发的外激励难以发挥持久的作用。

激励的类型

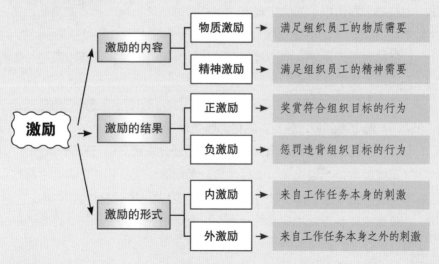

需求观点的激励理论①：双因素理论

美国著名行为科学家弗雷德里克·赫茨伯格，在马斯洛的"需求层次理论"的基础上延伸、发展出了"双因素理论"："保健因素"和"激励因素"。

❯双因素理论概述

双因素理论，又叫"激励保健理论"或"双因素激励理论"，是美国行为科学家弗雷德里克·赫茨伯格提出来的，双因素激励理论是他最主要的成就。

20世纪50年代末期，赫茨伯格和他的助手们在美国匹兹堡地区对200名工程师、会计师进行了调查访问。访问主要围绕两个问题："在工作中，哪些事项是让他们感到满意的"，并估计这种积极情绪持续多长时间；"又有哪些事项是让他们感到不满意的"，并估计这种消极情绪持续多长时间。

赫茨伯格以对这些问题的回答为分析依据，着手去研究哪些事情使人们在工作中快乐和满足，哪些事情造成不愉快和不满足。最后他发现，使员工感到满意的都是关于工作本身或工作内容方面的，称为"激励因素"；使员工感到不满的，都是关于工作环境或工作关系方面的，称为"保健因素"。

❯两种激励因素

赫茨伯格在马斯洛"需求层次理论"的基础上，通过对200多位会计师和工程师的工作满意感与生产率的关系进行考察，经过进一步研究提出了"双因子理论"：一个是"保健因素"；另一个是"激励因素"。

1. 保健因素

保健因素指的是组织员工较低层次的基本要求，与马斯洛"需求层次理论"中生理、安全和社会的层次相当，包括公司的政策管理、技术监督、资金薪酬、工作条件以及人际关系等。如果企业管理者没有满足组织员工的保健因素，就会导致员工对工作产生不满足感，员工生产效率极其低下；如果管理者满足了组织员工对保健因素的需求，可以消除员工对工作各方面的不满足感，但是并不意味着员工对工作各方面都有了满足感。此时，企业绩效平平，不能大幅度提升。

2. 激励因素

激励因素指的是组织员工较高层次的需求，与马斯洛"需求层次理论"中尊重和自我实现的层次相当，包括工作任务本身、员工对工作的认可度、在工作过程中产生的成就感和责任心等。如果企业管理者没有满足组织员工的激励因素，员工不会感觉到对工作不满意，但并不意味着他们对工作感到满意；如果管理者满足了组织员工对激励因素的需求，员工就会对工作产生满足感，充满了热情，在工作中不断获得自我满足，获得成就。此时，管理者应该分配给员工具有挑战性、有一定困

小故事

鞋带松了

有一位表演大师上场前，他的弟子告诉他鞋带松了。大师点头致谢，蹲下来仔细系好。等到弟子转身后，又蹲下来将鞋带解松。有个旁观者看到了这一切，不解地问："大师，您为什么又要将鞋带解松呢？"大师回答道："因为我饰演的是一位劳累的旅者，长途跋涉让他的鞋带松开，可以通过这个细节表现他的劳累憔悴。""那你为什么不直接告诉你的弟子呢？""他能细心地发现我的鞋带松了，并且热心地告诉我，我一定要保护他这种热情的积极性，及时地给他鼓励，至于为什么要将鞋带解开，将来会有更多的机会教他表演，可以下一次再说啊。"

难的工作，并对他们在工作过程中的出色表现公开表扬。

也就是说，组织管理者可以提供给员工保健因素，消除他们的不满足感；同时提供给员工激励因素，增强他们的满意度，从而大幅度增加企业绩效。

马斯洛需求层次理论与双因素理论的对应关系图

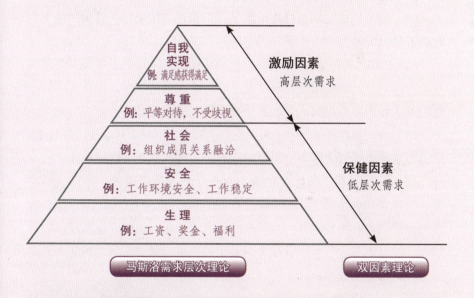

❯ 双因素理论的优缺点

1. 优点

双因素激励理论促使企业管理人员强调工作各方面因素的重要性，特别是与工作多样化和工作满足的关系，因此是有积极意义的。该理论启示我们：管理者满足员工各种需要所引起的激励深度和效果是不一样的。保健因素的满足是必要的，没有它会导致不满，但是员工的保健因素获得满足，其作用往往是很有限的、不能持久的。要调动员工的工作积极性，管理者不但要满足员工的物质利益和工作条件等外部因素，更重要的是要强调对组织员工进行精神鼓励，给予表扬和认可，给予他们成长、发展和晋升的空间。随着基本生活问题的解决，这种内在激励就表现得越来越重要了。

2. 缺点

（1）赫茨伯格选择的样本只有203人，数量明显过少，而且对象仅仅是工程师和会计师，他们在工资、安全、工作环境等各方面都比较好，所以很难代表一般企业员工的情况。

（2）赫茨伯格在调查过程中犯了一项错误，他把好的结果归结于企业员工自己的努力，而把不好的结果归罪于外在的条件。

（3）"双因素理论"认为企业员工的满意度和他们工作效率的提高有必然的联系，而实际上就算是员工获得很大的满足感，但这并不等于他们的工作效率会提高，二者之间并不存在必然的联系。

（4）赫茨伯格将保健因素与激励因素截然分开缺乏科学性，实际上，保健因素与激励因素都不是绝对的，而是相互联系并可以相互转化的。

（5）众所周知，现代企业是由四种经济主体组成的，股东、经营者、管理者和普通员工，这四种经济主体都有自己的目标，并且都有各自的保健因素和激励因素，从管理层级理论分析，始终存在着股东对经营者、经营者对管理者、管理者对员工的约束与激励，而这些并不是双因素理论都能涵盖的。

❯各层级管理者所侧重的能力双因素理论的应用

根据赫茨伯格的理论，在调动员工积极性方面，管理者可以分别采用以下两种基本做法。

1. 直接满足

直接满足，又称为工作任务以内的满足。它是组织员工通过工作所获得的满足，这种满足是通过工作本身和工作过程中人与人的关系得到的。直接满足能使员工学习到新的知识和技能，对工作产生兴趣和热情，使员工具有满足感、责任心和成就感，因此可以使员工受到内在激励，产生极大的工作积极性。这种激励的方法虽然有时所需的时间较长，但是员工的积极性一旦被激励起来，不仅可以提高生产效率，而且能够持久。

2. 间接满足

间接满足，又称为工作任务以外的满足。这种满足不是从工作本身获得的，而是在工作以后获得的。如工资、奖金、物质报酬和福利等，都属于间接满足。间接满足在调动员工积极性上往往有一定的局限性，常常会使员工感到与工作本身的关系不大而引发满不在乎的思想。这种满足虽然能够显著地提高员工工作效率，但不容易持久，有时处理不好还会发生负面作用。

双因素理论可以用来指导组织员工的奖金发放。但应注意，在使用这种激励因素时，一定要与企业的效益和部门或个人的工作成绩联系起来。否则，一味地"平均分配"，奖金就会逐渐变成保健因素，再多也起不了激励作用。

双因素理论的应用

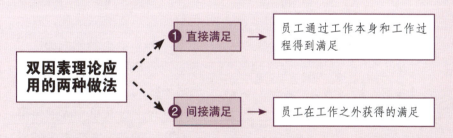

> **More**
>
> 弗雷德里克·赫茨伯格（Frederick Herzberg, 1923— ），美国心理学家、管理理论家、行为科学家，双因素理论的创始人。曾获得纽约市立学院的学士学位和匹兹堡大学的博士学位，曾在美国和其他30多个国家从事管理教育和管理咨询工作，是犹他大学的特级管理教授。

需求观点的激励理论②：三种需要理论

不同于赫茨伯格的"双因素理论"，麦克利兰认为，组织成员在职场上的积极表现，主要是受到三个因素的制约："成就需要""权力需要"和"亲和需要"，即"三种需要理论"。

❯ 三种需要理论概述

"三种需要理论"是由美国著名心理学家、哈佛大学教授戴维·麦克利兰，通过对人的需求和动机进行研究，于1961年提出的。

Easy-going

成就需要、权力需要与亲和需要的强弱造就了独一无二的个体。比如，单亲家庭的孩子由于从小缺少完整的关爱，亲和需要比较强烈；而富裕家庭的孩子从小习惯了呼风唤雨，权力需要比较强烈。

麦克利兰经过20多年的研究认为，人类的许多需要都不是生理性的，而是社会性的。也就是说，人类对成就、权力和亲和的需求不是先天的，而是后天形成的，来源于不同的生活环境、工作经历和培养教育等，不可能仅从单个人的角度归纳出共同的、与生俱来的三种需要。时代不同、社会不同、文化背景不同，人类的三种需求当然就不同，所谓"自我实现"的标准也不同。

❯ 三种需要理论的内容

精神分析学派和行为主义学派的心理学家对动机进行了一系列研究。比如，以弗洛伊德为代表的精神分析学派，用"释梦""自由联想"等方法研究动机。精神分析学派认为，人类的行为归于性和本能的动机，但是他们的研究方法和技术很难得出具有代表性的结论，而且可重复性差，无法得出动机的强度。行为主义学派用实验的方法研究动机，使得动机的强度可以测量，但是他们用动机实验研究动机，动机范围的定义过于狭窄，主要集中于饥、渴、疼痛等基本生存的需要上，不能有效地区分人的动机与动物的动机。

麦克利兰认为这些人对动机的研究都带有一定的局限性，他强调研究人类的高层次需要与社会性的动机，主张采用系统的、客观的、有效的方法进行研究，提出了组织个体在工作情境中有以下三种重要需要。

1. 成就需要

成就需要是指组织成员想要获得成功、达成任务，希望做得最好的需要。麦克利兰认为，具有强烈的成就需要的人重视个人成就，致力于更出色的工作业绩，渴望将事情做得更为完美，提高工作效率，获得更大的成功。成就需要高的人喜欢具有挑战性的任务，也敢于承担工作责任，他们追求的是在争取成功的过程中克服困难、解决难题、努力奋斗的乐趣，他们并不看重成功所带来的物质奖励，而是强调成功之后个人所获得的成就感。高成就需要者事业心强，有很强的进取心，敢于冒一定的风险，比较现实，他们大多数是进取的现实主义者。

管理者要赋予高成就需要的成员具有一定难度性和挑战性的工作任务，这样才能激发员工的工作积极性，提高他们的工作效率；如果分配给这类人的工作过于简单，没有挑战性，即使出色地完成了工作，也无法满足他们的成就需要，因此难以达到激励员工的目的。

小故事

士为"赞赏"者死

韩国某大型公司的一个清洁工，本来是一个最被人忽视、最被人看不起的角色，但就是这样一个人，却在一天晚上公司保险箱被窃时，与小偷进行了殊死搏斗。事后，人们为他庆功并问他的动机时，答案却出人意料。他说：当公司的总经理从他身旁经过时，总会不时地赞美他"你扫的地真干净"。

2. 亲和需要

亲和需要又叫"归属需要"，是指建立友好亲密的人际关系、追求人际关系和谐的需要，也就是组织个体寻求被他人喜爱和接纳的一种需要。高亲和需要的人倾向于与他人进行交往，建立友好的关系，而且为他人着想，这种交往会给他带来愉快。高亲和需要者渴望友情、亲情和爱情，喜欢互助合作而不是残酷竞争的工作环境，渴望彼此之间的沟通与理解，他们对环境中的人际关系极为敏感。有的时候，亲和需要表现为个体因失去某些亲密关系而感到恐惧或对人际冲突的回避。亲和需要是保持组织交往和人际关系和谐的重要条件。

管理者在分派任务时，应该让亲和需要高的人从事具有服务性质的工作，充分发挥他们的内在潜力。

3. 权力需要

权力需要是指影响或控制他人且不受他人控制的需要，换句话说，就是组织个体想要别人顺从自己、听从自己指挥，而不是顺从别人、听别人指挥自己。不同的人对权力的需要程度也有所不同。权力需要较高的人希望对组织中其他成员拥有影响力和支配的权力，喜欢支配他人、影响他人，喜欢对别人"发号施令"，注重争取高层次的地位和影响力。权力需要强的人，喜欢具有竞争性或能体现较高地位的氛围或情境。他们也会去主动追求超常的成绩，但他们这样做的目的与高成就需要的人不同，他们不是为了满足个人的成就感，而是为了获得地位和权力与自

三种需要理论

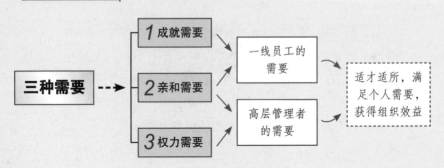

己既有的地位和权力相称。

因此，管理者在分派任务时，班长、主管、小组长等具有领导性的职务让权力需要高的成员担任，满足他们的需要，能对其工作效率起到激励效果。

▶ 成功管理者的需要

作为一名成功的管理者，并不一定要同时具备以上三种需要，因为管理者不同于从事一线工作的员工。研究认为，成功的管理者只要具备权力需要和亲和需要两种就足够了，

Easy-going

事实上最早系统地提出成就需要这一概念的是美国哈佛大学心理学家默瑞（《人格的探索》，1938年）。

高权力需要的管理者，会为了索求更高的地位和职务，具备更广泛的影响力，而激发其工作积极性，表现出更出色的工作业绩；高亲和需要的管理者，会建立一个互助、友爱的和谐工作环境，让员工在一种轻松的氛围中工作，彼此沟通、交流，加强合作，实现工作的高绩效。

但是成就需要，对于管理者来说，并不是非常重要。如果一名管理者有过高的成就管理需要，就会过于专注于工作绩效本身，而忽视工作过程中的执行问题和员工的感觉需求。因此，高成就需要的管理者并不一定是一位成功的管理者，反而会成为组织向前迈进的绊脚石。

More

戴维·麦克利兰（David C. MrClelland, 1917—1998），美国社会心理学家，当代研究动机的权威心理学家，以提出三种需要理论而著称。1987年，获得美国心理学会杰出科学贡献奖。麦克利兰那一度被认为过于激进的想法现今被企业界广为采用。

需求观点的激励理论③：ERG 理论

美国耶鲁大学教授克雷顿·奥尔德弗，在马斯洛提出的需要层次理论的基础上，进行了贴近现实的研究，提出了一种新的需要理论：ERG 理论。管理者需要依据员工的不同需要，给予最佳的激励方式。

❯ERG 理论概述

美国耶鲁大学的克雷顿·奥尔德弗在马斯洛提出的需要层次理论的基础上，进行了深入的研究后认为，人们共存在 3 种核心的需求，即生存（Existence）需求、相互关系（Relatedness）需求和成长（Growth）需求，即"ERG"理论。

生存需求，是指人类对基本生理和安全的需求，包括人们的吃、穿、住、行、用等方方面面，直接关系到人的存在或生存。

相互关系需求，是指人类在与他人交往时得到尊重的需求，这种需求通过人们在工作中或工作之外，与其他人的接触和交往而得到满足。

Easy-going

ERG 理论，将马斯洛"需求层次理论"中尊重需求层次细分为外部尊重和内部尊重两部分。

成长需求，是指个人自我发展和自我完善的需求，这种需求通过创造性地发挥个人的潜力和才能，完成挑战性的工作而得到满足。

❯ERG 理论与马斯洛"需求层次理论"的对应

ERG 理论是在"需求层次理论"的基础上发展而来的，是对马斯洛需求理论的延伸和发展，它们之间在一定程度上存在着对应关系。

生存需求（E）与人们基本的物质生存需要息息相关，此需求与马斯洛"需求层次理论"中的生理和安全需要相对应。第二种需要是相互关系需求（R），是指人们对于保持重要的人际关系的要求。这种对社会地位和身份需要的满足，只有在与其他需要相互作用中才能达成，这种需求与马斯洛"需求层次理论"中的社会需要和自尊需要分类中的外部尊重相对应。奥尔德弗把成长需求（G）独立出来，指的是个人谋求发展的内在愿望，此种需求与马斯洛"需求层次理论"中的自尊需要分类中的内部尊重和自我实现层次相对应。

ERG理论与需求层次理论的对应关系

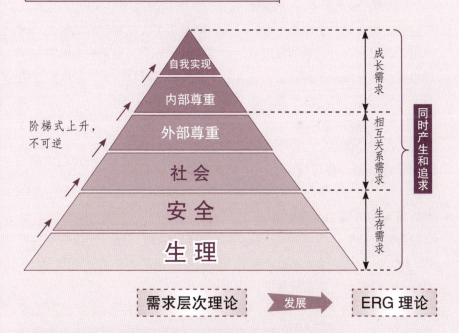

> ### ERG 理论与马斯洛"需求层次理论"的区别

（1）马斯洛的需求层次理论是一种刚性的阶梯式上升结构，也就是说，这种理论认为较高层次的需要必须建立在较低层次的需要得到充分满足的基础上，两者具有不可逆性。而相反的是，"ERG"理论不认为

小故事

一日厂长

韩国精密机械株式会社实行了这一独特的管理制度，即让职工轮流当厂长管理厂务。一日厂长和真正的厂长一样，拥有处理公务的权力。当一日厂长对工人有批评意见时，要详细记录在工作日记上，并让各部门的员工收阅。各部门、各车间的主管，得依据批评意见随时核正自己的工作。这个工厂实行"一日厂长制"后，大部分干过"厂长"的职工对自己的本职工作有了更强的责任感，工厂的向心力增强。执行该制度的第一年就节约生产成本300多万美元。

人们对各类需要的层次是刚性的结构，而是认为人在同一时间可能同时产生并追求生存、关系和发展这三种需求，比如说，如果一个人的生存和相互关系需要尚未得到完全满足，那么他仍然可以为了满足成长发展的需要而工作，而且这3种需要可以同时起作用。

（2）"ERG"理论提出了一种叫作"受挫—回归"的思想。马斯洛需求层次理论认为，当一个人的某一层次需要尚未得到满足时，他可能就会停滞在这一需要层次上，直到获得满足为止。与之相反，"ERG"理论认为，如果较高层次需要的满足受到抑制的话，那么人们对较低层次的需要的渴望会变得更加强烈，也就是说，当一个人在某一更高层级的需要受挫时，作为替代，他会退而回归到去追求某一较低层次的需要。例如，如果一个人的社会交往需要得不到满足时，作为替代，他可能会去满足得到更多金钱或更好的工作条件的需求。

与马斯洛需求层次理论相类似的是，"ERG"理论认为较低层次的需要得到满足之后，会引发出对更高层次需要的欲望。不同于需求层次理论的是，"ERG"理论认为这三种需要可以同时作为激励因素而发生作用，并且当满足较高层次需要的欲望受挫时，会导致人们向较低层次需要的回归。因此，管理者应该随着人的需要结构的变化而做出相应的改变措施，并依据每个成员不同的需要制定出相应的管理策略。

❯ERG 理论的优缺点

1. 优点

（1）ERG 理论并不强调需要层次的先后顺序，而是认为这三种需要可以同时对行为起作用，而当这种较低层级的需要得到满足后，可能去追求更高层次的需要，也可能没有这种上升的追求。

（2）ERG 理论认为，当较高级需要受到挫折时，人们会退而回归，去追求某一较低层次的需要。

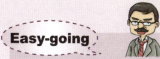

Easy-going

由于各种社会原因和个人原因，大部分的人难以达到自我价值的实现，也就是难以完全实现"成长需要"，因而转而寻求满足"相互关系和谐的需要"。全民娱乐即为此关系的具体体现。

（3）ERG 理论认为，当某种需要在得到基本满足后，其强烈程度不仅不会减弱，还可能会增强，这就与马斯洛的观点不一致了。

2. 缺陷

奥尔德弗的 ERG 理论虽然在需要的分类上比马斯洛的理论更完善，但他对需要的解释也并未超出马斯洛需求理论的范围。如果认为马斯洛的需求层次理论是带有普遍意义的一般规律，那么，ERG 理论则就可以被认为是偏重于带有特殊性的个体差异，这突出地表现在 ERG 理论对不同需要之间联系的限制较少。

More

克雷顿·奥尔德弗，美国耶鲁大学行为学教授，世界著名心理学家，ERG 需要理论的创始人。1969 年，克雷顿·奥尔德弗在《人类需求新理论的经验测试》一文中修正了马斯洛"需求层次理论"的观点，首次提出了 ERG 理论。

过程观点的激励理论①：期望理论

需求观点的激励理论，以人们的动机作为出发点，认为人们从事某一件事是为了特定的需求，而期望理论则是注意人们开展行动的过程思考，即员工如何选择满足需求的行为，对工作充满期望，才能达成目标。

❯ 期望理论概述

期望理论，又被人们称为"效价—手段—期望理论"，是由北美著名心理学家和行为科学家维克托·弗鲁姆于1964年在《工作与激励》一书中提出来的激励理论。

弗鲁姆认为，管理者要想激励员工，就必须让员工明确以下三点：

（1）工作能提供给他们真正需要的东西；

（2）他们欲求的东西是和绩效联系在一起的；

（3）只要努力工作就能提高他们的绩效。

人们会主观判断某种行动所期望的结果的价值，所以，每个人对结果的期望各有偏好，而且任何对行为激励的解释，不但要考虑人们所要完成的目标，也要考虑人们为得到偏好的结果所采取的行动。弗鲁姆说，当一个人在结果难以预料的多个可行性方案中进行筛选时，他的行为不仅受其对期望效果的偏好的影响，也受他认为这些结果可能实现的程度的影响。在这样的前提下，期望理论就为他们的选择提供了科学依据。

❯ 期望理论的内容

期望理论的内容主要包含两个方面：一个是期望公式；另一个是期望模式。

1. 期望公式

弗鲁姆认为，人总是渴望满足一定的需要并设法达到一定的目标。这个目标在尚未实现前，表现为一种期望，同时目标反过来又给个人的动机一种激发的力量，而这种激发力量的大小，取决于目标价值（效价）和期望概率（期望值）的乘积。用公式表示就是：

$$M = V \times E$$

即激励力＝期望值 × 效价。

式中，M（Motivation）表示激发力量，是指调动一个人的积极性，激发个人内部潜力的强度。

V（Valence）表示目标价值（效价），是指达到目标对于满足个人需要的价值。同一个目标，由于个人所处的环境不同、需求不同，他们需要的目标价值也就不同。同一个目标对每一个人而言，可能有三种效价：

Easy-going

为了便于广大群众的理解，有的学者将这个期望公式转型为：
工作动力＝工作信心 × 工作态度

正、零或负。效价越高，激励力量就越大，如金钱、地位、汽车等；如果个人不喜欢、不愿意获取，目标效价就低，对人的行为的激励力量就小。举个比较简单的例子：幼儿对糖果的目标效价就大于对金钱的目标效价。

E（Expectancy）表示期望概率（期望值），是指个人根据过去的经验来判断自己达到一定目标的可能性是大还是小，即能够达到目标的概率的大小。目标价值的大小直接反映人的需要动机的强弱，期望概率则反映个人实现需要动机的信心大小。如果个体相信通过自己的努力肯定会取得优秀成绩，那么期望值就高。

这个公式告诉我们，如果一个人把特定目标的价值看得很大，那么实现目标的概率也就很高，这个目标激发动机的力量就越强烈。

经过一段时间的发展后，期望公式被表示成为：动机＝效价 × 期望值×工具性。其中，工具性是指能帮助个人实现目标的非个人因素，如社会环境、任务工具等。例如，战争环境下，即使效价和期望值再高，也无法正常提高人的动机性；外资企业良好的办公环境、设备资源、规章制度等，都是吸引人才的重要因素。

2. 期望模式

为了让激发力量达到最佳效果，弗鲁姆提出了期望模式理论：

个人努力→个人成绩（绩效）→组织奖励（报酬）→个人需要。

Easy-going

组织管理者通过合理运用期望理论，可以让员工产生这样的思维定势："努力工作可以达到高效益""高效益可以换来高报酬""高报酬创造了员工个人的高价值"。使员工对达成任务充满期望，从而自主地做出有利于目标达成的行为。

在期望模式中，"个人努力"指始发行为的强度；"个人成绩（绩效）"指个人达到预期的成绩或外界标准的成绩，它作为一级目标，是个体获取组织奖励（报酬）的工具；"组织奖励"包括内在奖励（如委以重任、提供发展机会等）和外在奖励（如提薪、晋升等）两种，它作为二级目标，是个体满足个人需要的工具；"个人需要"指个体还没有得到满足的优势需要，它是外在目标发挥激励作用的内在基础。从期望模式我们可以看出，运用目标进行激励时，个体先后经历了两个层次的效价和期望的评估。我们把期望Ⅰ定义成个体根据目标难度与自我力量的比较分析，判断行为成功的概率，如果这个概率恰当，个体就有信心和动力去实现一级目标。把期望Ⅱ定义成个体根据以往经验与情境条件分析，判断个人成绩获得组织奖励的概率，如果这个概率恰当，个体就会进一步评估组织奖励对满足个人自我需要的价值。由于人与人之间存在着个性差异，因此，即使是同一个目标对于不同的人，也会产生不同的期望和效价。

针对期望模式中的四个因素，需要兼顾以下几个方面的关系。

1. 个人努力和个人绩效的关系

这两者的关系取决于个体对目标的期望值，期望值又取决于目标是否合适个人的特点、态度、信仰等内部因素，也取决于个人的社会地位、别人对他的期望等社会因素。也就是说，这两者的关系是由目标本身和个人的主客观条件决定的。

2.个人绩效与组织奖励的关系

人们总是期望在达到预期绩效后，能够得到合理的奖励，如奖金、晋升、提级、表扬等。组织的目标，如果没有相应的物质或精神奖励的强化，时间一长，组织成员的积极性就会慢慢减弱，最后直至消失。

3.组织奖励和个人需要的关系

用什么样的方式奖励，要根据每个人的不同需要，进行考虑效价。管理者要采取多种奖励方式，满足员工多方面的需要，这样才能最大限度地挖掘组织成员的潜力，最有效地提高他们的工作效率。

小故事

跳 槽

A 对 B 说：我要离开这家公司。我恨这家公司！

B 建议道：我举双手赞成你报复！破公司一定要给它点颜色看看。不过你现在离开，还不是最好的时机。

A 问：？？？

B 说：如果你现在走，公司的损失并不大。你应该趁着在公司的机会，拼命去为自己拉一些客户，成为公司独当一面的人物，然后带着这些客户突然离开公司，公司才会受到重大损失，非常被动。

A 觉得 B 说得非常在理，于是努力工作，事遂所愿，半年多的努力工作后，他有了许多的忠实客户。

再见面时 B 问 A：现在是时机了，要跳槽赶快行动哦！

A 淡然笑道：老总跟我长谈过，准备升我做总经理助理，我暂时没有离开的打算了。

其实这也正是 B 的初衷。

4. 个人需要的满足与新的行为需求的关系

当一个人的需要得到满足之后，他会产生新的行为需要，追求新的期望目标。渴望得到满足的心理会促使个人产生新的行为动力，并对达成新的期望目标产生更高的积极性。

▌期望模式循环图

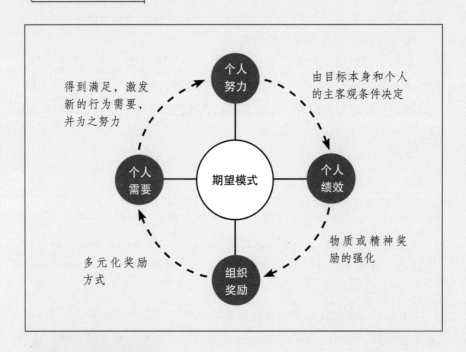

❯ 期望理论的应用

学以致用，管理者应用期望理论处理企业事务时，要注意以下三点。

（1）管理者必须同时提高期望值和效价，仅重视激励是片面的，还应注意提高员工的素质，包括提升他们的业务能力和思想素质。增加他们对自身的期望概率，提高他们的激励水平，才能共同创造更高的绩效。

（2）管理者应该加强对个人绩效与组织报酬关联性的认识，将个人绩效与组织报酬紧密地结合起来。个人绩效与组织报酬联系得越紧密，实现的目标就越能够满足受激励者的需要程度，目标对受激励者的吸引力就会相对加强，激励的水平自然会相对提高。

（3）管理者应该将物质奖励与精神奖励结合起来。期望理论认为，目标的吸引力与个人的需要有关，每个人价值观的差异会产生需要的差异。因此，管理者应该全面了解自己的管理对象，在可能的情况下，要尽量有针对性地采取多元化的奖励方式，使组织的报酬在一定程度上与工作人员的需求相符合。

期望理论的应用

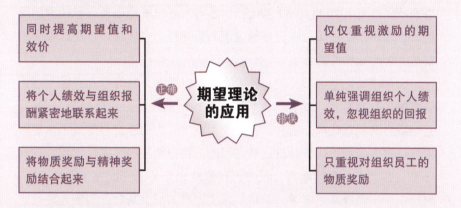

同时提高期望值和效价		仅仅重视激励的期望值
将个人绩效与组织报酬紧密地联系起来	正确　期望理论的应用　错误	单纯强调组织个人绩效，忽视组织的回报
将物质奖励与精神奖励结合起来		只重视对组织员工的物质奖励

More

　　维克托·弗鲁姆，著名心理学家和行为科学家，期望理论的奠基人。曾任美国管理学会（AOM）主席，美国工业与组织心理学会（STOP）会长。维克托·弗鲁姆教授于1998年获美国工业与组织心理学会卓越科学贡献奖，2004年获美国管理学会卓越科学贡献奖，是国际管理学界最具影响力的科学家之一。

过程观点的激励理论②：公平理论

与员工想要在工作中获得相应报酬的期望理论不同，亚当斯提出的公平理论认为，就算给予员工很高的报酬，但是体现不出分配公平的原则，同样不能提高员工的工作效率。

❯公平理论概述

公平理论又称"社会比较理论"，它是美国行为科学专家约翰·斯塔西·亚当斯于 20 世纪 60 年代在一系列的著作中提出来的一种激励理论。该理论侧重于研究工资报酬分配的公平性、合理性，以及这种分配对员工生产积极性的影响。

公平理论的基本要点是：员工的工作积极性不但与个人实际所得工资报酬的数量有关，而且与人们对工资报酬的分配是否感到公平有关，甚至后者的关联性高于前者。在某个组织中，人们总会自觉或不自觉地将自己付出的劳动代价及自己所得到的工资报酬与他人进行比较，并对公平与否做出主观判断。公平感直接影响企业员工的行为与工作动机。因此，从一定意义上来讲，动机的激发过程实质上是自己与他人进行比较，做出公平与否的主观判断，并依据此判断指导行为的过程。

❯公平理论的内容

亚当斯认为，组织员工的积极性取决于他所感受的在分配问题上的公正程度（即公平感），而职工的公平感取决于横向的社会比较和纵向的历史比较。

所谓社会比较，是指组织员工对自己所获得的工资报酬与自己工作的投入的比值同他人的报酬和投入的比值进行比较。

所谓历史比较，是指组织员工对自己所获得的工资报酬与自己工作的投入的比值与自己在历史上某一时期内的这个比值进行比较。

员工的工资报酬一般包括物质上的工资、福利、待遇和精神上的受重视程度、受尊重、表彰奖励等，而投入一般包括自己受教育的程度、工作经验、从事工作投入的时间精力和其他消耗等。

公平理论可以用公平关系式来表示，设员工本人为 A 和被比较的对象为 B：

首先进行横向的社会比较，也就是个人把自己所作投入的努力与所获得报偿的比值，与他人所作投入的努力与所获报酬的比值进行比较。如果 A 感觉到公平时，则下面的等式成立：

$$op/ip = oc/ic$$

自己所作投入的努力与所获得报偿的比值等于他人所作投入的努力与所获报酬的比值。

式中，op——自己对所获报酬的
感觉；

oc——自己对他人所获报
酬的感觉；

ip——自己对本人所作投
入的感觉；

ic——自己对他人所作投
入的感觉。

Easy-going

这里的"/"表示的是除号，而不是"或"的意思，即 op/oc 和 ip/ic 都是一个比值概念。

如果 A 感觉到不公平时，则下面的两个不等式成立：

（1）$op/ip < oc/ic$，即自己本人所作投入的努力与所获得报偿的比值小于他人所作投入的努力与所获报酬的比值。

在这种情况下，员工可能要求增加自己的收入或减小自己今后的投入程度，以便使不等式左方变大，趋于相等；或者，员工还有可能要求组织减少他人的收入，或者让他人今后增大投入程度以便使不等式右方减小，趋于相等。此外，员工还可以另寻他人作为比较对象，以便达到心理上的平衡。

（2）$op/ip > oc/ic$，即自己所作投入的努力与所获得报偿的比值大于他人所作投入的努力与所获报酬的比值。

在这种情况下，员工可能感觉到，自己所作的投入和他人一样，但所获报酬比他人多，或者自己所获报酬和他人一样，但是所作的投入比他人少，久而久之，就会重新估计自己的工作技术和工作情况，就会错误地认为自己确实应该得到那么高的待遇，生产效率便会回到过去的水平。

再来进行纵向的历史比较，也就是个人把自己当前所作投入的努力与当前所获得报酬的比值，同自己过去所作投入的努力与过去所获报酬的比值进行比较。如果 A 感觉到公平时，则下面的等式成立：

$$op/ip = oh/ih$$

即自己当前所作投入的努力与当前所获得报酬的比值等于自己过去所作投入的努力与过去所获报酬的比值。

式中，op——自己对当前所获报酬的感觉；

oh——自己对过去所获报酬的感觉；

ip——自己对本人当前投入的感觉；

ih——自己对本人过去投入的感觉。

如果 A 感觉到不公平时，则下面的两个不等式成立：

（1）$op/ip < oh/ih$，即自己当前所作投入的努力与当前所获得报酬的比值小于自己过去所作投入的努力与过去所获报酬的比值。

在这种情况下，员工就会感觉自己的待遇不如过去，会产生不公平的感觉，从而导致工作消极，生产效率下降。

（2）$op/ip > oh/ih$，即自己当前所作投入的努力与当前所获得报酬的比值大于自己过去所作投入的努力与过去所获报酬的比值。

在这种情况下，表面上看，当前的自己与过去相比，业务更为熟练、工资报酬增加，很公平，其实这涉及一个上升比率的问题，比如说员工工作 10 年，报酬增加了 10%，但是社会消费水平增加了 20%，本人的业务投入增加了 15%，即使工资报酬增加了，这还是很不公平。

　　组织中的每个人都会自觉或不自觉地进行社会比较，同时也会自觉或不自觉地进行历史比较。当员工对自己的报酬作社会比较或历史比较的结果显示收支比值相等时，就会感到获得了公平待遇，因而心理平衡、工作积极。如果感觉收支比值不相等，就会认为自己受到了不公平的待遇，产生怨恨心理，影响工作的积极性。如果感觉自己的收支比值过低时，不公平感就会越强烈，企业员工就会产生挫折感、仇恨心理，更严重的还会产生破坏心理。少数时候，企业员工也会因认为自己的收支比值过高，从而产生不安的感觉或者感激心理。

公平理论的内容

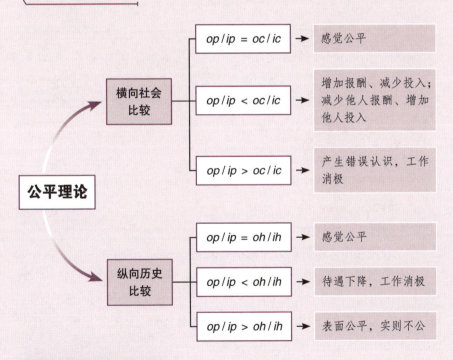

▶影响公平性的因素

　　公平理论虽然讲求企业员工的公平性，但是公平本身却是一个相当复杂的问题。

小故事

　　有个农场主的葡萄熟透了，他找了一群人，说："如果你们能在这个月帮我把葡萄全部摘完，我给你们每人一个金币。"这群人来到葡萄园摘葡萄。

　　过了几天，农场主又找了一群人，对他们说了同样的话，这群人也来到葡萄园里摘葡萄。

　　又过了几天，他又找了一群人，对他们说了同样的话，这群人也来到葡萄园里摘葡萄。

　　月末葡萄摘完了。农场主把最后一批人叫过来，给了他们每人一个金币，于是这群人非常高兴地走了。他又把第二次招来的人叫过来，给了他们每人一个金币，这群人并没有表现得非常高兴，但没有说什么，也走了。当他把第一次招来的人叫过来，给了他们每人一个金币的时候，这些人不高兴了。他们说："为什么我们干的活比后来的这些人多，得到的钱却和他们一样多呢？"

1. 公平与个人的主观判断有关

　　上面提到的公式中，不管是自己的还是他人的投入和报酬，都是凭借个人的主观判断，而在一般情况下，人总是对自己的投入估计过高，对他人的投入估计过低。

2. 公平与个人所持的公平标准有关

　　上面的公式采取的公平标准是贡献率，除此之外，还有需要率、平均率等。例如，对于助学金的分配问题，不同的人会有不同的公平标准，有人认为助学金改为奖学金才合理，也有人认为平均分配才公平，还有人认为按经济困难程度分配才适当。

3. 公平与绩效的评定有关

　　现在的企业一般主张按工作绩效付报酬，并且员工与员工之间应相对均衡。但是企业应如何评定工作绩效？是按生产工作的数量和质量，还是按工作中付出的努力程度和劳动量？是按工作的困难、复杂程度，还是按工作能力、学历？不同的评定办法，会得到不同的结果。大部分的企业认为，最好是按员工工作的数量和质量来进行评定，用客观、明确、便于考核的标准来衡量，但是在实际工作中企业往往难以做到，有时不得不采用其他的评定方法。

4. 公平与评定者本人有关

绩效由谁来评定，是领导者？还是全体员工？还是进行自我评定？不同的评定人会得出不同的评定结果。在组织中，绩效往往是由很多人进行评定的，因此会出现回避矛盾、松紧不一、抱有成见、姑息迁就等问题。

> ### ❯公平理论的应用

（1）企业管理者需要注意的是，影响激励效果的不仅有报酬的绝对值，还有报酬的相对值。

（2）企业管理者在激励员工时应力求公平，使等式在客观上尽量成立，即使有主观判断的误差，也不至于让组织员工产生严重的不公平感。

（3）在激励过程中，企业管理者要注意对员工公平心理的引导，教会他们树立正确的公平观。一是让组织员工认识到，绝对的公平是不存在的；二是告诫员工不要盲目攀比；三是管理者一定要按照"多劳多得、质优多得、责重多得"的原则，对员工的报酬进行分配，同时坚持精神激励与物质激励相结合的办法。

More

约翰·斯塔西·亚当斯，美国管理心理学家、行为科学家，公平理论的创始人。美国北卡罗莱纳大学著名的行为学教授，他通过社会比较来探讨个人所做的贡献与所得奖酬之间的平衡关系，着重研究工资报酬分配的合理性、公正性及其对员工士气的影响。主要著作有《工资不公平对工作质量的影响》《社会交换中的不公平》等。

过程观点的激励理论③：目标设定理论

为目标而努力是人的天性。因此，企业管理者为员工设立具有挑战性的目标，能够有效地激发员工的工作积极性，提高企业生产效率。

＞目标设定理论概述

美国马里兰大学管理学兼心理学教授洛克在研究中发现，外来的刺激都是通过目标来影响动机的。目标能引导员工的行为指向与目标有关的活动，使他们根据难度的大小来调整努力的程度，并影响行为的持久性。

在一系列科学研究的基础上，洛克于1967年最先提出了"目标设定理论"，他认为目标本身就具有激励的作用，目标能够把人们的需要转化为动机，使他们的行为朝着特定的方向努力，并将自己的行为成果与既定的目标进行对照，找出存在的差距，及时进行改善和调整，从而能实现目标。这种把个人需要转化为行为动机，再由行为动机支配具体行动以达成目标的过程就是目标激励。目标激励的效果受目标本身的性质和周围变量的影响。

目标设定理论认为，目标是一个人试图完成行动任务的目的，目标是引起企业员工行为的最直接的动机。企业管理者设置科学合理的目标会使下属员工产生想达到该目标的成就需要，因而对他们具有强烈的激励作用。重视并尽可能设置科学合理的目标是激发动机的重要过程。

＞目标的属性

组织管理者要想设立科学合理的目标，就先要对目标属性有一个全面深入的了解。目标有两个最基本的属性：明确度和难度。

从目标的明确度来看，目标内容可以是模糊不清的，如企业管理者仅仅告诉下属员工"请你做这件事"，但是具体怎么做、要做到什么程度，并不明确；目标也可以是明确的，如管理者告诉员工"请你在一个月内完成整个项目的25%"。明确度高的目标可使员工非常清楚地知道具体要怎么执行，付出多大的投入才能达到目标。目标设定得明确，也便于管理者考核员工的工作绩效。显而易见，模糊不清的目标不利于引导员工的工作行为及考核员工的工作绩效。因此，目标设定得越明确越好。

事实上，明确的目标本身就具有激励的作用，这是因为每个人都有希望了解自己行为的认知倾向，而对于行为目的和结果的了解能减少自己行为的盲目性，提高自我控制水平，避免无用功现象的出现。此外，目标的明确程度对员工工作绩效的变化也有影响。目标明确的工作绩效变化很小，而目标模糊的工作绩效变

Easy-going

难度系数指的是事情的难易程度，难度系数越大，事情越难完成；难度系数越小，事情越容易实现。比如，满分150分的试题，全部考生平均得分108分，平均失分42分，则难度系数为42/150=0.28。

化大，这是因为模糊目标的不确定性往往导致多种可能性结果的出现。

从难度来看，目标可以是容易的，比如老师让小明20分钟内做完10道算数题；也可以是中等的，比如老师让小明在20分钟内做完20道算数题；也可以是困难的，比如老师让小明在20分钟内做完30道算数题；甚至是不可能完成的，比如老师让小明在20分钟内做完100道算数题。

目标难度依赖于个人和目标之间的关系。同样的目标，对某些人来说可能是容易的，而对于另外一些人来说可能是困难的，这依赖于个人的能力和经验。一般来说，目标的绝对难度越大，人们就越难达到。经研究发现，绩效与目标的难度水平呈线性关系。

当然，这种线性关系是有前提的，前提条件就是完成任务的个人对目标要有足够的能力、高度的承诺，即目标难度在个人的能力范围之内。在这样的条件下，人们往往会根据不同的任务难度来调整自己的努力程度，工作越难，绩效越好。

目标属性

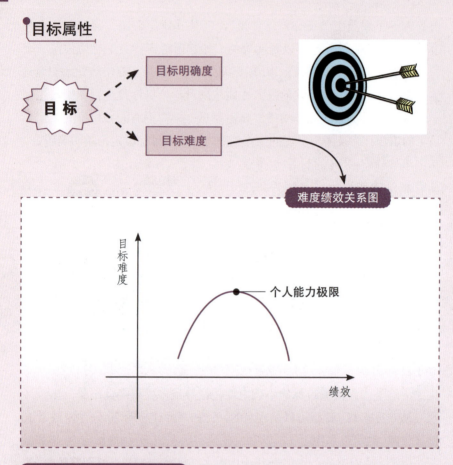

目标 → 目标明确度

目标 → 目标难度

难度绩效关系图

目标难度

个人能力极限

绩效

❯ 目标设定的影响因素

组织管理者设定的目标，受到很多因素的影响，这些因素主要包括对目标的承诺、反馈、自我效能感、任务策略、满意感。

1. 承诺

承诺是指个人对目标的重视程度和为达到目标而努力的程度。个人在最强烈地想解决一个问题的时候，最能对目标产生承诺，随后真正解决问题。

管理者合理指定的目标与成员参与设定的目标有着相同的激励作用。这两者都比只是简单地设定而不考虑其合理性的目标更有效果。如果组织成员认为目标能够达到，而达到目标又有很重要的意义，此时，就会加强对目标的承诺。

企业管理者需要注意的是，对于无法完成的目标给予员工报酬只能降低承诺，而对于中等难度的目标给予员工报酬最能提高承诺。

2. 反馈

反馈是目标设置与个体对目标成就的反应之间的一种动力过程。反馈与目标往往是结合在一起进行分析的。目标指出人们应该达到什么样的结果，同时也是个体考量自己绩效的标准。反馈则告诉人们这些目标达成的效果，让人们清楚地知道，在达成目标的过程中哪些地方做得好，哪些地方做得不好、有待于改进。

反馈是组织管理者常用的激励策略和手段。反馈有两种表达方式：信息方式和控制方式。

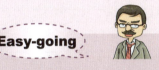

Easy-going

所谓合理，就是说目标既要有吸引力，也要有达成的可能性。

信息方式的反馈不强调外界环境的要求和限制，仅仅告诉工作执行者任务完成的效果，据此可以控制自己的行为活动。因此，信息方式的反馈能加强组织成员的内控感。

控制方式的反馈则强调外界环境的要求和期望，要求工作执行者必须达到特定的标准和程度。控制方式的反馈让组织成员产生外控感，即个人行为活动是由外人控制的。

3. 自我效能感

目标设定理论中研究得比较多的就是目标的激励效果与个体自我效能感的关系。自我效能感就是个人在处理特定问题时，依据自我能力，对目标达成效果的判断。这种自我能力包括经验、技能、关于任务的信息等。

企业管理者目标设定的难度直接影响着员工自我效能感的评估。如果设定的目标太难，员工很难达到目标，这时他的自我效能感评价就比较低。根据其重要性，可以把目标分为中心目标和边缘目标，中心目标

小故事

撒哈拉沙漠中有一个叫比赛尔的地方。过去，当地人从不离开这片贫瘠的土地，因为在广阔的沙漠中，方圆上千公里没有一点参照物，当地人只能凭感觉走，在不认识北斗星又没有指南针的条件下，他们要想走出沙漠根本就是不可能的。几次走出沙漠的尝试，其最终结果是又回到了原点——比赛尔。

就是很重要的目标，边缘目标就是不太重要的目标。管理者分派员工完成中心目标任务可以增强他们的自我效能感，因为员工会觉得他被安排从事重要工作，这是对个人能力的信任。被安排从事中心目标任务的员工自我效能感明显强于从事边缘目标任务的员工。

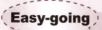

Easy-going

组织成员在完成困难目标时，往往表现出一种恐慌，使他很难掌握完成任务的最佳策略，而完成容易目标时，组织成员往往会更有耐心地发展和完善他的任务策略。

4. 任务策略

任务策略是指个体在处理复杂问题时使用的有效解决方法。当个体面临困难任务时，仅靠努力和持久性是不够的，需要寻找一种有效的任务策略。要想出色完成目标，得到更好的绩效，选择一个最佳的任务策略就显得至关重要。

5. 满意感

满意感是个体对其所从事工作各方面满足与否的情绪反映。当个体通过自己的努力终于达到设定的目标后，如果得到了所需要的报酬和奖赏，员工就会感到满意；如果没有得到预料中的报酬和奖赏，员工就会感到不满意。同时，满意感还受员工自己所获报酬与他人进行对比的公平理论的影响。通过横向的社会比较和纵向的历史比较，个体感到所得的报酬是公平的，就会感到满意；反之，就会感到不满意。

满意感也受到目标难度的影响。如果设定的目标越容易，个体就越容易取得成功，那么员工就会经常体验到成功的满意感。而当设定的目标越困难时，个体取得成功的可能性就会越小，员工就很少体验到满意感。

目标设定的影响因素

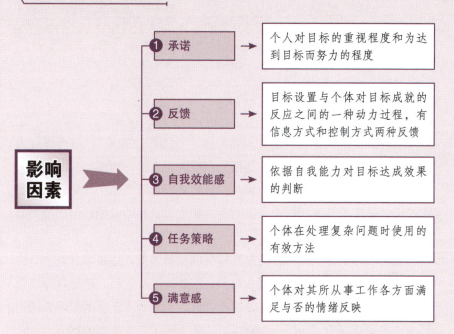

影响因素	
❶ 承诺	个人对目标的重视程度和为达到目标而努力的程度
❷ 反馈	目标设置与个体对目标成就的反应之间的一种动力过程，有信息方式和控制方式两种反馈
❸ 自我效能感	依据自我能力对目标达成效果的判断
❹ 任务策略	个体在处理复杂问题时使用的有效方法
❺ 满意感	个体对其所从事工作各方面满足与否的情绪反映

More

针对中国台湾的小学，有一个关于目标的跟踪调查，调查成果表明：

4%具有明确目标的人，若干年后，他们几乎都成为社会各界的成功人士；

9%具有较明确目标的人，数年后，他们生活在社会的中上层；

61%目标模糊的人，成人后生活在社会的中下层；

26%没有目标的人，他们几乎都属社会的最底层，经常失业。

强化理论的激励理论

无论是需求观点的激励理论，还是过程观点的激励理论，其研究重点都是注重个体认知，而斯金纳提出的强化理论，认为个体的行为主要是受外界环境强化因素的影响。

❯强化理论概述

强化理论，又称为"修正理论"或"行为矫正理论"，是美国行为学家斯金纳等人提出的。强化是指加强或削弱人的行为或反应的一种刺激，强化理论是研究行为的结果对动机影响的理论。强化理论主张对激励进行针对性的刺激，只看员工的行为和结果之间的关系，而不是突出激励的内容和过程。

强化理论认为，人的行为是其所获刺激的函数。如果这种刺激对他本人有利，则这种行为就会重复出现；若对他本人无利，这种行为就会减弱直至消逝。简单地说，就是管理者可以利用令人厌恶的刺激去纠正员工不正当的行为，而用令人愉快的刺激去强化员工正当的行为。

强化

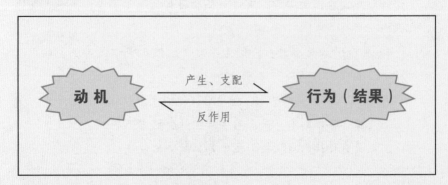

动机 ⸻产生、支配⟶ 行为（结果）
⟵反作用

斯金纳强化实验

斯金纳关于强化理论的实验，是在他设计的一种动物实验仪器，即著名的斯金纳箱（下图）中进行的。他在箱内放进一只白鼠或鸽子，并设一杠杆或键，箱子的构造尽可能排除一切外部刺激。动物在箱内可自由活动，当白鼠或鸽子压杠杆或啄键时，就会有一团食物掉进箱子里的盘中，动物就能吃到食物。

然后，斯金纳又利用阳性惩罚建立反射的实验。他在箱子里接入电流，当小鼠按压杠杆后伴随电刺激，使小鼠感到疼痛，几次尝试后小鼠就学会了不去按压杠杆。

斯金纳通过实验发现，动物的行为是随着一个起强化作用的刺激而发生的。他认为，强化刺激既不与反应同时发生，也不先于反应，而是随着反应发生。有机体必须先做出所希望的反应，然后得到"报酬"，即强化刺激，使这种反应得到强化。他还认为，人的一切行为几乎都是操作性强化的结果，人们有可能通过强化作用的影响去改变别人的反应。

斯金纳箱

斯金纳通过实验发现，动物的行为是随着一个起强化作用的刺激而发生的。

小故事

> 海尔把普通工人发明的一项技术革新成果，以这位工人的名字命名，如工人李启明发明的焊枪被命名为"启明焊枪"，杨晓玲发明的扳手被命名为"晓玲扳手"。这一措施大大激发了普通员工创新的激情，后来不断有新的命名工具出现，员工的荣誉感得到极大的满足。

强化理论的内容

强化理论认为，企业管理者可以通过奖赏与惩罚这样的刺激—反应来激励员工的行为。换句话说，这种刺激—反应模式就好像是人利用棍子与红萝卜来驱使驴子行走一样。强化理论主张，行为的后果才是影响行为的主因。人们采取了某种行为或反应之后，如果立即有令人愉快的结果出现，则此结果就变成控制行为的强化物，即某种行为的产生是受某种结果的影响，故管理者适当的奖赏可能左右他人的行为。

企业管理者可以运用强化理论，通过某种强化物对组织员工产生外界刺激，使他们展现出特定的行为反应，增加积极的工作行为，降低消极的工作行为。如果对员工的行为结果实行奖励，那么员工就会更加努力地工作；如果实行惩罚，员工就会减弱努力的程度；如果管理者对员工的行为结果保持中性的态度，既不奖励，又不惩罚，那么员工就不再会努力工作了。

管理者可以通过以下四种方式进行强化：

正强化：给予令员工感到愉快的刺激，来增加员工积极的行为。比如，每当员工有好的工作表现时，就给予精神上的赞许或物质上的奖励，员工会用更为出色的表现来换取下一次的称赞或奖励。

负强化：消除令员工感到不喜欢的刺激，来增加员工积极的行为，或给予令员工感到愉快的事物，来降低员工消极的行为。比如，员工会提高工作效率，以避免主管的责难，或不再加班、拖延工作，来换取主管的赞美。

惩罚：给予令员工感到不愉快的刺激，来减少员工消极的行为。比如，员工的表现不佳时，管理者就给予其责备或处分，此时员工会降低这种消极的行为，来避免下一次换来责备或处分。

削弱：消除令员工感到愉快的刺激，来减少员工主观认为积极但实质上并不积极的行为。比如，员工在会议中讨论一些无关会议主题的事情，他主观认为企业经理会对他的这种行为产生强烈的反应，但是结果经理并不理睬他这种行为，该员工就会因此而降低这种自讨没趣的行为。

强化模式理论应用

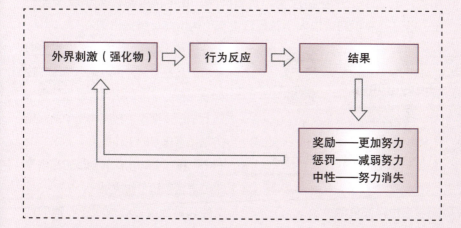

More

伯尔赫斯·弗雷德里克·斯金纳（1904—1990年），是新行为主义学习理论的创始人。他于1931年获得哈佛大学的心理学博士学位，并于1943年回到哈佛大学任教，直到1975年退休。1968年曾获得美国全国科学奖章，是第二个获得这一奖章的心理学家。

工作特征模型

> 工作本身就对企业员工具有激励作用，如果企业员工感觉工作意义重大，而且工作成果可以得到丰厚的报酬时，员工会自己在心理上激励自己，全身心地投入工作，表现出工作特征模型的特点。

工作特征模型概述

工作特征模型（Job Characteristics Model，JCM），也称职务特征模型、五因子工作特征理论，是 20 世纪 70 年代由哈佛大学教授理查德·哈克曼和伊利诺依大学教授格雷格·奥尔德汉姆提出的。

Easy-going

工作可以让员工产生三种心理状态：感受到工作的意义、感受到工作的责任和了解到工作的结果。

工作特征模型是工作丰富化的核心。该模型认为可以把一个工作按照它与核心维度的相似性或差异性来进行描述，继而，按照模型中的实施方法丰富化了的工作就具有高水平的核心维度，并可由此而创造出高水平的心理状态和工作成果。

工作特征模型理论认为，如果员工能体验到关键心理状态，他们就能得到积极的个人感受和工作结果，而关键心理状态是由核心工作特征引起的。员工内在工作动机是个人为了在工作中表现得更好，自己对自己的激励。在工作中表现良好的情况下，员工个人会产生积极的心理状态。

换句话说，就是企业管理者提供给员工的工资、奖励、福利、晋升、尊重、重视等激励因子，是不是能够满足下属员工工作需求和成长需求，如果需求能得到满足，员工的积极性就高，工作绩效自然就高；相反，员工工作积极性差，工作效率低。

❯工作特征模型的五个维度

工作特征模型针对工作本身是否能满足组织员工的工作需求和成长需求，将工作细分为五个核心维度：技能的多样性（Skill Variety）、任务的一致性（Task Identity）、任务的重要性（Task Significance）、自主性（Autonomy）、反馈性（Feedback）。

技能的多样性（Skill Variety）：指完成某一特定工作涉及的范围，包括完成这项工作所需技能和能力的多寡。比如，某一家企业的同级基层管理者 A 和 B，A 只负责管理其下属员工，而 B 除了负责管理其下属员工外，还负责产品的销售和供应商的进货，具备与顾客和供应商的协调能力。显然，管理者 B 从事的工作，技能多样性高于 A 从事的工作。当员工从事的工作，需求的技能性越高，员工就越有机会在工作中学习发展，进而获得更大的晋升空间，从而在工作中获得工作需求和成长需求，实现自我满足。

任务的一致性（Task Iden-tity）：指在多大程度上工作需要作为一个整体来完成。举一个简单的例子，我们平时吃的鸡蛋面，大体上需要三个制作流程：煮面条→制作鸡蛋卤→煮好的面条和鸡蛋卤组合在一起。某一家餐馆的厨师 A 和厨师 B，如果 A 只负责其中的一个流程，比如说煮面条，其余流程由其他的厨师完成，而B 负责整个鸡蛋面的制作流程，我们就可以说，厨师 B 从事任务的一致性就高于厨师 A。

Easy-going

工作需求是员工对自己工作工资、奖励等方面的需求。

成长满意度是员工在工作中是否有机会发挥自己的专业能力，获得晋升发展的需求。

当员工从事的工作的任务一致性高时，执行者就会涉及工作流程的每一个工作细节，对整个工作会形成一个全面的了解，如果工作中出现错误，能够轻而易举地找出问题所在的核心根源，完善工作步骤，发挥自己独特的意义和价值。

任务的重要性（Task Significance）：指个体所从事的工作，在组织内部或组织外部，在多大程度上能影响其他人的工作或生活，即工作本身是否对组织产生重大的影响。如果员工从事的工作，对整个组织意义重大时，员工会感受到管理者对自己的重视和信任，抱着不想让领导失望、为企业争光的心理，激发自己的工作动机，全身心投入工作，增加工作绩效。

自主性（Autonomy）：指工作在多大程度上允许员工个人自由、独立，以及在具体工作中个人制订和执行计划时的自主范围，也就是企业赋予员工自主决策的极限。例如，员工可以自主制定工作目标、自主安排工作进度，部门经理可以自行制定工资制度等。

如果工作赋予员工的自主性越大，那么员工就越具有自主发挥的空间，就可以在自己的工作岗位上大显身手，充分表现自己的能力，工作积极性就越高。但同时，自主性越高，相应的，承担的工作责任就越大。

反馈性（Feedback）：指员工能及时、明确地得到其所从事工作的绩效及其效率的有关信息。也就是说，员工完成自己的工作任务之后，可以了解到自己工作的完成效果为组织创造了多大的效益、上级领导者评价如何、工作过程中值得赞赏和需要注意的都有哪些等。比如，销售人员 A，月底销售额在全公司排名第五，获得了上司的奖励，同时领导也指出了他在工作当中出现的失误。

反馈性高的工作，能够让员工对自己从事的工作状况和工作进度能够及时了解，明确自己在哪些方面有缺点和不足，加以弥补，改善自己的行为，为下一步的工作做好积极准备。

从上述五个核心维度，理查德·哈克曼和格雷格·奥尔德汉姆得出了一个预测性指标，即激励潜能分数（MPS）：

$$MPS = \frac{(V+I+S) \times A \times F}{3}$$

式中，V 代表技能的多样性，I 代表任务的一致性，S 代表任务的重要性，A 代表自主性，F 代表反馈性。

从公式中我们可以看出，激励潜能分数与这五种工作特征模型的五个维度有着密切的数学关系。通过对这个维度的计算，可以得出激励的预测性指标。

工作特征模型的五个维度

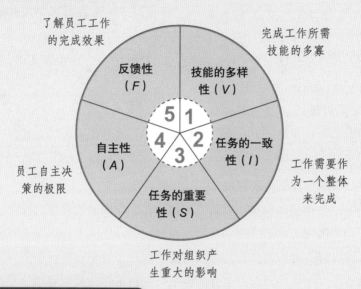

了解员工工作
的完成效果

完成工作所需
技能的多寡

反馈性
（F）

技能的多样
性（V）

5 1
4 2
3

自主性
（A）

任务的一致
性（I）

员工自主决
策的极限

工作需要作
为一个整体
来完成

任务的重要
性（S）

工作对组织产
生重大的影响

工作特征模型图分析

一个工作岗位可以让员工产生三种心理状态：感受到工作的意义、感受到工作的责任和了解到工作的结果。这些心理状态又影响到个人和工作的结果：内在工作动力、绩效水平、工作满足感、缺勤率和离职率等，从而给员工以内在的激励，使员工以自我奖励为基础的自我激励产生积极循环。工作特征模型强调的是员工与工作岗位之间在心理上的相互作用，并且强调最好的岗位设计应该给员工以内在的激励。

工作的三个关键心理状态：

（1）体验到工作有意义，就是员工认为自己所做的工作是有价值的、重要的和值得做的。

（2）体验到对工作结果的责任，就是员工感到他们对完成的工作应

小故事

动物园的骆驼

在动物园里的小骆驼问妈妈:"妈妈,为什么我们的睫毛那么的长?"骆驼妈妈说:"当风沙来的时候,长长的睫毛可以让我们在风暴中都能看得到方向。"小骆驼又问:"妈妈,为什么我们的背那么驼,丑死了!"骆驼妈妈说:"这个叫驼峰,可以帮我们储存大量的水和养分,让我们能在沙漠里耐受十几天的无水无食条件。"小骆驼又问:"妈妈,为什么我们的脚掌那么厚?"

骆驼妈妈说:"那可以让我们重重的身子不至于陷在软软的沙子里,便于长途跋涉啊。"小骆驼高兴坏了:"哗,原来我们这么有用啊!!可是妈妈,为什么我们还在动物园里,不去沙漠远足呢?"

该承担个人责任和义务的程度;

(3)工作结果的信息,就是了解他们在工作中的表现如何。

从模型图来看,员工要体验到工作有意义,他的工作必须具有技能的多样性、任务的一致性和任务的重要性这三个特征。要体验到对工作结果的责任,工作要具有自主性的特征。来自工作的反馈可以让员工更好地认识到工作的意义。

工作特征模型图为管理者进行员工工作设计、提供了具体明确的指导方案:

合并任务:管理者应当将现有的、过细分割的任务组合起来,形成一项新的、内容广泛的工作,这将使工作的技能多样性和任务一致性得到提高。

形成自然的工作单位:管理者应当将任务设计成一种完整、具有一致性、有重大意义的工作,这样可以使员工产生满足自我成长需要和工作需要的感觉。

建立起客户联系:顾客是员工生产出的产品或服务的消费者。如果可能的话,管理者应当建立起员工与客户之间的直接联系,这样可以提高员工的技能多样性、自主性和绩效反馈。

纵向扩展职务： 纵向扩展职务可以让员工产生责任感，并掌握以往保留在管理者手中的控制权，它将使一项职务的"作业"与"控制"两方面间的分离得以部分地结合，从而增强员工的自主性。

开通反馈渠道： 通过增加反馈，员工不仅能了解他们所从事的工作做得如何，还能知道他们的绩效如何。

工作特征模型图

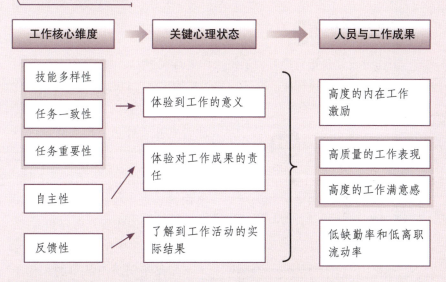

More

需要注意的是，不同的员工对工作特征五个维度的需求程度是有差异的。从X—Y理论的角度来说，Y理论中的员工成长需求较高，喜欢挑战性的工作，对工作特征五个维度的要求较高；X理论中的员工成长需求较低，缺乏上进心，对工作特征五个维度的要求低。因此，组织管理者在进行激励时，要充分考虑员工个人的差异。

工作再设计

> 随着员工的个人物质水平的提高和职业晋升的空间受限，薪金和职业的激励效用正在慢慢地降低，工作再设计成为员工激励的又一方式。

▶工作再设计概述

工作再设计是指管理者为了使工作更有吸引力、内容多样化、富有挑战性，必须重新设计或改变各项相关性的工作，以便增加员工的工作质量和生产效率。具体做法是：管理者重新设计员工所要完成的具体任务及方法，同时明确该项工作如何与其他工作相互联系起来。换句话说，工作设计就是重新设计员工工作的职责、内容和方式，它是改善员工工作质量的工具。

Easy-going

工作再设计一般情况下是对员工从事的工作岗位进行再设计。因此，在一定程度上，工作再设计又可以称为"岗位再设计"。

如果组织员工从事的工作千篇一律，"换汤不换药"，员工就会感觉缺乏学习和挑战的动力，难免或多或少地产生厌倦感，无意全身心地投入到工作当中，造成组织绩效的降低。管理者为了配合组织优化和业务流程再造的需要，按照一定的因素，在员工已有工作职责的基础上对其进行重新设计。因为对工作进行再设计，会牵涉广泛的组织人群，甚至还有可能改变组织的分工方式或部门职能，所以，管理者在进行工作再设计时，必须进行周密、谨慎的思考分析，在不改变企业共同目标的前提下，对员工的工作内容和方式进行再设计，激发他们的工作热情。

组织管理者在进行工作再设计时，还要考虑以下几个因素：对员工的开发与激励，工作时间，工作环境，技术、工艺、设备的要求，工作流程，组织结构和组织目标与功能。

工作再设计应考虑的因素

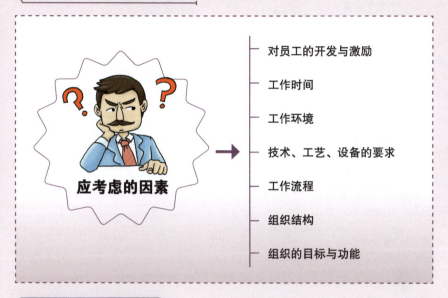

应考虑的因素

- 对员工的开发与激励
- 工作时间
- 工作环境
- 技术、工艺、设备的要求
- 工作流程
- 组织结构
- 组织的目标与功能

❯ 工作再设计的方法

工作再设计的目标是既要使工作更有效，同时又能给予员工更多的自我激励和工作满意感。工作再设计主要有以下三种方法。

1. 工作轮换

工作轮换也叫交叉培训法，是指在公司职能领域中，员工从一个岗位调动到另一个岗位。工作轮换的类型包括纵向轮换和横向轮换。

纵向轮换指的是升职或降职。横向轮换指在水平方向上的岗位调动。

狭义上的工作轮换指的就是横向轮换。横向轮换包括员工在企业内不同岗位之间、同一岗位不同类别之间、不同部门之间的平行调动。

企业进行工作轮换的优点包括以下几个方面：

（1）丰富工作内容，减少工作枯燥感，提高员工的生产积极性。

（2）提高员工对环境的适应能力。

包干负责制泛指对某一范围的工作负责到底，损益均由自己承担的办法。

（3）有助于员工认清本职工作与其他部门工作的关系，拓展员工的职业发展。

（4）提高管理工作的弹性。

（5）降低员工的离职率。

相应的，有优点就会有缺点。企业进行工作轮换，会提高员工的培训成本，而且也会相应地增加管理人员的工作量和工作难度。

2. 工作扩大化

工作扩大化是指在横向水平上增加工作任务的数目，改善原来狭窄的工作范围、频繁重复的情况，使工作多样化。工作扩大化的方式包括延长工作周期、增加工作岗位的内容和包干负责制。比如，原本只负责做鸡蛋面的厨师，现在也负责做面包，使原来单一的工作技能得以增加、丰富。

企业进行工作扩大化，能够有效降低员工培训费用，提高工作效率，可以提高员工的工作满意度和改善工作质量，同时克服专业化过强、工作多样性弱等方面的不足。但是只是增加工作种类，不利于激发员工的积极性和提高工作的挑战性。

小故事

瑞典的沃尔沃汽车公司制定了一套轮换制度，每位员工都学会这15个岗位上的操作技术而成为多面手，每天轮换一至数次，并自己负责检验自己干的活计和负责纠正缺陷。这时，他们不但体验到换岗能减轻劳累，而且培育出一种群体意识。后来，他们把全组工作的计划与检查都接收过来，使工作更加丰富化了，全组缺勤与离职率大幅度下降，工作质量也提高了。

3. 工作丰富化

工作丰富化是指在纵向水平上分配给员工更复杂、更系列化的工作，赋予员工权力自行制定、执行、评估规划，使员工有更大的自由权和控制权。它以丰富化为特点将各项任务有机结合，从而使员工从事完整的活动。比如，做鸡蛋面这项工作，原本只负责煮面这个步骤的厨师，现在负责整个工作流程。

工作的丰富化，增加了员工的自由度和独立性，增强了员工的责任感和满意度，而且员工能够做到及时提供反馈信息，评估自己的绩效，并在必要时做出相应的改善。这样，才能提高员工的激励水平、工作满意程度、生产效率和产品质量，同时降低员工离职、缺勤和流动带来的成本。但是，工作丰富化增加了员工的培训费用和员工的工资报酬，也会导致工作设施的扩充，增加投入成本。

工作再设计的方法

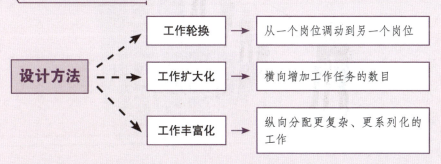

> **More**
>
> 在知识型企业中，考虑工作再设计的思路有：工作轮换——任务转化、工作扩大化——横向扩大工作范围、工作丰富化——增加员工工作的自主性与责任感、弹性工作时间、工作分担、压缩工作周期、在家办公以及所谓的柔性工作设计。

第 **8** 篇

控 制

- -

　　控制是我们学到的最后一项管理功能。规划设定了目标，组织内部人力与资源，领导员工执行任务，那控制是什么呢？作为企业管理者，要控制什么呢？怎么样去控制呢？

本章教你：

▶ 什么是控制？
▶ 控制的程序。
▶ 控制的类型都有哪些？
▶ 控制有哪几个情境因素？
▶ 有效控制系统的制定与特性。
▶ 怎样进行全面品质管理？

控制的概述

在组织运营过程中，不可避免地会出现一系列的问题，这就需要管理者进行有效的控制，保证组织正在执行的工作绩效与预先制定的既定目标相一致，确保组织工作按照计划运行。

❯控制的含义

管理学上讲的控制，和房间里的恒温系统很相近。恒温器记录着房子里的实际温度，将其与所规定的温度相比较，如果房间温度太低，恒温系统就会加热；如果房间太热，恒温系统就会散热。

管理学上的控制，就是指管理者随时检视组织各方面的工作，保证组织实际运行绩效与既定目标保持动态适应的管理职能。组织管理者通过对组织的运营状况定期进行检视，以确保组织实际状况与原先制定的计划目标相一致，如果组织运营偏离组织既定目标，就要对其进行必要的控制。

控制具有广义和狭义之分：

狭义的控制是指组织管理者按照计划标准衡量计划完成情况，针对

▎小故事

养牛之道

有一群人旅行到乡间，看到一位老农把喂牛的草料铲到一间小茅屋的屋檐上，不免感到奇怪，于是就问道：

"老公公，您为什么不把喂牛的草放在地上，让它吃？"

老农说："这种草草质不好，我要是放在地上牛就不屑一顾；但是我放到让牛勉强够得着的屋檐上，它会努力去吃，直到把全部草料吃个精光。"

出现的偏差采取纠正措施。广义的控制除了狭义控制的内容，还包括在必要时修改计划标准，以使计划更适合于实际情况。因此，在一般情况下，我们提到的控制，都是广义上的概念。

控制的含义

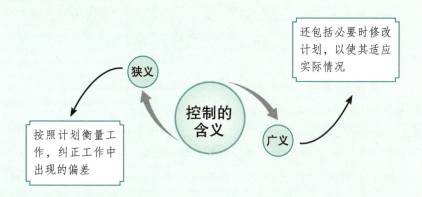

控制的内容与目标

如果企业在运营过程中，出现了实际绩效偏离计划目标的问题，企业管理者就有必要进行控制。

管理者需要控制的内容主要包括对人员的控制、对绩效的控制、对财务的控制、对作业的控制、对信息的控制等。

那么控制需要达到一个什么样的目标呢？在现代管理活动中，管理者控制的目标主要有两个：一是限制偏差的累积；二是适应环境的变化。

限制偏差的累积：一般来说，企业在实际的工作中出现偏差是不可避免的。但小的量变最终会导致大的质变；小的偏差失误经过长时间的积累会逐渐变大，最终发生质变，对组织目标的顺利实施造成威胁。因此，有效的控制应当能够及时地获取一个个小的偏差信息，及时采取有效措施解决处理，避免这些小的偏差失误积累扩大。

适应环境的变化：从企业制定出目标到目标实现前，往往需要相当一段长的时间。在这段时间中，组织的内部条件和外部环境可能会发生一些变化。管理者需要建立一套有效的控制系统，准确预测和把握组织内外环境的变化，并对由此带来的机会和威胁作出及时、正确的反应。

控制的过程

组织管理者在进行有效的控制时，主要是经过"确定控制目标，建立控制标准""衡量实际工作，获取偏差信息""分析偏差原因，采取矫正措施"三个步骤。

确定控制目标，建立控制标准：这是控制工作得以开展进行的前提和基础，是检查和衡量实际工作的依据和尺度。企业管理者在规划中确定组织应该达到的目标，并以此目标作为考核组织绩效的标准。比如，某家生产公司，确定目标，这个季度产品销售量增长 15%，制造成本下降 10%。并以此目标，作为考核各部门主管及其下属员工工作绩效的标准。

衡量实际工作，获取偏差信息：偏差信息是指组织实际工作状况与既定目标要求发生偏离的有关信息，信息是控制的前提和基础，了解和掌握偏差信息，是控制工作的重要环节。企业管理者随时衡量工作的实际执行结果，并与既定的组织目标相比较，从而及时掌握偏差信息，为以后采取控制措施打好基础。

分析偏差原因，采取矫正措施：分析偏差产生的原因，如果实际工作成果超过既定目标，则给予部门经理及其下属员工奖励；如果实际工作成果低于既定目标，管理者必须全面掌握偏差信息，分析出偏差出现的原因，如可能是目标设定得过高，也可能是员工能力不足、技术有限。然后根据分析出的原因，采取措施，加以矫正，如降低目标，或者是加强员工教育培训，提升他们的专业技能。

偏差得以矫正之后，就会进入到下一个循环的控制，以此来验证矫正之后的工作效益是否符合预期目标。

控制的循环过程

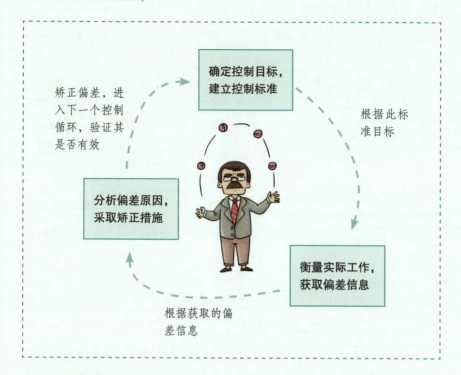

确定控制目标，
建立控制标准

矫正偏差，进
入下一个控制
循环，验证其
是否有效

根据此标
准目标

分析偏差原因，
采取矫正措施

衡量实际工作，
获取偏差信息

根据获取的偏
差信息

More

　　数百年来，瑞士银行由于严格的银行保密制度而闻名于世。瑞士银行一律实行密码制，为储户绝对保密。银行办理秘密存款业务的只限于 2~3 名高级职员，禁止其他工作人员插手过问。对于泄露存款机密的人的惩罚也非常严厉——监禁 6 个月和罚款 2 万瑞士法郎或更重的处罚。任何外国人和外国政府，甚至包括瑞士的国家元首和政府首脑以及法院等，都无权干涉、调查和处理任何个人在瑞士银行的存款，除非有证据证明该存款人有犯罪行为。

控制的类型

依据不同的标准，控制可划分为不同的类型。依据时间的先后，可以分为事前控制、事中控制和事后控制；依据企业机能，可以分为生产控制、营销控制、财务控制、资讯控制和人力资源控制；依据组织性质，可以分为市场控制、科层控制和文化控制。

❯ 对事件发生时间的控制

按照控制的时间不同，可以将控制划分为事前控制、事中控制和事后控制。

1. 事前控制

事前控制又称为前馈控制、预测控制、前瞻控制，是指管理者在企业生产经营活动开始之前进行的控制，是一种开环控制。

Easy-going

计划评审法，是指将系统分清主、次、缓、急，运用网络技术编制、协调和控制工程计划的一种科学管理方法。

事前控制采用的普遍方式，是利用所能得到的最新信息，认真、反复地预测组织在今后的运行过程中可能出现的问题和遇到的困难，把计划所要达到的目标同预测相比较，并采取措施修改计划，以使预测与计划目标相吻合，以免发生问题时手忙脚乱，从而错过解决问题的最佳时间。

例如，北京客运公司为了保证乘客的人身安全，在客运汽车出发之前，都要事先做好检查工作，保证每辆车在客运途中不出现抛锚现象；又例如，某公司不定时进行消防演习，预防以后可能突发的火灾，保证全体员工的生命财产安全。

目前运用的比较先进的事前控制技术之一是计划评审法，或称网络分析法。这种事前控制的方法，可以预先知道哪些流程的延时会影响到整个企业目标，什么时候会出现对特定资源的需求高峰等，从而采取有效的预防措施，制定行之有效的管理办法。

管理者事前控制的重点在于，事前要充分搜集有关的资料、信息，所获得的资料越明确，对以后发展的预测就越准确，这样才可以防患于未然，但是需要尽可能全面地收集有关资料，这增加了管理者的工作量和困难度，影响工作效率的提高。

2. 事中控制

事中控制又称为即时控制、现场控制、同步控制，是指在某项活动或者工作过程中，组织管理者在现场对正在进行的活动或工作给予必要的指导、监督，以保证活动或工作按照规定的程序和要求进行的管理活动。

现场控制活动的依据来自于企业制定的活动目标、政策、规范和制度，现场控制的是正在进行的计划实施过程，而且控制的有效性主要取决于管理者的个人素质，因此，管理者的言传身教发挥着很大的作用。进行事中控制时，一定要避免仅凭主观意志进行管理，因此必须加强自身的学习，亲临第一现场，进行认真仔细地观察和监督，以组织标准为依据，服从组织原则，遵从正式指挥系统的统一指挥，逐级实施控制。

比如，某一家食品公司的销售额最近不是很乐观，市场部经理深入市场，亲自调查，发现原因是由于该类产品的社会负面报道频发。市场部经理向消费者下发该食品的质量保证书和质量承诺书，保证如果食品有质量问题，给予双倍赔偿，以此来打消顾客的消费疑虑，赢得了消费者的信赖，销售额大幅度增长。

事中控制的重点在于阻止已经出现的问题继续扩大，将影响范围缩至最小，使企业损失降到最低。这就需要管理者随时监控企业运营状况，掌握大量详细的信息，才能做出更加科学、合理的决策，化解危机。

3. 事后控制

事后控制，又称反馈控制、回馈控制，是指在工作结束或行为发生之后进行的控制，注意力集中于工作或行为结果上，事后控制的目的是纠正今后的生产活动，是实际管理工作中最常用的控制类型。

因为事后控制的结果已经形成，所以事后控制的重点在于找出在工作过程当中出现错误的原因和工作结果不及预期的缘由，对以前的工作活动进行检讨，对以前的错误工作方法进行完善，避免类似的错误再次发生，从而保证今后企业工作的正常运营。

例如，某电脑公司在年终讨论大会上，对年终销售额不及预期目标进行检讨，分析出现此现象的原因，是因为公司生产的电脑质量较差，售后服务也存在着很多问题。公司决定，在下一年度的运营当中，将提升产品质量、提高售后服务作为工作的重点。

事后控制的优点在于在周期性重复活动中，可以避免下次发生类似的问题，消除偏差对后续活动过程的影响，而且也可以把改善之后的标准作为对员工进行奖惩的依据。缺点是即使提出了改善措施，但是问题已经发生，事后控制不能弥补既已发生的错误和损失。

对事件发生时间的控制

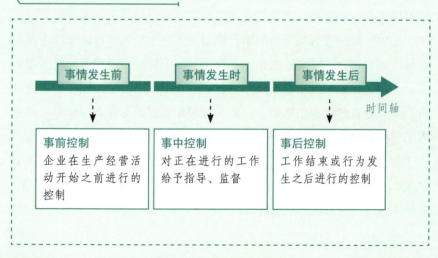

❯对企业机能的控制

企业具有五大机能，依据企业机能，可以将控制分为生产控制、营销控制、财务控制、资讯控制和人力资源控制。

1. 生产控制

生产控制贯穿于整个生产活动的始终。生产活动凭借控制的动能，监督、制约和调整生产各环节的活动，使生产活动按计划运行，并能不断适应环境的变化，从而达到生产预定的目标。生产活动的控制内容十分广泛，包括生产过程中各种生产要素、各个生产环节及各项专业管理，内容主要有：设备维修控制、生产进度控制、库存控制、质量控制、成本控制、数量控制等。

生产控制的重点在于控制原材料的供应、生产成本的控制和产品质量的控制，这三个控制重点是相互联系的。比如说，如果为了降低企业生产成本，而采用品质低劣的原材料，那么生产出的产品质量自然也会受到影响。管理者在进行生产控制时，务必要找出这三个方面的平衡点，不能为了一方面而忽视了另一个方面，片面地看待问题。

2. 营销控制

营销控制是指衡量和评估营销策略与计划的成果，以及采取纠正措施以确定营销目标的顺利完成。营销控制包括了产品定价、市场定位、促销活动、售后服务等。面对复杂而多变的市场环境，每个企业都面临着严峻的挑战，各种变化都可能会影响到企业已定的目标，甚至有可能需要重新修改或变动企业目标以符合新情况。高效的营销控制，能帮助营销管理者根据环境变化情况，及时对自己的目标和计划作出必要的修正。

营销控制的原则是满足消费者不断变化的市场需求，同时创造一个良好的企业形象。因此，进行企业营销控制的重点在于，深入市场调查顾客的消费需求，了解市场上同类产品的价格范围，从而确定本企业的产品定位和产品定价，通过一定的促销活动和优质的售后服务，在消费者心中树立一个良好的企业形象。

如某皮包公司，根据市场调查，将产品定位于上流社会人士，每个固定的节日都会举行促销活动，而且公司客服部保证，本公司所产皮包，如有质量问题，一个月内免费包退包换。此举为该公司在消费者心目中树立了良好的企业形象，销售额大幅度增长。

3. 财务控制

财务控制是指对企业的资金投入及收益过程和结果进行衡量与矫正，目的是确保企业目标以及为达到此目标所制订的财务计划得以实现，也就是说，财务控制是企业为了达到共同的目标进行的各项活动筹措、调动资金，以保证企业内部的资金周转和外部债务的偿还。因此，财务控制的重点在于，不仅要确保企业内部拥有足够的调动资金，还要灵活多变地运用财务杠杆，用最低的利率借贷资金。

4. 资讯控制

企业所处的内外环境，变幻莫测，如供应商的供货状况、顾客消费需求的变化、市场环境的变动、国家新法律政策的实施以及科技水平的进步，这些都是在随时变化的。管理者需要及时掌握这些不断变化的信息，根据这些信息，拟定长期目标，采取适合策略，当企业内外环境发生变动时，应对自如，以防止管理者措手不及，不知从何下手。

资讯控制的重点是保证获取信息的及时性与正确性。及时性，也就是管理者获取的信息是最新的，或者是超前的，这样才能保证信息的利用价值。正确性，就是说管理者获取的信息必须是真实可靠的，这样才能保证所做决策的正确性，虚假的信息，会给企业带来损失，甚至是灭亡。

5. 人力资源控制

世界上没有庸才，只有放错了位置的人才，适才适所，才是企业成败的关键。人力资源控制就是将具有特定专业能力的个人分配到适当的岗位，使其充分发挥个人才能。人力资源控制的内容包括选择新进员工，对员工进行教育培训，针对不同员工的不同专长分配任务职能，对在职员工优胜劣汰等。

人力资源管理的重点在于，依据企业的选才标准，挑选新员工；对员工进行教育培训，增长他们的专业技能；实行优胜劣汰，辞退不符合企业要求的员工，留住绩效高的员工；了解企业员工的需要感觉，及其获得的满足等。人力资源控制，可以有效地提高企业员工的工作效率，提高他们的工作积极性，从而增加企业效益。

比如，某电脑生产企业由于业务扩大，需招聘一些员工，对电脑有深入研究或是有工作经验者优先考虑，而对那些对电脑一无所知的人则不予考虑。

对企业机能的控制

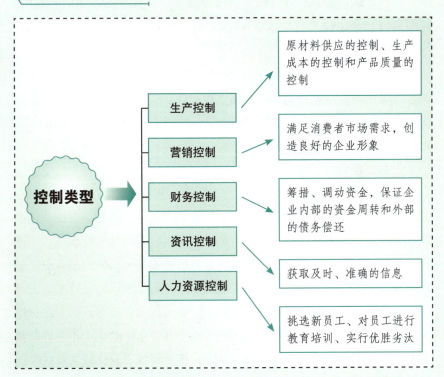

对不同性质组织的控制

不同的组织具有不同的性质，依据组织性质，可以把控制分为市场控制、科层控制和文化控制。

1. 市场控制

现在大部分的企业都是以营利为目的的，这些营利性质的企业，把实际获得利润的多少作为企业员工考核的标准。这种以在市场上展现的效益作为组织员工绩效的考核标准，就是市场控制。比如，绝大部分的销售企业，都以实际销售额作为其考核员工的标准，如果员工销售额高出预期，就表示这名员工在市场中获得了良好的效益，相应地，就会从企业得到更多的资金报酬；相反，就表示员工的市场效益差，获得的报酬也就少。

市场控制的管理方法，由于只注重结果，不关心过程，所以不适合非营利性质的组织，而且还会导致企业员工为了达到目的，不择手段，产生不良的社会影响。

当今社会，竞争激烈，很多大型跨国公司、跨国财团，考核分公司、分集团的标准就是它们的实际工作业绩，如果分公司、分集团的利润高，则表示经营效益好；如果利润低，就说明经营效益差，而很少去考虑这些分公司、分集团的经营过程。

2. 科层控制

科层指的是组织依职能和权力进行分工和分层，以严格的规章制度为管理主体的组织体系，换句话说，就是层级划分清楚、工作职能明确、规章制度严格的组织。科层控制，就是指以明确的工作职能、严格的规章制度和清晰的层级划分，来确保组织员工完成绩效标准。员工只有严格按照工作标准进行作业，才能得到应有的报酬。

一般采用科层控制的组织，主要是军队、行政单位等，因为这种性质的组织只强调组织成员按照既定的标准开展工作，基本上不允许凸显个人业绩和个人创意。比如，在军队中，按时训练、轮流值岗、以军法处理问题等。

由于科层管理层级清晰、职能明确，所以比较容易对组织成员的业绩进行考核，但是，需要制定一套详细具体的规章制度作为行事标准，所以就比较费时费力，管理成本比市场控制高，而且要求组织成员严格按照规章制度处理一切事务，可能会导致员工墨守成规、组织懒散。

3. 文化控制

文化控制，又叫氏族控制，是指通过无形的文化层面，如价值观、共同的信念、共同的爱好、相似的性格等，来约束、控制组织成员。文化控制一般用于学校社团、生活小区自发组成的跳舞小队等组织，这种组织里的成员，或因为相同的爱好，或因为相同的价值观，或为了某个共同的信念而集合到了一起，形成一个组织。

不同于以实际工作绩效为考核标准的市场控制，也不同于以严格的规章制度来约束成员的科层控制，文化控制是凭借每个成员共同的价值观、共同的信念形成的一种约束控制力量，而进行自我控制，是一种自觉行为。

管理者可以塑造一个共同的组织价值观，并获得大家的认同，每个组织成员就会根据共同的价值观自主进行自我控制约束，不需要投入大

小故事

曲突徙薪

有位客人到某人家里做客，看见主人家灶上的烟囱是直的，旁边又有很多木材。客人告诉主人说，烟囱要改曲，木材须移去，否则将来可能会有火灾，主人听了没有做任何表示。

不久主人家里果然失火，四周的邻居赶紧跑来救火，最后火被扑灭了，于是主人烹羊宰牛，宴请四邻，以酬谢他们救火的功劳，但并没有请当初建议他将木材移走、烟囱改曲的人。

有人对主人说："如果当初听了那位先生的话，今天也不用准备筵席了，而且没有火灾的损失，现在论功行赏，原先给你建议的人没有被感恩，而救火的人却是座上客，真是很奇怪的事呢！"主人顿时省悟，赶紧去邀请当初给予建议的那个客人来吃酒。

"预防重于治疗"，企业问题的预防者，其实是优于企业问题的解决者的。

量的管理成本，从而表现出企业所期待的行为，但是从管理者塑造共同价值观到获得大家的认同，需要很长的一段时间，无法达到立竿见影的效果。

对不同性质组织的控制

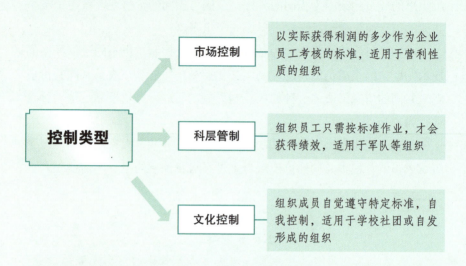

控制类型

市场控制 → 以实际获得利润的多少作为企业员工考核的标准，适用于营利性质的组织

科层管制 → 组织员工只需按标准作业，才会获得绩效，适用于军队等组织

文化控制 → 组织成员自觉遵守特定标准，自我控制，适用于学校社团或自发形成的组织

More

　　科层制又称理性官僚制或官僚制，是由德国社会学家马克斯·韦伯提出的。马克斯·韦伯（1864—1920 年），现代一位最具生命力和影响力的思想家，最初在柏林大学开始教职生涯，并陆续于维也纳大学、慕尼黑大学等大学任教。他对于当时德国的政界影响极大，曾前往凡尔赛会议代表德国进行谈判，并且参与了《魏玛共和国宪法》的起草设计。

　　韦伯是社会学创立以来最伟大的社会学家之一，公认的社会学三大"奠基人"之一。

控制的情境因素

企业管理者需要针对不同的情境因素选取不同的控制类型时，才能使控制发挥最佳的作用，一般而言，管理者认为控制的情境因素主要包括组织规模、组织文化、分权程度和任务重要性四个方面。

》四大情境因素

1. 组织规模

管理者选择采用哪种控制类型时，需要考虑组织规模的大小，并且要随着组织规模的不断扩大，适时地变更控制类型。对于刚刚成立的公司而言，组织规模一般都比较小，组织成员人数也比较少，大多数是创办者熟识的亲朋好友，所以，管理方式比较自由、充满人性化，非常具有弹性。

组织创办初期的成员，他们大多数具有相同的价值观和思想理论，能够积极地参与各项组织事务，自主完成各项组织目标，此时，管理者不需要制定一套严格的规章制度去规范组织员工的行为，也没有必要进行事前控制，管理者只需按照大家约定俗成的

情境因素 (Situational Factors)，是指组织在特定时间或地点，影响组织员工参与决策制定过程的那些暂时性因素。

原则，在问题出现的时候，及时做出反应，进行处理，改正工作标准，实行文化控制。

但是随着企业的不断发展、组织规模的不断扩大、组织成员人数的增加，管理者就有必要制定一套处世标准和规章制度，控制约束人们的行为，企业一切事务都按标准进行办理，此时，最好是采用弹性差价的

小故事

孔子的学生子贱有一次奉命担任某地方的官吏。当他到任以后，时常弹琴自娱，不管政事，可是他所管辖的地方却治理得井井有条、民兴业旺。这使那位卸任的官吏百思不得其解，因为他每天即使起早摸黑，从早忙到晚，也没有把地方治理好。于是他请教子贱："为什么你能治理得这么好？"子贱回答说："你只靠自己的力量去进行，所以十分辛苦；而我却是把我的权力下放给我的下属，借助他们的力量来完成任务。"

机械化科层控制方式。如果企业在问题发生之后再进行处理的话，由于需要调动的人力和资源较多，问题处理起来费时费力，所以，规模比较大的企业，最好采用事前控制和事后控制。

2. 组织文化

组织文化，又可称为企业文化，我们在第三章详细讲过。在组织中，管理者注重员工思想的创新、员工信息资讯的分享和共同价值观的培养，强调员工的自我实现能力。此时，管理者可以适当地授予员工一定的自主权力，让他们进行自我管理，充分发挥自己的专业技能，最好采用人性化的有机式控制，或者是富有弹性的文化控制。

相反，如果企业的组织文化比较保守、缺乏活力，此时，管理者最好制定一套详细严格的行为标准，使员工按照既定标准、程度进行生产作业，在这种情况下，最好采用机械化的科层控制为佳。

3. 分权程度

分权，是指现代企业组织为调动下属组织员工的主动性和积极性，而把生产管理决策权下放给下属组织，高层管理者只集中少数关系全局利益和重大问题的决策权。分权是相对于集权来说的，表明的是组织管理者对企业权力的集中掌握程度。如果企业员工属于 Y 理论型的，其价值观念与企业目标保持一致，管理者对下属员工非常信任，就会将一些权力下放到下属员工手中，让其参与组织决策。此时，就表明管理者分权程度高、集权程度低，管理者相信下属员工可以通过进行自主决策，解决问题和困难，做出符合企业利益的判断。对于这种情况，管理者宜采取有机式的文化控制为佳。

相反，如果企业员工属于 X 理论型的，企业管理者就会集大权于一身，制定一套完整的组织标准，要求成员凡事要严格按照企业的规章标准进行处理，一切事务需要向上级汇报，此时，就表明管理者分权程度低、集权程度高，最好采用机械式的科层控制，确保员工按规定完成企业目标。

4. 任务重要性

组织任务目标的重要与否，影响着管理者采取不同的控制方式。如果企业任务的重要性越大，这就表示，在任务进行过程中，稍有差错，就可能会给企业造成不可估量的损失，产生严重的负面影响，此时，最好采用制度明确、管理严格的科层控制方式，让员工严格按照任务的要求进行作业，以免发生偏差；而且，如果在企业任务进行过程中，出现问题后再进行解决，同样会给企业带来很大的损失，因此，还要采取事前控制的方式，以应对各种突发情况的发生。

如果企业任务的重要性比较小，这就表示，管理者没有必要制定一套严格的规章制度，进行科层控制；也没有必要进行沙盘推演的事前控制或问题出现进行即时处理的事中控制，采取事后再进行检讨的事后控制即可。

More

中央集权是国家权力集中由中央政府统一行使的制度，地方分权的对称。在这种制度下，地方政权在中央政权的严格控制下行使职权，由中央委派的官员或由地方选出的官员代表中央管理地方行政事务，地方居民没有自治权或地方虽设有自治机关，但自治机关受中央政权的严格控制。采用单一制的资本主义国家，多实行中央集权制度。

四种控制情境因素

四种控制情境因素	情境因素	所属环境	适用的控制方法	
	组织规模	人数少，规模小	事中控制 文化控制	组织管理要根据不同的控制情境，灵活选择最佳的控制方式，才能保证企业效益的不断提高。
		人数多，规模大	事前、事后控制 科层控制	
	组织文化	文化开放	文化控制	
		文化保守	科层控制	
	分权程度	Y理论型员工分权程度高，领导者下放决策权	文化控制	
		X理论型员工分权程序低，领导集大权于一身	科层控制	
	任务重要性	重要性高，稍有偏差，组织损失巨大	事前控制 科层管制	
		重要性低，出现偏差，组织损失比较小	事中控制 事后控制	

More

　　企业沙盘推演，源自西方军事上的战争沙盘模拟推演。战争沙盘模拟推演通过红、蓝两军在战场上的对抗与较量，发现双方战略战术上存在的问题，提高指挥员的作战能力。

　　英、美知名商学院和管理咨询机构很快意识到这种方法同样适合企业对中、高层经理的培养和锻炼，随即对军事沙盘模拟推演进行了广泛的借鉴与研究，最终开发出了企业沙盘实战模拟培训这一新型现代培训模式。

控制系统及其特性

控制系统是进行一系列控制程序或者步骤的动态过程，管理者要想有效地进行控制，就要保证控制的正确性、时效性、经济性、合理性、弹性、简单明了、例外管理、多重标准和回馈修正九大特性。

控制系统概述

美国当代学者罗伯特·西蒙斯在其著名的《控制》一书中，为管理控制系统下了这样的定义：

管理控制系统就是管理者为了保持或改变组织内部活动模式而采用的正式的、基于信息的例行程序和步骤。对此，他还进行了进一步的分析：

（1）管理控制系统重点关注的是正式的例行程序和步骤，虽然也涉及那些影响管理者行为的非正式方法。

Easy-going

"管理过程之父"法约尔先生说："控制就是核实所发生的每一件事是否符合所规定的计划、所发布的指示以及所确定的原则。"

（2）管理控制系统是基于信息的系统，管理者利用信息来实施战略和控制战略实施。

（3）管理控制系统是管理者所使用的控制系统，而不是那些用来协调和管理具体业务活动即作业的控制系统。

从控制论的角度，控制系统由控制部分（控制主体）、被控制部分（控制客体）以及控制活动（控制、反馈）三部分构成：

由系统构成可知，一个控制系统至少是由作用者（控制主体）与被作用者（控制客体）以及作用的传递者（控制活动）这三个因素构成。在一个控制系统内，不仅控制主体作用于控制客体，而且控制客体也反作用于控制主体。前一种作用是控制作用，后一种作用则是反馈作用。

控制的实质就是通过使用反馈原则而达到控制目的，控制的目的就是引导控制客体达到组织预期的目标，而控制的内容则是把控制客体引入完成这一控制目标的过程。

控制系统的构成

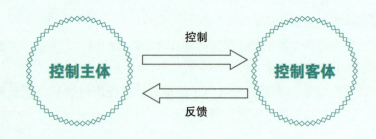

控制系统的特性

管理者在企业建立控制系统时，一定要保证建立的控制系统符合组织的具体情况，才能提高组织员工的积极性，实现组织最终目标。因此，管理者建立的企业控制系统必须具备以下九大特性。

正确性： 是指依据控制系统，得出的信息是正确的。控制系统的首要任务就是改善实际工作绩效与组织既定目标之间的差距，因此，只能得出正确的信息，才能保证组织运营的持久性。依据控制系统，正确地找出员工在工作中的实际绩效，了解与既定目标有多大的差距，以此来改善组织的工作运营。错误的信息不但让控制系统不能发挥应有的控制作用，也会导致管理者错误的决策，对组织集体和组织成员个人，都会造成巨大的影响。

时效性： 是指企业组织在运营过程中出现问题后，管理者应立即采取措施，进行控制，做到问题的产生和措施的决策之间的时间间隔为零。但在实际管理活动中，这种时间间隔是客观存在的，因此管理者要定期检视组织运营状况，在问题发生时，才能及时地做出反应，越早地采取措施，组织的损失就会越小。否则，问题出现与制定决策时间间隔越长，使失去了意义，给组织造成巨大损失。

经济性：是指管理者在建立一套组织控制系统时，要求衡量经济投入与效果产出的比值关系。建立一套健全的控制系统，其经济投入相当可观，为了使控制系统创造最大的经济效益，管理者就要做到利用最少的经济投入，产生最大的控制效果。因此，在实际的管理活动中，组织主管要权衡经济投入与可能产生的控制效果，如果建立的控制系统实际取得的效果大于其经济投入，就说明此控制系统具有经济性。

合理性：是指管理者建立的组织控制系统，必须具有明确详细的考核评估标准，而且是合理、客观，经过全体员工一定的努力，确实可以达到的。如果控制系统没有明确的考核标准，就无法评估出员工个人或部门集体的工作绩效，不能掌握他们实际工作绩效的有关信息，从而无法制定出有效的解决策略；如果控制系统与组织实际活动不符，就会导致组织成员无法达成目标任务，更有甚者，会打击员工工作的积极性，不仅不会提高工作效率，反而还会产生反效果。

弹性：就是指企业管理者制定的控制系统，并不是一成不变的，而

小故事

　　时效性在新闻媒体行业，尤为重要。美国新闻界有这样的说法："无论新闻事件多么显著，与多么知名的人士相关，新闻价值都会随着时间的推移而锐减。"为了提高新闻传播的时效性，为了最大限度地实现新闻传播价值，各类新闻机构正在写作技术领域和传播技术领域不断地进行全新的探索。当一件新闻事件发生时，一家新闻机构往往为了比另一家新闻机构将新闻报道提早发布几秒钟而竭尽全力。

是要随着组织内外环境的不断变化而随时做出调整，是一个动态的过程。比如，一家企业在成立之初，由于规模小、成员少，采取有机式的文化控制为佳。经过一段时间的发展，企业规模扩大，成员人数增加，就需要将控制系统调整为比较严格的科层控制为好。如果控制系统的标准一成不变，组织在运营过程中就会出现很多问题，阻碍效益的提高，更为严重的话，还有可能导致组织的灭亡。

简单明了：就是说管理者建立的控制系统的控制机制，必须简单易懂，让控制主体与控制客体了解其中的控制原则，使控制过程更加简单、易于操作。如果控制系统的机制过于复杂，控制活动就会费时费力，起不到有效的作用。

例外管理：管理者建立控制系统有两个目的，一个是确保组织正常的生产运作；另一个是处理企业运营过程中的例外事件。如果出现异常事件，管理者要马上进行深入的调查研究，找出出现问题的原因，排除障碍，使企业运营进入正常的轨道。因此，管理者要时刻警惕例外事件的发生，一旦发生异常情况，要针对具体原因，迅速启动例外管理机制，提高管理者处理突发例外事件的能力。

多重标准：工作具有技能多样性的特性，要完成一项任务，需要员工具备多种技能。绩效的评估也是如此，不能仅仅从单一的层面进行考核。因此，管理者建立的控制系统，具备多元化的衡量标准。例如，对某一基层主管的绩效进行评估时，虽然他个人绩效比较低，但是他带领的团队绩效在全公司遥遥领先，所以这位管理者的综合考核成绩，绩效第一。只有建立多重标准的控制管理系统，才能更加全面、合理地进行绩效衡量，对所执行的任务有更加全面的掌握。

回馈修正：控制系统在建立之初，并不是完美无缺的。有效的控制系统，不仅要控制组织运营状况，还要能及时地获得回馈信息，对控制系统的缺陷加以修正，在不断改善控制系统的同时，组织运营状况也不断获得完善，提升企业绩效，更好地完成组织共同目标。

控制系统的特性

准确性
依据控制系统，得出正确的组织信息，缩短工作绩效与既定目标之间的差距

时效性
出现问题，管理者应立即采取措施，进行控制，越早做出反应，损失就越小

经济性
控制系统实际取得的效果要大于其经济投入，利用最少的经济投入，产生最大的控制效果

合理性
具有明确的考核标准，且合理、客观，经过一定的努力，确实可以达到

弹性
要随着组织内外环境的不断变化而随时做出调整，不能一成不变

简单明了
控制系统的控制机制，必须简单易懂，易于操作

例外管理
控制系统能够有效地处理例外情况

多重标准
控制系统要具备多元化的衡量标准

回馈修正
根据回馈信息，不断改善控制系统

More

　　由于控制系统的多层次和复杂性，还可以从控制主体角度，将控制分为内部控制和外部控制。

　　内部控制是指控制主体与控制客体处于同一组织，如企业总经理对本企业部门经理的控制。

　　外部控制是指控制主体与控制客体处于不同的组织，如政府部门对企业事业单位的控制、中介机构对企业的控制等。

全面质量管理

全面质量管理，是美国管理学家戴明博士提出的。他主张组织全员参与质量管理，提出了著名的"PDCA"循环，打破了以往只从生产层面注重质量的弊端。

❯ 全面质量管理概述

全面质量管理 (Total Quality Control，TQC)，指一个组织以质量为中心，以全体成员参与为基础，全方面地满足顾客的消费需求。换句话说，对于顾客对产品的满足度，企业不是只限于产品的质量，还包括员工的服务态度、售后服务、免费送货安装等一系列方面。

在全面质量管理中，质量这个概念和全部管理目标的实现有关，而不是单纯地指产品质量。全面质量管理的目的在于通过顾客满意度与本组织全体成员及供应商、合作伙伴或社会利益群体等相关受益方产生密切联系而达到长期成功。

全面质量管理

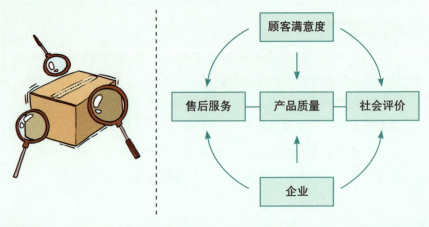

▶全面质量管理的基本原则

1. 为用户服务

在一家企业内部，接收上道工序的产品，再进行生产的下道工序就是上道工序的用户，即"下道工序就是用户"。"为用户服务"是全面质量管理的一个基本原则，通过每道工序的质量控制，达到提高最终产品质量的目的。

2. 全面管理

全面管理，就是指进行全过程的管理、全企业的管理和全体成员的管理。

全过程的管理：全面质量管理要求对产品整个生产流程进行全面控制管理。

全企业的管理：就是强调质量管理工作不能只局限于质量管理部门，还必须要求企业内部其他各单位、各部门都要参与质量管理工作，共同对产品质量负责，如客服部的服务态度对产品质量的销售也有重要影响。

全体成员的管理：全面质量管理要求把质量管理工作具体落实到每一位员工，让每一位员工都参与产品质量的控制。

3. 预防为主

预防为主，就是对产品质量最好进行事前控制，把问题消灭在出现之前，避免事中控制和事后控制带来不必要的损失。

◗小故事

1950年，戴明对日本工业振兴提出了"以较低的价格和较好的质量占领市场"的战略思想。丰田汽车设在东京的总部大楼的大厅里最显眼的地方挂着三幅肖像画，其中一幅是公司的创始人丰田喜一郎，第二幅是公司现任总裁丰田章男，第三幅就是戴明。戴明用一个"质量"拯救了第二次世界大战之后的日本工业。

4. 用数据说话

科学的全面质量管理，必须依据准确的资料数据进行分析和处理，找出问题出现的原因，再结合组织目标与实际情况，对问题作出正确判断，采取正确措施进行处理。

全面质量管理的基本原则

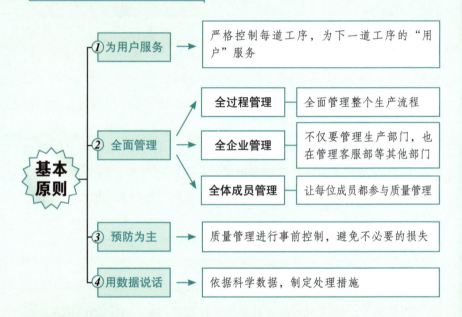

❯PDCA 循环

PDCA 循环，又称为戴明循环，是一个持续改进的模型，它包括四个循环反复的步骤，即计划（Plan）、执行（Do）、检查（Check）和处理（Action）。因此，PDCA 循环有时也被称为戴明轮或持续改进螺旋。

P（Plan）——计划：就是通过市场调查、用户访问等，找出用户对产品质量的要求，从而制定出质量政策、质量目标等质量计划。

D（Do）——执行：根据制订出的质量计划，进行产品设计、生产、销售等，这其中也包括计划执行前的员工培训。

C（Check）——检查：质量计划执行过程中或执行之后，检查执行的具体实际情况，检视是否在既定计划轨道之内进行，如出现偏差，立即修正。

A（Action）——效果：根据检查的结果，采取相应的解决措施。成功的经验要加以肯定，并加以模式化或者标准化的推广；失败的教训要进行总结改正，以免再次出现同样的错误。

PDCA循环，是一个动态的反复过程，若一个循环过程四个步骤结束后，只是达成了部分目标，那么未达成的其他目标，就会进入下一个循环过程，并加以改善，直到品质问题得到彻底的解决。

如果质量问题被彻底解决了，PDCA循环是不是就没有用途了呢？答案是否定的，如果一个质量问题被解决了，PDCA循环就会去挖掘下一个质量问题，进行新一轮的循环。如此，成为一个周而复始，永不停止的动态循环。

PDCA循环图

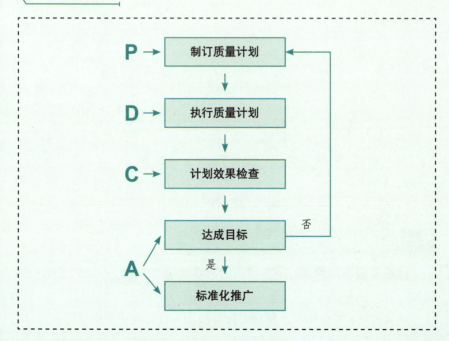

❯PDCA 循环的特点

Easy-going

有"统计质量控制之父"之称的统计学家沃特·阿曼德·休哈特提出了"计划—执行—检查（Plan—Do—See）"的观点，后来戴明将这一雏形进一步完善，发展成为"计划—执行—检查—处理（Plan—Do—Check—Action）"质量持续改进模型，即"PDCA"循环。

1. 大环带小环

在整个企业进行大的 PDCA 循环的同时，企业各个部门、小组也在进行着各自小的 PDCA 循环，就像时钟一样，小循环带动大循环，大循环指引着小循环，有机地构成一个运转体系。

2. 阶梯式上升

PDCA 循环不是在同一水平上重复循环，而是每循环一次，一部分问题就会被解决，取得一部分成果，工作前进一步，水平提高一步。到了下一次的循环，又会产生新的内容和目标，更上一层楼。

● **阶梯式上升**

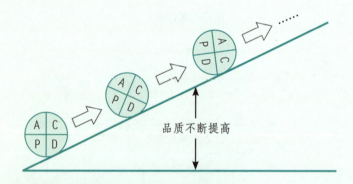

品质不断提高

❯如何运用 PDCA 理论解决实际问题

确定要解决的问题：注意解决的问题要切合实际，不能太笼统，要具体。

现状分析：调查现状，掌握实际情况，为目标设定提供依据。

目标设定：目标设定不能好高骛远，设定得太高，无法实现；也不能太低，太低就没有挑战性。所以，设定目标要适度，要富于一定的挑战性，以通过努力能达成目标为宜。

要因分析：分析出现问题的各种可能原因，并从中确定出主要原因。

确定改善措施：根据出现问题的原因，制定出相应的改善措施。注意改善措施应与所确定的问题原因的影响度相适应。

改善措施的实施和效果确认：真正地实施改善措施，并对改善的效果进行确认。如果发现没有效果或者效果不明显，则必须重新制定改善措施，再确认改善效果，直到最终达成目标。

标准化推广：对成功的措施应实施标准化推广，以利于长期保持效果。如果还有改善的必要性，应确定新的目标，作进一步的改善。

PDCA理论的使用步骤

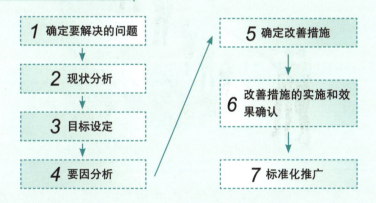

More

戴明（1900—1993年）博士是世界著名的质量管理专家，他因对世界质量管理发展做出的卓越贡献而享誉全球。戴明学说对国际质量管理理论和方法始终产生着异常重要的影响。以戴明命名的"戴明品质奖"，至今仍是日本品质管理领域的最高荣誉。

第 9 篇

其他重要的管理理论

组织形式千姿百态，管理理论也多种多样，除了我们前面讲过的之外，还有很多其他的管理理论，在现实环境中同样发挥着重要的作用。那么，还有哪些管理理论我们没有提到呢？

本章教你：

▶ 如何开展竞争？
▶ 虚拟企业是什么？
▶ 何谓标杆管理？
▶ 怎样建立学习型组织？
▶ 用知识怎样进行管理？
▶ 实行平衡计分卡。

竞争战略

　　迈克尔·波特于 20 世纪 80 年代，提出了竞争战略，主张在充分考虑企业自身优劣势的基础上，选择低成本战略、差异化竞争战略或集中化竞争战略。

竞争战略概述

　　竞争战略，又称为业务层次战略或 SBU 战略，是美国"竞争战略之父"迈克尔·波特于 1980 年提出的。所谓竞争战略，就是指企业在市场中用什么样的形式展开竞争，从而取得超过竞争对手的竞争优势，打败对手，强大自己。

　　作为企业管理者，要以吸引顾客和满足顾客的需求、抵御竞争压力、加强市场地位为出发点；以增强自己的竞争优势、培养顾客的忠诚度，使用合情合理的方式给予竞争对手以重击为目标，开展竞争。

三种竞争战略

　　迈克尔·波特认为，企业展开竞争不外乎有两种方法：一个是生产成本比竞争者低，有很大的降价空间和获利空间；另一个是通过开发生产具有特色、同类产品不可替代的产品，满足特定消费者的需求。

小故事

　　特劳特为七喜汽水发展出了"不含咖啡因的非可乐"战略，攻击到了可口可乐与百事可乐战略上的弱点，使七喜汽水一举成为美国的第三大饮料品牌。作为可乐品类的两个代表品牌，可口与百事的配方中是不能不含咖啡因的，没有了咖啡因就不能叫可乐，所以"不含咖啡因"的战略是其对手可口可乐与百事可乐不能复制的。

波特在这两种方法的基础上，提出了三种企业竞争战略，低成本战略、差异化竞争战略和集中化竞争战略。

1. 低成本战略

低成本战略，是指企业通过有效途径，降低生产成本，使企业的全部成本低于竞争对手的成本，甚至是同行业中最低的成本，从而获得竞争优势的一种战略。不过需要注意的是，实行低成本战略，必须是以具有满足顾客消费需求的产品和服务为前提，在此基础上，不断寻求降低生产成本的途径，实现可持续成本优势。

为了降低成本，企业管理者通常采用以下几种做法：

（1）扩大经济规模，可以通过大规模生产所具备的成本优势，来降低产品的单位成本。

（2）通过并购或者兼并的方式，纵向整合上下游厂商，实现原料和配件的自己供应，从而降低成本。

Easy-going

集中化战略与低成本战略、差异化战略的区别在于其将注意力集中于整体市场的一部分，其他战略则以广大的市场为目标。

（3）开发研究最新的生产技术，用具有突破性的顶尖科技，提高生产效率，使成本得以降低。

实行低成本战略的优势在于，企业可以获得高于同行业平均水平的利润，强化企业的资源基础，使得企业有更多的战略选择权和主动权；生产具有特色的产品，有效应对替代品的竞争，使企业更有力量对抗强有力的竞争对手；企业通过并购或兼并，可以实现"自给"，可以灵活地处理供应商的提价行为。

例如，在沃尔玛，从商店发出订单到接到货物并把货物提上货架销售，完成一整套工作只要 36 个小时。而且，每 1 美元商品销售额，沃尔玛在配送方面只需花 1 美分多点，而其他的竞争对手要花 5 美分。

2. 差异化战略

差异化战略是指企业生产的产品或提供的服务与其他竞争者相比，

独具特色、别具一格，从而使企业建立起独特竞争优势的一种战略，换句话说，就是企业凭借产品或服务的独特性获得竞争优势。

差异化战略的重点是生产被同行业和顾客都视为独特的产品或服务。实行差异化战略的方法多种多样，包括设计或品牌形象、技术特点、外观特点、客户服务、经销网络及其他方面的独特性。

实行差异化战略，可以培养和提高消费者对品牌的忠诚度，如消费者对苹果的忠诚度。因此，差异化战略是让企业自身获得高于同行业其他企业平均水平利润的有效竞争战略。比如，农夫山泉的广告词"我们不生产水，我们只做大自然的搬运工"，与其他矿泉水公司相比，具有很强的独特性。

Easy-going

虽然差异化策略的方法多种多样，但是企业最常用的方法只有两种：一种是品牌形象的差异化；另一种是独特的产品或服务。

企业实行差异化战略，可以提升顾客对本品牌的忠诚度，给企业带来高利润的同时，削弱顾客讨价还价的能力，而且由于产品或服务具有特色，形成强有力的行业进入障碍，能有效对付来自替代品方面的压力。例如2003年，纳爱斯推出了"经过浸泡不用搓洗"的雕牌天然皂粉，由于产品的独特性，赢得了中高端消费者的欢迎。

3. 集中化战略

集中化战略，又被称为专一化战略，是指将企业资源和注意力集中在某一个狭窄的特定市场上，通过为这个小市场的消费者提供比竞争对手更便宜、更优质的产品或服务来建立竞争优势的一种战略。

企业实行集中化战略，能够以很高的效率、更好的效果为某一特定的消费群体服务，从而超过在较广阔范围内的竞争对手。波特认为，企业可以通过满足某一特定消费群体的需要而实现了差别化，也可以在为这一特殊对象服务时降低了成本，甚至二者兼得。这样，可以使企业自身的赢利水平超过同行业的平均水平，还可以使企业抵御各种竞争力量的威胁。

集中化战略，可以细分为两种形式：一个是在某一特定消费人群中，实现比竞争对手更低的成本来满足特殊市场的需求；另一个是在某一特定市场范围内，向消费者提供与竞争对手具有差异化的产品，前者叫做"集中—低成本战略"，例如，针对儿童这个特殊的消费群体，某童鞋生产厂家生产的童鞋成本和产品销售价格都低于其他竞争者；后者叫做"集中—差异化战略"，比如，这家童鞋生产厂家，生产出了滑轮步行两用鞋，以其产品的独特性，赢得了绝大部分的市场。

实行集中化战略，有以下优点：

以特殊的服务范围来抵御竞争压力：集中化战略往往利用地点、对象等多种特殊性来形成企业的专门服务范围，以更高的专业化程度构成强于竞争对手的优势。如果选择广泛市场的产品或服务而进行专门化经营，反而可能导致企业失败。如肯德基、麦当劳等快餐店，满足了工作节奏快、休息时间短的特殊人群的饮食需要，而迅速占领了这一专门市场。

以低成本的特殊产品形成优势：例如，可口可乐利用其特殊配方而具备的低成本优势，其实质就是由于特殊配方的差异化战略，产生了低成本的优势。

趋利避害：例如，挪威的造船业难以在整体上与欧、美、日等实力强大的造船企业相竞争，转而制造几种破冰船，从而大获成功。

小故事

以柔克刚

高露洁公司面对强大的宝洁公司的竞争压力，就采取了迂回进攻的竞争策略，加强高露洁公司在海外的领先地位，在国内实行多元化经营，向宝洁没有占领的市场发展，迂回包抄宝洁公司。高露洁公司通过不断收购纺织品、医药产品、化妆品及运动器材和食品公司等企业，获得了极大的成功。

竞争战略

市场范围

整体市场

低成本战略
成为整个行业中成本最低的企业（如沃尔玛1美分的配送成本）

差异化战略
提供顾客需求、具有独特性的产品（如纳爱斯推出的"经过浸泡不用搓洗"的天然皂粉）

优势来源

低成本

集中—低成本战略
在特定的消费群体中成为成本最低的企业（如童鞋厂家生产的童鞋成本最低，售价最低）

集中—差异化战略
在特定的消费群体中提供具有独特性的产品（如童鞋厂家生产的童鞋滑轮步行两用，新颖、独特）

产品独特性

部分特殊市场

More

迈克尔·波特，哈佛商学院的大学教授（大学教授是哈佛大学的最高荣誉，迈克尔·波特是该校历史上第四位获得此项殊荣的教授），是当今全球第一战略权威，商业管理界公认的"竞争战略之父"。在2005年世界管理思想家50强排行榜上，他位居第一。迈克尔·波特在世界管理思想界被公认是"活着的传奇"。

虚拟企业

随着电子网络的发展，使复杂、费时的联络过程变得简单、快速。虚拟企业，就是企业充分利用网络联络技术，进行外包分工，最后加以整合的形式。

虚拟企业概述

虚拟企业，又叫虚拟组织，是威廉·戴维陶与迈克尔·马隆于1992年在他们合著的《虚拟企业》一书中提出的概念。

20世纪90年代，随着科技进步和社会发展，世界经济发生了重大变化。人们根据自己生产、工作和生活的需要，对产品的品种与规格、花色式样等提出了多样化和个性化的要求。企业面对不断变化的市场，为求得生存与发展，必须具有高度的柔性和快速反应能力。为此，现代企业向组织结构简单化、扁平化方向发展，于是就产生了能将知识、技术、资金、原材料、市场和管理等资源联合起来的虚拟企业。

戴维陶和马隆认为，虚拟企业是由一些独立公司组成的临时性网络，这些独立的公司包括供应商、客户、甚至竞争对手，他们通过信息技术组成一个整体，共享技术、共担成本并可以进入彼此的市场。虚拟企业没有办公中心，也没有组织章程；没有等级制度，也没有垂直体系。

Easy-going

与虚拟企业不同，虚拟组织是由肯尼思·普瑞斯、史蒂文·戈德曼和罗杰·N·内格尔三人于1991年在报告《21世纪的生产企业研究：工业决定未来》中首先提出的。现代人将虚拟企业和虚拟组织划为同义。

虚拟企业的出现常常使参与联盟的企业追求一种完全靠自身能力达不到的超常目标，即这种目标要高于企业运用自身资源可以达到的限度。因此，企业自发地要求突破自身的组织界限，必须与其他对此目标有共识的企业实现全方位的战略联盟，共建虚拟企业，才有可能实现这一目标。

❯ 虚拟企业的运作模式

1. 虚拟生产

虚拟生产是虚拟企业最初的经营形式，它的显著特点是外包加工，是指企业将弱化产品的直接生产功能，而是用外包的办法把生产功能转移到别的企业去完成，自己只保留最具优势并且附加值最高的开发和营销功能，并强化这些部门的组织管理。

最典型的例子是美国的耐克公司。耐克公司本身没有一条生产线，而是集结企业的全部资源，专攻设计和营销，而生产则采用订单的方式放到劳动力成本低的发展中国家。耐克公司以虚拟生产的方式成为世界上最大的运动鞋制造商之一。

Easy-going

外包就是企业将自己的一些生产流程或生产任务，发放给其他的企业去完成。

国外一些著名的电器制造商也采用了虚拟生产的模式，如日本的索尼、松下等电器公司，它们在中国市场上销售的产品基本上都是由马来西亚、新加坡、泰国等劳动力成本较低的国家生产的，而公司总部则集中精力专攻新产品的开发和营销战略的实施。

2. 虚拟开发

虚拟开发指的是几家联盟的企业，通过联合开发高技术产品，来取得共同的市场优势，寻求更大的发展。比如，几家企业拥有各自的关键技术，并且这些技术具有互补性，为了彼此的利益，这几家企业进行策略联盟，开发更先进的技术。

例如，IBM 和 AMD 在 2003 年年初都表示，为了跟上 Intel 的速度，双方将联合开发下一代微处理器技术。AMD 缺乏 Intel 所具有的研发资金，没有合作伙伴很难迅速推出新产品。IBM 自身掌握的微处理器技术有限，很难保证其在与 Intel 的竞争中领先。这种合作促进双方获得在芯片制造方面的垄断优势。

3. 虚拟销售

虚拟销售指的是企业或公司总部与下属销售网络之间的"产权"关系相互分离，销售虚拟化，促使企业的销售网络成为拥有独立法人资格的销售公司。此类虚拟化的销售方式，不仅可以节省公司总部的管理成本与市场推广费用，充分利用独立的销售公司的分销渠道以广泛推广企业的产品，促使本企业致力于产品与技术的创新，不断提升企业品牌产品的竞争优势，而且还可以推动销售公司的快速成长，网罗大批优秀的营销人才，不断扩展企业产品的营销网络。

实行虚拟销售最为典型的例子就是服装加工行业的美特斯·邦威公司。公司采取特许连锁经营的方式，通过契约将特许权转让给加盟店。加盟店在使用邦威公司统一的商标、商号、服务方式的同时，根据区域的不同情况分别向邦威公司缴纳 5 万～ 35 万元的特许费。这样，公司不但节省了 1 亿多元的投资，而且还通过特许费的方式筹集到一大笔无息发展资金。公司总部把全部精力主要用在产品设计、市场管理和品牌经营方面，每年推出约 1 000 种新款式，取得了良好的经济效益。

4. 虚拟管理

虚拟管理指的是在虚拟企业中，把某些管理部门虚拟化。虽然保留了这些管理部门的功能，但其行政组织并不真正存在于企业内部，而是委托其他专业化公司承担这些管理部门的责任。

比如，企业可以不设置人力资源部门，对员工的培训可以委托专门的培训机构完成。又比如，许多大型企业将人力资源交给专业的人才管理中心管理，由公司负责调动、职称评定及党团关系接转等工作。乐凯公司就聘请麦肯锡、罗兰贝格等咨询公司的管理专家为本公司作战略规划和管理咨询。

虚拟企业的运作模式

虚拟企业的特点

　　虚拟企业不是法律意义上的完整的经济实体，不具备独立的法人资格，而是一些具有资源及优势互补的企业为了共同的利益或目标，组成虚拟企业，这些企业可能是供应商，可能是顾客，也可能是同业中的竞争对手。这种新型的企业组织模式打破了传统的企业组织界限，使企业界限变得模糊。

1. 灵活性强

　　企业出于共同的需要、共同的目标合作结盟，可是一旦合作目的达到，这种联盟便可能宣告结束，虚拟企业便可能消失。因此，虚拟企业可能是临时性的，也可能是长期性的。虚拟企业正是以这种动态的结构、灵活的方式来适应市场的快速变化。

2. 以发达的信息网络为基础

在虚拟企业的运行中，信息共享是关键，而使用现代信息技术和通信手段使得信息共享更为便利。采用通用数据进行信息交换，使所有参与联盟的企业都能共享信息，如生产以及营销的有关信息，从而能够真正统一步调，保证联盟各方能够较好合作，从而使虚拟企业集成出更大的竞争优势。

3. 运用并行工程来分解和安排工作

虚拟企业在完成某一项目或任务时，按照并行工程的思想将项目或任务分解为相对独立的工作模块，促使承担分解任务的各方企业能够充分调动和使用他们的资源而不必担心核心技术或核心知识被泄露。而且各合作模块可以并行作业，项目或任务的主持者利用先进的信息

Easy-going

并行工程是集成地、并行地设计产品及其相关过程（包括制造过程和支持过程）的系统方法，也就是说多种工作过程可以同时进行。

小故事

1999年年初，蒙牛奶制品公司成立时，面临的是"三无状态"：一无奶源；二无工厂；三无市场。企业在资源有限的条件下，为取得竞争中最大的优势，突破组织上的有形界限，如生产、行销、设计、财务、物流等功能，仅保留企业中最关键的部分，而将其他功能虚拟化，通过各种方式借助外部资源力量进行弥补，其目的是在竞争中最有效地对市场做出最快反应。

通信手段在其中不断地沟通与协调，从而保证各个工作模块最终的互相衔接。这样既缩短了时间，又节约了成本，同时还促进了各参与企业有效地配置自己的资源和虚拟企业整体资源的充分利用。

4.虚拟企业在技术上占有优势

由于虚拟企业是集合了各参与企业的优势，尤其是技术上的优势而形成的，因此在产品或服务的技术开发上更容易形成强大的竞争优势，使其开发的产品或服务在市场上处于领先水平，这是任何单一实体企业很难相比的。

5.虚拟企业是一个企业网络

虚拟企业中的每个成员都要贡献一定的资源，供大家共享，因此这个企业网络运行的集合竞争优势和竞争力水平大于各个参与者的竞争优势和竞争力水平的简单相加。

虚拟企业的这些特征，决定了虚拟企业具有适应市场能力的弹性与灵敏性，各企业优势资源集中更催生出极强的竞争优势与竞争力。

企业虚拟这种运作模式，在当今快速多变的市场与技术环境中，是获取竞争优势以提高竞争力的一种很有前途的合作方式，正在被越来越多的企业认识和采纳。

小故事

1964年，菲尔·奈特和比尔·鲍尔曼各出资500美元成立了布卢里帮制鞋公司。公司成立之初，并没有自己独立的品牌，仅仅帮日本的泰格尔公司生产鞋底。1972年，公司生产出了第一双鞋，取名"耐克"，从此走上了创建自身品牌优势的道路。当初伴随自建品牌的另一重要决策是，公司决定在未来的发展中仅仅专注研发和推广品牌，而将生产任务转包给劳动力低廉的亚洲企业。1976年，耐克公司迅速超越阿迪达斯公司，市场份额达到33%，占有率名列全球体育用品市场之首，至今仍继续保持着行业领先的地位。

虚拟企业的特点

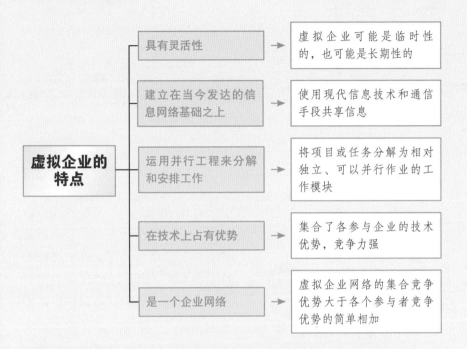

虚拟企业的特点

- 具有灵活性 → 虚拟企业可能是临时性的，也可能是长期性的
- 建立在当今发达的信息网络基础之上 → 使用现代信息技术和通信手段共享信息
- 运用并行工程来分解和安排工作 → 将项目或任务分解为相对独立、可以并行作业的工作模块
- 在技术上占有优势 → 集合了各参与企业的技术优势，竞争力强
- 是一个企业网络 → 虚拟企业网络的集合竞争优势大于各个参与者竞争优势的简单相加

More

麦肯锡公司是世界最著名的管理咨询公司，在全球 44 个国家和地区开设了 84 间分公司或办事处。麦肯锡目前拥有 9 000 多名咨询人员，分别来自 78 个国家，均具有世界著名学府的高等学位。

罗兰贝格公司 1967 年在德国建立，是全球最大的源于欧洲的战略管理咨询公司。目前，该公司在欧洲、亚洲、南北美洲 22 个国家设有 32 家分支机构，咨询顾问来自近 40 个国家，形成了行业中心与功能中心互为支持的跨国服务力量。

标杆管理

　　企业要想永久保持生机，就必须学习他人的优秀之处，取长补短。企业学习的对象就称为标杆，而将学习心得转化成为自身优势的过程，就是标杆管理。

＞标杆管理概述

　　标杆管理，起源于 20 世纪 70 年代末 80 年代初，当时，日本成为了世界企业界的学习榜样。在美国学习日本的运动中，首先开辟标杆管理道路的是施乐公司，施乐公司的罗伯特·开普则是标杆管理的先驱和最著名的倡导者。公司将标杆管理定义为"一个将产品、服务和实践与最强大的竞争对手或是行业领导者相比较的持续流程"。

Easy-going

　　西方管理学界将标杆管理与企业再造、战略联盟一起并称为 20 世纪 90 年代三大管理方法。

　　以一流企业为基准，与本企业进行比较、分析、判断，从而使企业得到不断改进，进入或赶超一流公司，创造优秀的业绩。标杆管理的核心是向同行业内或行业外的最优秀的企业学习，通过学习，企业重新思考和改进经营实践，创造自己的最佳实践。标杆管理的实质是模仿创新的过程。

　　在现代西方发达国家企业管理活动中，标杆管理被公认为是支持企业不断改进和获得竞争优势的最重要的管理方式之一。

　　如世界著名石油公司美孚，以美国第二大汽车零售商潘斯克集团为标杆，学习潘斯克极快的加油速度；以全球知名的豪华酒店丽嘉卡尔顿酒店为标杆，学习卡尔顿最温馨的服务。

▶标杆管理的步骤

施乐公司的罗伯特·开普，将标杆管理活动划分为以下5个步骤。

1. 计划

确认对哪个流程进行标杆管理，确定用于做比较的企业，决定收集资料的方法并收集资料。

罗伯特·开普认为，可以在某些特定领域来决定本公司该从哪一流程开展标杆管理工作，这些领域包括：了解市场和消费者、设计产品和服务、推销产品和服务、提供产品和服务、向客户提供服务、确立公司愿景和战略、开发和管理人力资源、管理各种信息、管理财务资源、管理物质资源等。

为了确保了解标杆管理的整体流程和每一细节，企业管理者必须做到以下几点：

（1）让自己成为进行标杆管理的业务流程的专家。

（2）向此业务流程最直接的参与者了解流程的运作状况。

（3）鼓励员工勇于坦言流程中存在的问题与可以改进的地方。

（4）将该流程分解成若干的子流程，以确保自己了解整体流程和每一细节。

2. 发现与分析

企业管理者要深入了解作为学习标杆的对象，确定企业目前的做法与学习对象最好的做法之间的绩效差异，从而拟定未来的绩效标准。

管理者的目标是尽可能地了解标杆管理对象的详细信息和业务流程，从而能充分利用向标杆公司学习的机会。除此之外，在与其他组织进行标杆学习时，学习者要对意外事件保持开放心态，并做到保持本企业行为举止的合法性，如学习对象是否愿意提供学习信息，如果愿意，要尊重信息的机密性、防止信息外流、未经许可不得擅自引用、诚信等。

3. 整合

整合就是将学习的心得、收获进行交流、整合，消化为能被企业自身可以接受的信息，获得全体成员的认同，以此为基础，制定企业共同目标。

4. 行动

行动就是指制订一个行动计划以实施在其他组织中学习到的管理运营方式。根据企业共同目标，制订行动计划，实施明确的行动并时刻监测计划的进展情况。

这里的行动计划包含人事、预算、培训、所需资源、评估方法等基本要素。需要注意的是，制订的计划要能正确反映小组成员对关于哪个实践活动是应最先进行的，哪个活动最适于在本公司开展等问题的判断。

5. 检测与评估

对标杆管理产生的长远结果进行定性和定量的评估，如果在标杆管理过程中出现缺陷，企业管理者要重新矫正标杆，从而达到最佳的管理效果。

标杆管理的步骤

① 计划

② 发现与分析

③ 整合

④ 行动

⑤ 检测与评估

如果存在缺陷，重新矫正，修正计划

小故事

　　1976 年以后，一直保持着世界复印机市场垄断地位的施乐遇到了全方位的挑战，市场份额从 82% 直线下降到 35%，施乐公司向日本企业学习，开展了广泛、深入的标杆管理。通过全方位的集中分析比较，施乐弄清了日本公司的运作机理，找出了与佳能、NEC 等主要对手的差距，全面调整了经营战略、战术，改进了业务流程，很快收到了成效，把失去的市场份额重新夺了回来。

❯ 标杆管理的类型

　　按照标杆学习对象的不同，可以把标杆管理分为内部标杆管理、竞争标杆管理、职能标杆管理和流程标杆管理四种类型。

1. 内部标杆管理

　　内部标杆管理指以企业内部其他部门的优秀之处为基准的标杆管理，是最简单且易操作的标杆管理方式。制定内部绩效标杆的标准，确立内部标杆管理的主要目标，可以做到企业内部信息共享。将企业内部最佳职能或流程及其实践，推广到组织的其他部门，不失为企业绩效提高最便捷的方法之一。

　　企业管理者需要注意的是，单独执行内部标杆管理的企业往往持有内向视野，容易产生封闭思维，因此，在实施企业内部标杆管理的同时，应该与外部标杆管理结合起来使用。

2. 竞争标杆管理

　　竞争标杆管理是指以竞争对象的优秀之处为基准的标杆管理。竞争标杆管理的目标是，本企业和与自己存在竞争关系的企业进行产品、服务和工作流程等方面的比较，找出两者在绩效方面的差距，直接面对竞争者，向强于自己的对手学习。

　　这类标杆管理的实施较困难，因为除了公共领域的信息，企业比较容易获取之外，其他关于竞争企业的私信息则不易获得。

3. 职能标杆管理

职能标杆管理以同行业领先者或是某些企业的优秀职能为基准进行的标杆管理。这类标杆管理的合作双方常常能相互分享一些技术和市场信息，标杆的出发点是外部企业（不包括竞争者）及这些企业的职能或业务实践。由于没有直接的竞争者参与，因此合作双方往往较愿意提供和分享技术与市场信息。

4. 流程标杆管理

流程标杆管理是以最佳工作流程为基准进行的标杆管理。标杆管理对象是工作流程，而不是某项业务、操作职能或实践。这类标杆管理可以跨越组织类型进行，但前提是企业对整个工作流程和操作有很详细的了解。

标杆管理的类型

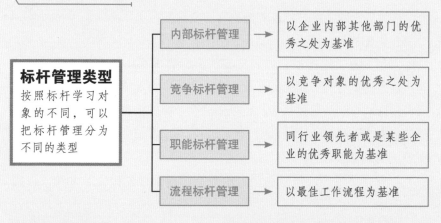

More

标杆管理也具有一定的局限性。标杆管理可能导致企业竞争战略趋同，使各个企业的产品、质量、服务甚至供应销售渠道大同小异，市场竞争趋向于完全竞争。除此之外，如果组织单纯为赶超先进而勉强推行标杆管理，则会使企业陷入繁杂的"落后—标杆—又落后—再标杆"的"标杆管理陷阱"之中。

学习型组织

//

正所谓"活到老，学到老"。企业也是如此，一个组织，经过"五项修炼"，才能成长为学习型组织，在不断的学习过程中，推动组织的创新与进步。

▶学习型组织概述

学习型组织是由美国当代学者彼得·圣吉在其著作《第五项修炼》一书中提出的。学习型组织，意思是为适应变幻莫测的内外环境，管理者力求创造一个能熟练地获取和传递知识的组织，同时也要善于修正自身的行为，以适应新的知识和见解。通过不断地学习和自我组织再造，以维持竞争力。

在学习型组织中，每个成员都要参与问题的识别和解决，使组织能够进行不断的尝试，改善和提高组织的运营能力。在学习型组织内，组织成员参加问题的识别，这意味着要懂得顾客的需要；雇员还要解决问题，这意味着要以一种独特的方式将一切综合起来考虑以满足顾客的需要。

▶学习型组织的五项修炼

彼得·圣吉在《第五项修炼》一书中提出，一个组织要想成为学习型组织，必须要经过五项修炼：自我超越、改善心智模式、建立共同愿景、团队学习和系统思考。

1. 自我超越

自我超越指的是组织成员不断挑战极限，超越自己。自我超越有两个前提：一个是认清自己的"愿景"；另一个是认清自己当前的真实状况。愿景是自己内心的终极目标，它描述的是具体的、特定的结果。比如"我想从事真正喜爱的职业",而自己当前的真实状况却可能是"我不得不另谋他职以求度日"。具有自我超越意识的人就会致力于掌握从事喜爱职业所必需的技能和知识。

在很多时候,我们最强的对手,不是别人,而正是我们自己。在超越别人之前,先要超越自己。在企业组织中,如果一个员工认为工作是为了发挥自我才能、实现美好人生、创造一番事业,那么他就一定有发挥创造力的潜能。

实现自我超越,首先要从心理上战胜自己。大脑中有两种思维支配着人们,一个是惰性;另一个则是超越。当人们从意识上决定去做某件事情时,其实他的脑海中已经经过了惰性与超越的斗争。虽然人们有时候并不满意自己的现状,总感到有更高的理想在前方等着,但就是舍不得放弃目前头顶上美丽的光环。这时就应从心理上战胜自己,拨开眼前的迷雾,放弃暂时的"光环"。

不学会放弃,永远看不到另一片天地,永远得不到理想上的突破,前进的脚步也会因此而放慢速度,甚至可能停滞不前。超越自我,充分挖掘和发挥自身的潜能,让自己在不同的环境中得到锻炼和提高,不断充实和完善自己的知识体系和经验体系。

自我超越,最重要是落实到行动上。虽然有些人知道要超越自我,但是害怕失败,从而一拖再拖,始终不肯迈出最关键的第一步。我们需要注意的是,超越自己并不是一帆风顺的,关键在于恒心与毅力。其实,漫长的人生就是不断自我超越的过程。

2.改善心智模式

心智模式指的是一个人在后天环境与经验阅历中形成的一种根深蒂固的价值观。比如,判断是非的标准、对特定现象的看法、思维方法等。改善心智模式,就是检视自己的心智模式,否定、抛弃旧有的心智模式;肯定、容纳新鲜的心智模式,这项修炼要求企业的领导者和员工要用一种全新的眼光看世界。

改善心智模式最常用的两种方法是对自己心智模式的反思和对他人心智模式的探询。

（1）对自己心智模式的反思。正所谓"吾日三省吾身"，是自我审视、自我反思，对自己的心智模式做进一步的检视。人们学习发掘内心世界对外界事物的反映，使这些反映浮上表面，并加以审视。在这个过程中可以运用反思的技巧，放慢思考过程，使人们更容易发觉自己的心智模式，了解这种心智模式是如何影响人们的行动的。

（2）对他人心智模式的探询。敞开心扉，够容纳、接受他人的观点。在与他人进行面对面的互动时，可以用"相互探询"的方法，这样才能够产生最佳的效果。相互探询，指的是互动各方的每一个人都坦言自己的想法，接受大家的检验。如果一个人能勇敢地显示出自己的心智模式，他就会先陈述自己的看法与理由，并以诚恳的态度邀请集体的其他成员对自己的心智模式进行检视。在这种融洽的气氛中，组织中的每一位员工都会敞开心扉，深入探寻彼此的看法，进而发现全新的观点，产生创新思维。

只要是愿意承认自己心智上的缺陷，有错必改的人，就能诚心诚意地亮出自己的想法，也能得到别人真诚的帮助，从而使自己不断学习，超越自我。

3. 建立共同愿景

共同愿景指的是组织中全体成员的个人愿景的整合，愿景贯穿于整个组织活动，各种不同的组织活动有机地融合起来。

愿景可以分为组织大愿景、团队小愿景和个人愿景三个层次。组织大愿景指的是整个组织共同的远大目标，如某企业力争10年之内挺进世界500强；团队小愿景指的是组织中的各个子部门、车间或班组制定的目标，如某企业销售部门制定了明年销量增长10%的目标；个人愿景指的是组织成员制定的个人目标，如企业员工小王制定目标，力争3年内升为部门经理。

共同愿景并不是单纯地找个人愿景中的共同点，而是将个人愿景中的实质加以提炼，整合汇聚而成的。所以，共同愿景能反映个人愿景中的实质，而且这样的共同愿景才能切合实际及每个人的个人愿景。如果共同愿景不切合个人愿景的实际，这样的共同愿景会显得空洞，从而失去人们的支持，组织成员不会真正地投入其中，为之奋斗和奉献，这样的共同愿景便失去了意义。组织要建立共同愿景，就必须先鼓励个人愿景，如果成员缺乏个人愿景，就谈不上建立共同愿景。

整个企业有组织的大愿景，各个团队有团队的小愿景来保证大愿景的实现，个人还有个人的愿景。学习型组织要求三个层次的愿景能综合为一体，这样企业才能产生巨大的力量。

4. 团队学习

在现代组织中，学习的基本单位是团队而不是个人，团队学习的目的是使团队智商大于个人智商，使个人成长的速度更快，从而激发群体的智慧。团队学习的关键是要克服个人的心理障碍，使每个人都能真实地表达出自己心中的设想，真正做到一起学习和思考。

一言堂比喻在企业中，组织领导缺乏民主作风，独断专行，一个人说了算。

团队学习强调终生学习、全员学习、全过程学习，提倡工作学习化、学习工作化。彼得·圣吉认为，形成"整体配合"是开展团队学习的精髓，也就是说，开展团队学习，团队成员理解彼此的感觉和想法，凭借完善的协调，才能发挥出最大的综合效率。

团队学习的修炼从"深度汇谈"开始。深度汇谈强调集体思考，就是在讨论问题的时候，每个成员说出心中的设想，真正一起思考。深度汇谈的目的是要得出超过任何个人见解的观点，如果深度汇谈进行得当，组织每个成员可以获得独自无法获得的见解。

学习型组织理论非常强调深度汇谈，特别是管理者要学会深度汇谈，尤其是讨论重大问题的时候，一定要防止一言堂。

5. 系统思考

系统思考就是要从整体而不是片面去思考分析问题，要能透过表面现象看出产生问题背后的本质，而不是就事论事；要能找到可从根本上解决问题的本质答案，而不是暂时缓解问题的症状。

系统思考是看清系统复杂而微妙结构的艺术。以熟悉系统思考作为管理修炼，关键在于当其他人只能看到零零碎碎的表象事件而被迫不断做出反应的时候，自己却能够看清全貌本质，并掌握其中规律。

彼得·圣吉的书中讲了五项修炼，而为什么书名却叫《第五项修炼》呢？这是因为"系统思考"则是其他四项修炼的核心。

系统思考是其他四项修炼的核心，其核心作用表现在以下几个方面：

（1）一般的自我超越，往往是以自我为中心，只是单纯追求自己想要的，忽视外部力量与自身行动的相互影响。而拥有系统思考的自我超越，将理性与直觉进行有机地融合，认清自己本身跟周围世界是一体的，对整体有使命感。因此，在自我超越的过程中，个人可以清楚地看到自己与外界的相互关联，感觉自身与外在整体连成一体，自然而然地形成一个更宽阔的"愿景"。当这个愿景超出个人利益，便会产生一股强大的力量，形成一种高层次的"自我超越"。

（2）系统思考对确立和改善心智模式也同样重要，融合系统思考与心智模式所得到的回报，不仅会改善人们的心智模式，还会改变人们的思考方式。

（3）如果缺少了系统思考，人们的愿景，只是限于对未来不着边际的描述，而对各方面如何整合运用，就缺乏深刻的理解。

小故事

联想曾经与宏基、东芝、惠普、微软、英特尔、IBM、西门子等十多家国际知名公司有过合作关系，联想利用这些机会向这些名牌公司学技术、学管理、学经验，从而改进自己的生产与管理流程，树立了"把世界最先进的技术，最快捷地以最便宜的价格提供给中国用户"的企业理念。如今，联想已成为世界第三大PC机生产商。

(4)"系统思考"的观点对"团体学习"更为重要。重要的团体管理工作，像制定策略、塑造愿景、设计政策与组织结构等，实际上都需要克服异常复杂的问题、困难。而且问题的复杂性并不是静止不动的，而是处在不断的变化之中。

当然，"系统思考"也需要有"建立共同愿景""改善心智模式""团体学习"与"自我超越"四项修炼的配合，才能发挥它应有的潜力。

学习型组织的五项修炼

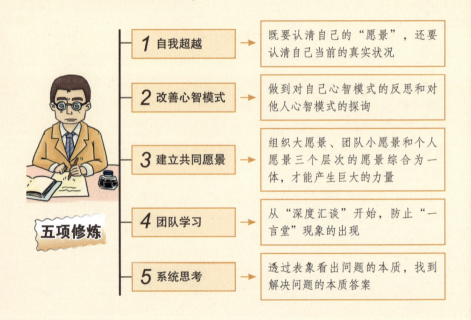

More

彼得·圣吉，美国麻省理工大学斯隆管理学院资深教授，国际组织学习协会创始人、主席，被公认为"学习型组织之父""当代最杰出的新管理大师"。彼得的著作《第五项修炼》于1992年获世界企业学会最高荣誉——开拓者奖。

知识管理

> 在当今的知识经济时代里，知识决定着一个企业的生存与发展，但知识本身并不会产生价值，必须借助于一定的管理技巧，才能使知识发挥功效。

❯知识管理概述

知识管理，是指将知识进行清点、评估、监督、规划、获取、学习、流动、整合、保护和创新等的一系列活动，将知识作为企业的无形资产进行管理。只要是能有效增加知识产值的活动，都属于知识管理的内容，这些活动主要包括知识的社会化、知识的外化、知识的内化和知识的结合等，都是属于知识管理的过程。

安达信会计师事务所于 1999 年提出了知识管理的表现公式：

$$K=（P+I）S$$

式中，K 代表的是知识（Knowledge），P 代表的是人力资源（People），I 代表的是信息（Information），S 代表的是分享（Share）。从 KPIS 公式中，我们可以看出，知识的管理是建立在人力与信息的基础上，通过知识的分享，来实现知识的产业价值。如果有用的知识没有能够得到分享，而是仅仅局限于个人或小团体中，那么，即使知识再有用，也不能发挥它应有的价值，给企业带来巨大损失。

❯知识的分类

日本知识管理大师野中郁次郎在其著作《创造知识的公司》一书中，将知识分为显性知识与隐性知识两类。

显性知识，是指能用文字和数字表达出来的，以书面的形式进行交流和共享，并且经过编辑、整理的知识。由于显性知识表现为系统的文字信息，所以不需要知识创办者亲自指导，就能独立掌握，因此传播范围广、传播速度快。如百科全书、十万个为什么、各类教科书、操作手册、使用说明书等，都属于显性知识。

隐性知识，是指高度个性化、难于大众化的知识，包括个人主观的理解、直觉和预感等。隐性知识存在于人的头脑中，很难用文字的形式记录与传承，因此，必须通过知识创造者与学习者面对面的指导与传授。如医生护士的临床经验、造型设计师的个人直觉、公交司机的特殊技法等。在企业中，由于隐性知识的独特性，以师徒传承的传授方式最佳，相应的，产生的成本也会较显性知识高。

知识的分类

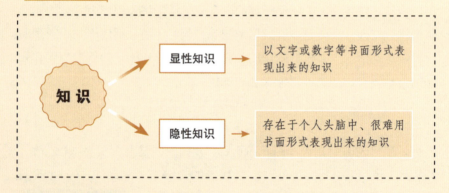

知识的转化

野中郁次郎在知识分类的基础上，提出了著名的"知识转化理论"，也就是说，显性知识与显性知识之间、隐性知识与隐性知识之间、显性知识与隐性知识之间，是可以相互转化的，即 SECI 模型。知识之间的转化，主要是经过以下四种形式：知识的社会化（Socialization）、知识的外化（Externalization）、知识的结合（Combination）和知识的内化（Internalization）。

知识的社会化（S）：知识的社会化指的是将组织成员个人的隐性知识转化成为其他成员普遍性的隐性知识，即组织全体成员通过共享经验产生新的隐性知识的过程。例如，厨师把自己对火候的特殊掌控传授给他人、医生将自己的临床经验传授给其他医生或护士等。

知识的外化（E）：指的是将组织成员个人的隐性知识转化成为通俗易懂的显性知识，即把个人的隐性知识表达出来成为显性知识的过程。因此，这种知识又被称为"观念性知识"。通常的做法是组织员工将自己的知识经验，经过分析、整理，最后以文字的形式表现出来。如资深老职工把自己的工作诀窍，整理成操作手册；成功人士将自己的成功历程整理成自传等。

知识的结合（C）：指的是组织成员将多方显性知识经过整理、归纳，转换为自己可以接受的一套显性知识，即将多方复杂的显性知识组合成为一套系统的显性知识体系的过程。因此，这种知识又被称为"系统性知识"。通常的做法是组织成员多方面收集、整理和学习知识，并获得新的发现，得到新的知识。如一位企业领导，通过学习多位成功人士的领导方法，总结归纳出一套适合自己的领导方式；企业总经理将各下属部门经理的绩效报告总结归纳成为一份全公司的绩效报告等。

知识的内化（I）：指的是组织成员将他人的显性知识，经过消化吸收，转化成为自己的隐性知识，即把显性知识转变为隐性知识，成为企业的个人与团体的实际操作能力的过程。因此，这种知识又被称为"操作性知识"。通常的做法是通过阅读大量的书籍来丰富自己的知识。比如，企业新进员工，通过学习企业操作流程手册，发展出一套自己的工作方式；领导者在阅读其他成功人士的领导手册以后，根据自身特点，形成一套自己的领导方法等。

为了保证显性知识和隐性知识之间的良性转换，必须要做到以下四点：

（1）必须创建公开透明和鼓励共享的企业文化。

（2）必须有清晰的激励措施来鼓励共享，而且用户能够从知识管理中获得直接的好处。

（3）必须有高层领导的强大支持。

（4）必须给予显性知识和隐性知识同等的重视，只关注其中之一不会取得成功。

知识的转化

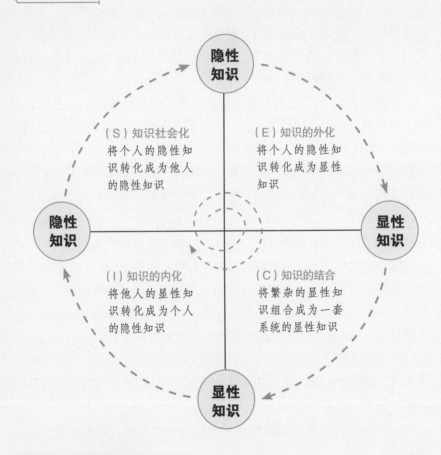

知识管理的策略

因为显性知识和隐性知识有着不同的特性，因此，组织领导者要采用不同的策略进行知识管理。

对于显性知识，可以采用编码化的管理策略。也就是说，将搜集显

小故事

大量的统计数据表明，OECD（世界经济合作与发展组织）主要成员国目前的国内生产总值（GDP）已有一半以上是以知识为基础的企业生产的，投资正向高技术产业和知识服务业大幅度倾斜，用于R&D、教育培训的投资数额也很大：OECD 主要成员国投入到 R&D 的费用平均占 GDP 的 2.3%，教育经费平均占政府支出的 12% 左右，而且还有进一步增长的趋势。

性知识，归纳整理成书面的形式进行保存，这样就可以在组织内重复使用。采用编码化的管理策略，要强调激励员工，鼓励他们将自己的知识以文字的形式记录下来。

比如，大部分的欧美公司，强调搜集、分配、重复利用已有的被编码的显性知识。

对于隐性知识，可以采用个人化的管理策略。也就是说，将隐性知识吸收消化，转换成为自己能够接受的知识，这样就可以在组织中培养出大量的专家、人才。采用个人化的管理策略，要强调激励员工共享自己的个人知识。

比如，大部分的日本公司，强调创造合适的气氛和环境，鼓励隐性知识的交流，包括岗位轮换、师徒制、长期雇用等。

More

安达信会计师事务所在全球专业服务业处于领导地位，在全世界 84 个国家拥有 85 000 多名员工。多年来，安达信公司经常被世界主要媒体及出版物评为"最适合工作的公司"，并在有关客户满意度的独立调查中连续名列榜首。

平衡计分卡

平衡计分卡是由哈佛大学教授卡普兰和诺顿于 20 世纪 90 年代提出的，此理论主张从四个角度去对组织绩效进行全面的评估。

▶平衡计分卡概述

平衡计分卡（Balanced Score Card），又叫 BSC 管理系统，是由美国哈佛大学教授戴维·诺顿和罗伯特·卡普于 1992 年在《哈佛商业评论》上提出的。平衡计分卡指的是组织管理者从财务、客户、内部运营、学习与成长四个角度，将组织的愿景计划落实为可操作的衡量指标和目标标准的一种新型绩效管理体系。

平衡计分卡打破了传统只注重财务指标的业绩管理方法。传统的财务会计模式只能衡量过去发生的事情，无法前瞻性地评估组织投资。在当今信息社会，传统的业绩管理方法并不全面，组织必须在客户、供应商、员工、组织流程、技术和革新等方面进行投资，才能获得持续发展的动力。因此，平衡计分卡理论认为，组织应从四个角度评估自身的业绩：财务、客户、内部运营、学习与成长。

平衡计分卡反映了财务、非财务衡量方法之间的平衡，长期目标与短期目标之间的平衡，外部和内部的平衡，结果和过程平衡，管理业绩和经营业绩的平衡等多个方面。因此，使用平衡计分卡，能够反映出组织的综合经营状况，使业绩评估趋于平衡和完善，促进组织的长期发展。

▶平衡计分卡的四个维度

卡普兰和诺顿认为，组织管理者应该从财务、客户、内部运营、学习与成长四个维度，对企业进行平衡计分卡管理。

1. 财务

要想在财务方面取得成功，首先要弄明白，组织应该向股东展示什么。要实现财务战略，通常有下面三种做法：

（1）实现组织收入增长的多元化。如某一企业，在既有顾客、供应商和产品的基础上，研发新的产品、开拓新的市场，减少对供应商的信赖程度，不要"把全部鸡蛋都放在一个篮子里"，分担风险，避免财务危机。

（2）降低生产成本，提高生产效率。企业可以研发或引进新技术，提高生产效率，减少成本消耗，或者是扩大规模，实现规模生产，以此来降低单位产品的生产成本，扩大获利空间。还可以降低运营成本，减少财务开支。

（3）资产利用。公司要有足够的储备资金，避免资金周转困难时出现财务危机。公司也可以用比较低的利率贷得资金，再以比较高的利率转借给第三方，从中获得差值，提高企业资金的利用率。还可以增加产品或服务的技术含量，提高产品或服务的附加值。

Easy-going

银行就是资产利用的典型。银行用较低的利率吸收资金，再以较高的利率贷给他人，从中获得收益。

处于不同成长阶段的企业，它们的财务目标也是不同的。如成长型企业的财务目标主要是销售业绩的不断增长；稳定型企业的财务目标主要是保证企业的获利能力，同时扩大对外投资；成熟型企业的财务目标主要是确保有足够的资金进行周转，同时要尽量减少企业运营成本。

2. 客户

要想在客户方面取得成功，就要明白，客户需要什么，我们应该向客户展示什么。管理者们确认了组织将要参与竞争的客户和市场部分，并将目标转换成一组指标。很多企业通常从顾客满意程度、市场份额、回头客数量、客户获得率和从客户处获取利润五个方面来对产品或服务进行衡量。

顾客满意度指的是根据价值范围内的具体业绩标准来评估客户的满意程度；市场份额反映了产品或服务在销售市场上所占的比例；回头客数量表现了组织业务部门保留或维持同既有老客户关系的比例；客户获得率指的是组织业务部门赢得新客户或市场的比例；从客户处获取利润指的是在扣除支持某一客户所需的独特开支外，评估一个客户或一个部门的净利润。

Easy-going

目标和衡量方法分为四个维度：财务、客户、内部经营、学习与成长，每个方面分为又分为四个要点：目标、评估、指标、计划。

企业要想赢得客户价值，就必须从产品与服务情况、企业形象声誉、企业同客户关系三方面进行评估。用公式可以表示为：

客户价值＝产品或服务情况＋企业形象声誉＋企业同客户关系

式中，产品或服务的特征包括产品的功能、质量、价格与售后服务；企业形象声誉包括产品广告与服务质量；企业同客户的关系包括对客户要求作出及时的回应、保证交货期、对客户购买产品感觉的预测等。

3. 内部运营

要想在内部运营方面取得成功，就要明白，为满足顾客和股东的需求，组织应该在哪些业务中处于领先地位。企业内部运营从确定客户需求开始，到满足客户需求结束，可以将整个运营流程分成五个步骤：确定客户需求→开发创新过程→经营过程→售后服务过程→满足客户要求。

企业一切的工作任务都是以满足客户需求为最终目标，因此，平衡计分卡理论要求企业管理者从顾客的角度出发去思考问题，具有针对性地找出优势业务。比如，服务公司为了满足客户需求，要以服务过程为优势业务；同理，科技公司应以开发创新过程为优势业务。

为吸引和留住目标市场上的客户，满足股东对财务回报的要求，管理者需关注对客户满意度和实现组织财务目标影响最大的内部运营过程，并以此设立衡量指标。在这一方面，BSC 重视的不是单纯的对既有经营过程的改善，而是以确认客户和股东的要求为起点、满足客户和股东要求为终点的全新的内部经营过程。

4. 学习与成长

要想在学习与成长方面取得成功，就要明白，为达到企业远景，组织要取得怎样的进步来适应环境的变革和发展。

组织为了实现长远的目标，必须对未来进行投资，包括对雇员的能力、信息系统的能力等方面的衡量。组织在上述三个角度的成功必须转化为财务上的最终成功。产品服务质量、完成订单时间、生产效率、新产品开发和客户满意度方面的改进只有转化为销售额的增加、经营费用的减少和资产周转率的提高，才能算是最终的成功。

组织管理者应该从以下几个方面去衡量雇员的能力：

（1）雇员必须能够及时、准确、全面地处理好每一位客户同公司的关系，这样才能使企业满足现有客户的现有需要，并努力满足客户的未来需要。

（2）雇员应及时、准确地获得提供产品或服务的反馈信息，使企业改善计划，消除弊端，减少多余的时间和成本。

（3）雇员应充分、及时地指出公司决策的后果，修改完善平衡计分卡的缺陷，使其更好地评估企业的运营状况。

▎小故事

2003 年，马尔科姆·鲍德里奇国家质量奖获得者 Medrad 公司，使用平衡计分卡来保证整个企业聚焦于战略和任务、指导决策的制定和资源的有限使用顺序。这个公司重新定义了平衡计分卡的四个维度，将其引申发展为财务盈余、公司成长（创新与学习）、质量和生产率的改进（企业内部）、顾客满意度的改进（顾客），而且添加了一个新的维度"员工成长和满意度的改进"，以使平衡计分卡更适合 Medrad 公司自身的特点。

平衡计分卡的四个维度

财务
组织应该向股东展示什么

目标	评估	指标	计划

❶

客户
客户需要什么，应该向客户展示什么

目标	评估	指标	计划

❷

❸

学习和成长
为达到企业远景，组织要取得怎样的进步来适应环境的变革和发展

目标	评估	指标	计划

❹

内部运营
为满足顾客和股东的需求，组织应该在哪些业务中处于领先地位

目标	评估	指标	计划

More

　　罗伯特·卡普兰，美国平衡记分卡协会主席，现执教于哈佛商学院领导力开发专业。戴维·诺顿，平衡计分卡协会的创始人，主席兼 CEO。曾是复兴全球战略戴维·诺顿集团的创始人兼总裁。两人于 1992 年在《哈佛商业评论》上发表了关于平衡计分卡的第一篇文章《平衡计分卡——业绩衡量与驱动的新方法》。